Johnson

Die Weisheit des Jaguars

KENNETH
JOHNSON

DIE
WEISHEIT
DES JAGUARS

Praxis und
Anwendung des
MAYA-
Kalenders

Die Originalausgabe erschien unter dem Titel *Jaguar Wisdom.*
Mayan Calendar Magic bei Llewellyn Publications, St. Paul, USA.
© Kenneth Johnson 1997

Die Deutsche Bibliothek – CIP-Einheitsaufnahme
Johnson, Kenneth:
Die Weisheit des Jaguars : Praxis und Anwendung des Maya-
Kalenders / Kenneth Johnson. Aus dem Amerikan. von
Elisabeth Liebl. – Kreuzlingen ; München : Hugendubel, 2001
(Kailash)
Einheitssacht.: Jaguar wisdom <dt.>
ISBN 3-7205-2196-6

© der deutschen Ausgabe Heinrich Hugendubel Verlag,
Kreuzlingen/München 2001
Alle Rechte vorbehalten

Umschlaggestaltung: Zembsch'Werkstatt, München
Produktion: Maximiliane Seidl
Satz: Impressum, München
Druck und Bindung: Wiener Verlag, Himberg
Printed in Austria

ISBN 3-7205-2196-6

Inhalt

1

Die Welt der alten Maya

Seit jeher haben die alten Hochkulturen Mexikos und Zentralamerikas Wissenschaftler, Okkultisten und Abenteurer jeglicher Couleur magisch angezogen. Die Maya und Azteken bauten große, komplexe Städte, überragt von Tempelpyramiden, obwohl ihnen das einfache Rad fremd war – wenn man von dessen Gebrauch als Kinderspielzeug einmal absieht. Sie schufen architektonische Meisterwerke ohne Verwendung irgendwelcher Metalle – ihre Bauten bestanden gänzlich aus Stein, sogar ihre Schwerter waren nur aus Obsidian geschliffen. Die Metallverarbeitung beschränkte sich lediglich auf die Anfertigung wunderschöner Kunstgegenstände. Auch wenn wir bei den eingeborenen Völkern Nord- und Südamerikas nichts von dem finden, was wir vor dem Hintergrund unserer abendländischen Kultur als »Grundstock der Zivilisation« betrachten, so waren diese Völker doch Mathematiker und Philosophen ersten Ranges – wie das Zählsystem aus Knoten und Schnüren, das die Inkas *quipu* nannten, und das große Kalendersystem der alten Maya beweisen.

Der Einfluss der mesoamerikanischen Kultur breitete sich weit nach Norden aus und umfasste gewaltige Gebiete. Deren Tempelarchitektur inspirierte die Mound Builders im Südosten Nordamerikas, deren Mythologie viele Gemeinsamkeiten mit der Mexikos und Zentralamerikas aufweist. Und der Einfluss von religiösen Vorstellungen aus Mittelamerika ist sowohl bei den Anasazi im Südwesten als auch bei ihren Nachfolgern, den Pueblo-Indianern, spürbar.

Kaum ein anderes Thema wird so kontrovers diskutiert wie die Ursprünge dieser Kultur. Verfechter esoterischer Lehren und Forscher, die an die Existenz von sagenhaften Kontinenten glauben, halten es für erwiesen, dass die mesoamerikanische Kultur – vor allem in ihrer klassisch-mayanischen Ausprägung – sehr alt ist und ihre Anfänge Siedlern verdankt, die aus Atlantis (oder von den Plejaden) kamen. Archäologen hingegen datieren das Auftreten der Maya frühestens auf die ersten vorchristlichen Jahrhunderte und die Entstehung der mesoamerikanischen Zivilisation insgesamt auf etwa 1200 v. Chr. Nach dem gegenwärtigen Stand archäologischer Forschungen begann man mit dem Getreideanbau vermutlich schon 6000 v. Chr. in Oaxaca, doch der Übergang zum Ackerbau löste in Altmexiko nicht solch »revolutionäre Umwälzungen« aus, wie dies in der Alten Welt der Fall war. Die Menschen folgten weiter ihrem traditionellen Lebensstil in kleinen Dorfgemeinschaften, während sich die neue, agrarische Lebensform langsam und ohne größere Umwälzungen ausbreitete. Und dann entstand, wie aus dem Nichts, eine echte Hochkultur. Etwa 1200 v. Chr. wurden entlang der Golfküste, beim heutigen südlichen Veracruz, große Zeremonialbauten errichtet. Tempel aus Erde und Stein entstanden mitten im Dschungel, und viele der Motive, die sich wie ein roter Faden durch die Geschichte des alten Mexiko ziehen, begegnen uns an diesen alten Kultstätten zum ersten Mal. Das rituelle Ballspiel, das in der Kultur der Azteken und Maya eine so wichtige Rolle spielte, wird dort zum ersten Mal gespielt. Hier werden der Jaguar und die Schlange verehrt, die beiden Tiere, die später bei allen Völkern Mittelamerikas höchste religiöse Verehrung genießen. In Serpentin und Jade geschnitten leben ihre Bilder bis heute fort.

Wir wissen nicht, welchen Namen sich die Bewohner dieser frühen Städte gaben. Wir bezeichnen sie mit dem eher unglücklich gewählten Ausdruck *Olmeken*, was so viel heißt wie »Gummi-Leute«.* Trotzdem war Gummi nicht die materielle Grundlage der olmekischen Kultur – diese Rolle spielte vielmehr ein Mineral, nämlich Jade. Die Olmeken waren immer auf der Suche

---

* Der Gummi, im Überfluss aus den tropischen Wäldern gewonnen, in denen die Olmeken lebten, diente in allererster Linie der Herstellung von Bällen.

nach diesem begehrten Stein, manchmal reisten sie bis nach Belize an der Karibikküste auf der Suche nach dem kostbaren Mineral. Jade war für die Olmeken, was Gold für die Alchimisten und Konquistadoren Europas war: einerseits von höchstem materiellem Wert, andererseits aufgeladen mit spiritueller Kraft.

Die Wertschätzung von Jade ist Teil des olmekischen Vermächtnisses an die gesamte Kultur Mittelamerikas. Noch 2500 Jahre nach dem Verschwinden der olmekischen Kultur, am Vorabend der spanischen Eroberung, singen aztekische Dichter ihre Loblieder auf den grünen Stein.

Tempel aus massivem Stein, städtisch-religiöse Baukomplexe, Schlange und Jaguar, das rituelle Ballspiel, die Liebe zur Jade: Bei den Olmeken, deren Kultur gemeinhin als »Wiege« Mittelamerikas gilt, finden wir all diese Elemente der hoch entwickelten Zivilisationen Mittelamerikas. Ihr kultureller Einfluss breitete sich nach Westen in die Hochebenen Zentralmexikos aus. Hier entstand, etwa zur Zeit von Christi Geburt, die große Stadt Teotihuacán, die »Wohnstatt der Götter«. Teotihuacán gewann ständig an Macht und Stärke. 500 n. Chr. beherrschte es Zentralmexiko. Zur selben Zeit regierten die Maya der klassischen Periode über die Länder im Süden.

Obwohl bis vor kurzem die Ansicht vertreten wurde, dass die Blütezeit der Maya-Kultur erst um 300 n. Chr. einsetzte, ist mittlerweile erwiesen, dass die Anfänge sehr viel früher zu suchen sind. Tatsächlich erreichte die Kultur der Maya mit der Errichtung von Kultstätten wie beispielsweise El Mirador bereits 300 v. Chr. einen ersten Höhepunkt. Aus Gründen, die sich unserer Kenntnis entziehen, wurden diese ersten Städte kurz vor der christlichen Zeitenwende von ihren Einwohnern verlassen. Ein Jahrhundert später entstand dann eine neue Anordnung von urban-religiösen Zentren, die den Beginn der klassischen Periode der Maya markieren, die bis etwa 900 n. Chr. dauern sollte.

Heute sind wir in der glücklichen Lage, die Geschichte der klassischen Maya aus Originaltexten rekonstruieren zu können. Seit 1841, dem Jahr, in dem der amerikanische Abenteurer John Lloyd Stephens die Maya-Ruinen ins Bewusstsein der Welt zurückholte, steht fest, dass die alten Maya ein schriftkundiges Volk waren. Die Mauern ihrer großartigen Bauten sind übersät mit Hieroglyphen, genauso wie die so genannten Stelen (freistehende Steinplastiken), deren Trümmer sich überall in den Ruinen finden. Im Laufe der letzten Jahrhunderte tauchten zwar immer wieder alte, auf gefalteten Blättern aus Rindenpapier verfasste Maya-Handschriften auf, die so genannten *Kodizes*, aber solange es den Forschern nicht gelungen war, die Schrift der Maya zu entziffern, konnten sie nur anhand der Baudenkmäler Rückschlüsse auf die Maya-Kultur ziehen – und den Mangel an gesicherter Information durch eigene Phantasie ausgleichen. Stephens war von den überwältigenden Dimensionen der von ihm entdeckten Ruinen beeindruckt und sah im Reich der Maya das Ägypten der Neuen Welt, das seine Kriege und Eroberungen in imposanten Monumentalbauten verherrlicht hatte.

Andere Forscher interessierten sich mehr für die mystische Seite der Mayakultur. Bereits gegen Ende des 19. Jahrhunderts schlugen Mystiker und Okkultisten ihre Zelte in den Urwäldern von Yucatán auf, um dort in der tiefen Einsamkeit des Waldes bei den Tempelruinen zu meditieren. Der berühmteste unter diesen Forschungsreisenden war der Franzose Augustus Le Plongeon. Er war nicht nur einer der Ersten, die mystische Spekulationen über die Mayakultur in Gang setzten, sondern auch ein erstklassiger Fotograf und Datensammler. Er war der Überzeugung, die Hieroglyphen der Maya intuitiv zu verstehen – auch wenn es dafür keinerlei rationale Grundlage gab. Seiner Theorie zufolge berichteten die Schriftzeichen von einer langen Wanderung eines Volksstammes aus Atlantis, der zuerst nach Ägypten und dann in die Neue Welt zog.

Im Laufe der Zeit gelang es der Forschung, die Schrift der Maya Stück um Stück zu entziffern. Allmählich kristallisierte sich die Erkenntnis heraus, dass es sich zumindest bei einem Teil der Hieroglyphen, welche die Stelen und Tempelwände bedeckten, um Zahlen handelte. Die Menge der Zahlen war so überwältigend, dass sich den Forschern der Schluss aufdrängte, die Maya seien ein Volk von Priestern und Philosophen gewesen, eine Kultur abstrakter Denker, die sich mehr für Zeit und Zahlen interessierten als für Kriegsführung und Fragen der Thronfolge. Vor allem der Maya-Forscher J. Eric S. Thompson war der Ansicht, dass die Maya von Priestermathematikern regiert wurden. Zum großen Durchbruch in der Entzifferung der Maya-Hieroglyphen kam es dann aber in der Sowjetunion. Gegen Ende des

Zweiten Weltkrieges kam ein junger russischer Artillerist, Yuri Knorosow, in das brennende Berlin. Als die Nationalbibliothek in Flammen aufging, stürzte sich der junge Mann in das lodernde Gebäude und griff sich das erste Buch, das ihm in die Hände fiel, um es vor dem Feuer zu retten. Erst später entdeckte er, dass das Buch, das da scheinbar zufällig in seine Hände geraten war, eine gedruckte Ausgabe der alten Rinden-Kodizes der Maya war. Nach dem Krieg setzte Knorosow seine linguistischen Studien fort und eignete sich viele Sprachen an. Seine Begeisterung für jene Völker in den Urwäldern der Neuen Welt, deren schriftliche Zeugnisse ihm unter wahrhaft denkwürdigen Umständen in die Hände gefallen waren, ließ ihn nicht mehr los. 1952 gelang es Knorosow, schlüssig zu beweisen, dass sich die Hieroglyphen der Maya aus zwei Bestandteilen zusammensetzen: einer Silbenkomponente und einem Ideogramm (einem Bildzeichen). Wenn es nun gelingen sollte, den Silben einen Lautwert zuzuordnen, dann wäre es möglich, die Aufzeichnungen in der Sprache der Maya zu lesen.[1]

Knorosows brillante Schlussfolgerungen blieben jedoch dem Großteil der wissenschaftlichen Welt verborgen, da er sie in Russisch veröffentlicht hatte, einer Sprache, die nur wenige Archäologen in Amerika oder Mexiko beherrschten. Eine junge Frau war dazu jedoch in der Lage: Tatjana Proskouriakoff, die aus Russland geflohen war. Sie begleitete als wissenschaftliche Illustratorin eine archäologische Expedition, die das Carnegie Institute ausgerüstet hatte, ins Land der Maya. 1960 entdeckte Proskouriakoff in Piedras Negras in Guatemala, dass ein bestimmtes Zahlenschema mit den Namen und Taten von Königsfamilien in Zusammenhang stand.[2] Damit war der erste wirkliche Durchbruch bei der Entzifferung eines klassischen Maya-Textes erzielt. Und das Verdienst gebührt dieser jungen Russin.

Mittlerweile können wir die meisten Maya-Hieroglyphen lesen. Die Maya werden nicht länger zur Rubrik »vorgeschichtlich« gezählt, sondern reihen sich in die Schar der alten Kulturen ein, die uns schriftliche Aufzeichnungen hinterlassen haben. Dank den Anstrengungen all der Forscher, die sich um die Entzifferung der Schrift der Maya verdient gemacht haben, wissen wir heute, dass die intellektuelle und spirituelle Entwicklung der Maya von zwei einzigartigen Faktoren vorangetrieben wurde:

zum einen von der Institution des Gottkönigtums, zum anderen vom Kalendersystem der so genannten Langen Zählung. Die Herrscher über die Stadtstaaten der Maya waren keine gewöhnlichen Herrscher, sondern Gottkönige. Wie die ägyptischen Pharaonen galten sie als irdische Verkörperungen der Götter, und wie ihre ägyptischen Gegenstücke waren die Maya-Könige Priester, Monarch und Gott in einem. Wir kennen das Gottkönigtum auch von den Priesterkulturen der Alten Welt wie Babylon, Japan oder China. In all diesen Kulturen gab es eine mächtige Priesterkaste, sozusagen Fachleute für Religionsfragen, die den König bei seinen Amtsgeschäften und rituellen Pflichten berieten und anleiteten. Diese Ratgeber beobachteten den Lauf der Sterne und deuteten die Vorzeichen, um so die Rhythmen der gewöhnlichen und der heiligen Zeit in Einklang zu bringen – was Wachstum und Wohlstand für den König und sein Volk sicherstellte. Nach unserem bisherigen Kenntnisstand war es wohl so, dass bei den Maya diese religiösen oder schamanischen Funktionen in den Händen der Königsfamilie selbst lagen und nicht von einer speziellen Priesterkaste ausgeübt wurden, welche die Könige zu beraten hatte. So herrscht beispielsweise allgemein die Ansicht, dass die Künstler, welche die Grab-Keramikgefäße mit ihren Abbildungen schmückten und vereinzelt durch Signaturen auf sich aufmerksam machten, königlicher Abstammung waren. Die Abbildungen auf diesen Gefäßen sind reich an mythologischen Anspielungen und haben eine tiefe spirituelle Bedeutung. Das Maya-Wort *dzib* zum Beispiel bedeutet sowohl »malen« als auch »schreiben«, was den Schluss nahe legt, dass dieselben Personen sowohl für die sakrale Kunst und die hieroglyphischen Texte als auch für die Kalenderaufzeichnungen verantwortlich waren. Sie waren Priester, Künstler und Gelehrte in einem.[3]

Als die Maya das Gottkönigtum einführten, erfuhr ihre bisherige Welt einen gewaltigen Wachstumsschub. Mit welchem Ausdruck die Maya ihre Gottkönige bezeichneten, ist uns nicht bekannt. Die Maya-Forscher Linda Schele und David Freidel schlagen das Wort *ahauob* vor, den Plural von *ahau*, was in der Sprache der Maya so viel bedeutet wie »Herr, Gebieter«.[4] Das Auftreten der *ahauob* bei den Maya geschah etwa 200 v. Chr., zeitgleich mit der Errichtung der ersten Monumentalbauten und Tempelpyramiden. Jede Maya-Stadt beziehungsweise jeder

Stadtkomplex war das Zentrum eines kleinen Staates, der von einer eigenen Dynastie von *ahauob* regiert wurde. Ähnlich könnten wir uns vorstellen, dass die Stadtstaaten des klassischen Griechenland von Gottkönigen regiert wurden. Der *ahau* war in erster Linie eine rituelle Figur. Als sichtbare Verkörperung der spirituellen Macht unterlag es seiner Verantwortung, für eine Erneuerung der Lebenskraft seines Landes und Volkes zu sorgen. Die Tempelpyramiden waren die Bühne, auf der die *ahauob* ihre Rituale vollzogen.

Der zweite Faktor, der für den Aufstieg der Maya verantwortlich ist, ist die Entwicklung des Kalenders der Langen Zählung, ein völlig neues System, die Zyklen der Zeit zu berechnen. Dieses ermöglichte den Maya, die Geheimnisse der Geschichte immer umfassender aufzuschlüsseln. (Siehe dazu Kapitel 8) Das Konzept der Zeit, wie es sich in der Langen Zählung niederschlägt, beruht auf einem weit älteren System der Zeitbestimmung, dem so genannten Kurzen Zyklus. Dieses System wurde von allen Völkern des alten Mesoamerika angewandt – Olmeken, Tolteken, Azteken und Maya. Der Magische Kalender war für die Kultur der altmexikanischen Völker von so eminenter Bedeutung, dass er praktisch als Kennzeichen der mesoamerikanischen Zivilisation gelten kann. Dieses hochkomplexe Wissenssystem – Magie und Zeitberechnung in einem – wird gemeinhin als »Kalender der Maya« bezeichnet. In diesem Buch werden wir uns mit dem Magischen Kalender der Kurzen Zählung beschäftigen.

Sichtbare Verkörperung dieser neuen religiösen Idee, die in der Geschichte eine Abfolge von magischen Zeitzyklen sieht, die von kosmischen Mathematikern entschlüsselt werden können, ist die Figur des *ahau*. Er dürfte wohl das offizielle Oberhaupt der Priesterkaste gewesen sein. Auch die Verantwortung für die rituelle Ausrichtung und Erneuerung der Welt, die auf der Langen Zählung beruhten, lag auf seinen Schultern. Einige Gelehrte meinen, dass der Zyklus der vollständigen Zählung nicht nur ein umfassendes Werkzeug zur Zeit- und Geschichtsbetrachtung war, sondern auch der Verehrung der Ahnen (die, wie die Könige, ebenfalls als *ahauob* bezeichnet wurden) und der königlichen Familienchronik diente.[5]

Obwohl unser Wissen über die klassische Periode der Maya durch die Entzifferung ihrer Hieroglyphenschrift einen großen

Schritt nach vorne gemacht hat, liegen die Gründe für den Niedergang dieser Kultur immer noch im Dunkeln. So viel dürfte jedoch sicher sein: Die *ahauob* büßten irgendwann ihre Macht ein, und das Volk glaubte nicht mehr an seine Gottkönige. War die Führungsschicht der Maya korrupt geworden? Wurde ihnen deshalb das Vertrauen entzogen? Hatten sie sich selbst aufgerieben in ständigen Kleinkriegen? Oder konnte ihre hoch entwickelte Kultur der Invasion kriegerischer und vitalerer Stämme aus dem Norden keine wirksame Gegenwehr leisten – Stämme, die ethnisch gesehen zwar zu den Maya gehörten, aber unter dem starken Einfluss der sich wandelnden Kulturen in Zentralmexiko standen? Auf diese Frage gibt es keine endgültige Antwort. Es sieht so aus, als wären die Maya, nachdem ihr Glanz ein Ende gefunden hatte, einfach wieder zu traditionelleren Formen des Stammeslebens zurückgekehrt. Sie verschwanden einfach im Dschungel.

So zumindest lagen die Dinge in Guatemala und Südmexiko. In Yucatán bot sich ein anderes Bild: Ungefähr zur selben Zeit, als die klassischen Zentren der Maya-Kultur in Tikal und Palenque aufgegeben wurden, drängte ein junges und kriegerisches Volk, die Itzá, ins Innere der Halbinsel von Yucatán vor. Die ältere Forschung nahm an, dass die Itzá aus Zentralmexiko stammten. Daher findet man in der älteren Literatur über die Kultur der Maya häufig den Ausdruck »toltekische« Periode oder »Toltek-Maya«. Heute hingegen nimmt man an, dass die Itzá ebenfalls ein Maya-Volk waren, das vom Südende der Golfküste stammte. Tatsächlich hatten sie eine starke Verbindung zu Zentralmexiko. Sie waren vermutlich Händler, die mit großen, seetauglichen Ruderbooten nach Yucatán gekommen waren. Um 867 gründeten sie die Stadt Chichén Itzá, die 300 Jahre lang Mittelamerika beherrschte. In Chichén Itzá geriet die Kunst der Hieroglyphenschrift um 900 völlig in Vergessenheit. Auch der Kalender der Langen Zählung verschwand aus der Welt der Maya. Das Reich der Herren von Yucatán strebte nach Erweiterung seines Machtbereichs und hatte hierin mehr Ähnlichkeit mit dem Reich von Teotihuacán oder dem der Azteken als mit den Stadtstaaten der vorausgegangenen klassischen Periode der Maya. Chichén Itzá selbst wurde um das Jahr 1200 aufgegeben. Ihm folgte ein anderer Verbund von Stadtstaaten in der Gegend von Yucatán, die so genannte Liga von Mayapan, die von 1250 bis 1451 bestand. Als Christoph Kolumbus in der Bucht von Honduras auf ein seetüchtiges Boot voller Maya-Kaufleute stieß, war die Kultur der Maya nur noch ein Schatten ihrer selbst. Die spanische Eroberung Yucatáns begann 1526, das letzte freie Königreich der Maya konnte sich bis 1697 behaupten. Die spirituelle Überlieferung der Maya hingegen blieb bis in unsere Tage erhalten. Sicher haben die Glaubensvorstellungen der Maya in so mancher Hinsicht einen Wandel erfahren. So musste man sich mit der katholischen Religion auf mitunter recht schmerzliche Kompromisse einigen, doch viele der alten Vorstellungen leben ungebrochen weiter und haben sich ihre ursprüngliche Kraft bewahrt. Ein Großteil der modernen religiösen und magischen Praktiken ist fest verwurzelt in der Weltsicht der alten Kultur. Lassen Sie uns also gemeinsam das Universum mit den Augen der klassischen Maya erforschen.

2

Das Universum der Maya

Den Maya zufolge wurde die Welt mehrmals geschaffen und wieder zerstört. Jede Neuschöpfung der Welt verbanden die Götter mit der Hoffnung, nun ein Geschlecht von Menschen erschaffen zu haben, das ihnen endlich die gebührende Achtung und Verehrung entgegenbringen würde. Doch jedes Mal wieder fanden sie sich in ihren Erwartungen getäuscht. In diesem unablässigen Bemühen der Götter, ein vollkommenes Wesen zu erschaffen, liegt die Ursache der Evolution. Die Hopi in Arizona, deren Kultur stark vom spirituellen Erbe Mesoamerikas beeinflusst ist, sind der Meinung, dass die Menschen in ihrer Entwicklung nacheinander vier verschiedene Welten durchmaßen. Die Zuñi in Neu-Mexiko, deren Vorstellungen von der Schöpfung sehr ähnlich sind, berichten, dass der Mensch zunächst in Reptiliengestalt in der Unterwelt erschaffen wurde und aussah wie eine Eidechse, aber im Zuge der Evolution mehrere Welten durchquerte und sich weiterentwickelte. Das eigentliche Herzstück in der Kosmologie der Maya ist die spirituelle Höherentwicklung der Menschheit

Die Erschaffung der Welt

Unsere heutige Welt, die jüngste in dieser Abfolge von Weltsystemen, wurde von einer männlichen und einer weiblichen Gottheit geschaffen. Diese Götter galten als zwei Aspekte einer einzigen Gottheit. Die älteste Version dieses Schöpfungsmythos ist uns in jüngster Zeit bekannt geworden, als es gelang, die Schrift der Maya zu entziffern. Sie findet sich eingemeißelt in die Wände dreier verschiedener Tempel in Palenque und stammt aus der Zeit, als Chan-Bahlum (684–702), der Sohn von Pacal dem Großen, herrschte.[6] Die neue Schöpfung nahm ihren Anfang am Tag 4 *ahau*, 8 *cumku*, das ist das Jahr 3114 v. Chr. nach unserer Zeitrechnung. Urvater und Urmutter existierten bereits, da sie ja in der vorherigen Welt geboren worden waren. Sie verrichteten das Schöpfungswerk zu Beginn des neuen Zyklus. Damit sind sie die Urheber der Welt, in der wir jetzt leben. Urvater gab dem Universum Form und errichtete den Lebensbaum in der Mitte der Welt. Wie wir später noch sehen werden, findet sich dieser Baum überall, sogar in uns selbst. Astronomisch ist er mit der Milchstraße gleichzusetzen. Urvaters kosmische Helfer befestigten drei Herdsteine am Himmel – jene drei Sterne, die unsere Wissenschaftler als den Gürtel des Orion bezeichnen. Im ehrfürchtigen Andenken an diese Handlung legen die Maya noch heute drei Steine in den Herd, was die Grundlegung ihres Heimes bilden soll. Während der Urvater tätig war, gebar Urmutter die drei ältesten Götter: den Gott der Vier Himmelsrichtungen, den Mitternachtsjaguar und den Schlangenfuß-Gott.

Der Kosmos der Maya

Die obige Legende erzählt, wie unsere gegenwärtige Welt ihren Anfang nahm. Andere Quellen wiederum berichten, wie nach Ansicht der Maya diese Welt, die Urvater und Urmutter geschaffen haben, aufgebaut ist. Sie teilt sich in drei Bereiche: Himmel, Erde und Unterwelt. Der Himmel, die Heimstatt der Götter, besteht aus dreizehn pyramidenförmig übereinander geschichteten Ebenen. Über jede dieser dreizehn Himmelsebenen – die Stufen der kosmischen Pyramide – herrschte ein bestimmter Gott.

Wie der Himmel, so hat auch die Unterwelt die Form einer Pyramide, nur dass sie mit der Spitze nach unten zeigt und sich aus lediglich neun Ebenen zusammensetzt. Zwei aufeinander gestapelte Pyramiden, eine unten, die andere oben, bilden also den Kosmos der Maya (Abb. 1). Die Unterwelt, ein dunkles Land mit

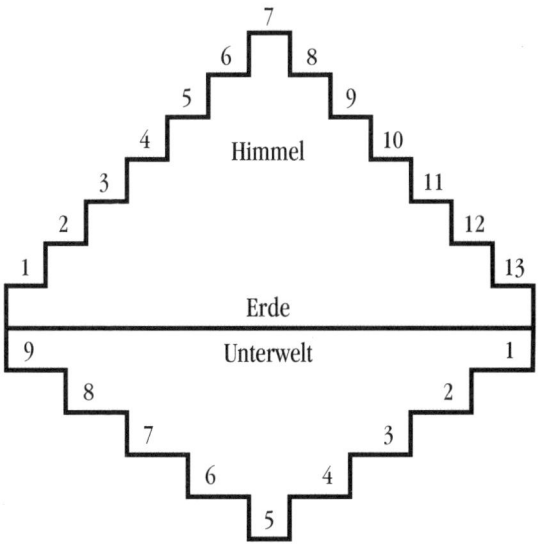

Abbildung 1: Der Kosmos der Maya

Namen *Xibalbá,* der »schreckliche Ort«, wird von den Göttern des Todes regiert. Skeletten nicht unähnlich und dicke Zigarren schmauchend, sind diese neun Herren der Maya-Unterwelt wahrhaft ein buntes Völkchen. Die Knochenmänner, die bei den schon am 31. Oktober einsetzenden Allerheiligenfeiern in Mexiko allgegenwärtig sind, und die Skelette, die den Totenkarren der *Hermanos Penitentes,* einer Sekte in Neu-Mexiko, fahren, verdanken ihre Attribute den Herrschern von Xibalbá ebenso wie dem düsteren Schnitter Tod der europäischen Folklore, den die Spanier einführten.

Zwischen Himmel und Unterwelt liegt die Erde, der Bereich der Menschen. Die klassischen Maya stellten sich die Erde als ein großes, flaches Stück Land vor, das auf dem Rücken eines riesigen Krokodils oder Kaimans ruht, der wiederum in einem endlosen tropischen Gewässer voller Seerosen schwimmt – eine Vorstellung, die so bei allen Völkern Mittelamerikas auftaucht. Die Maya kannten auch eine Himmelsschlange (oder kosmischen Drachen), dessen Reich die Lüfte waren. Diese Himmelsschlange hatte zwei Köpfe und zwei Mäuler: Das eine öffnete sich zum Himmel, das andere zur Unterwelt. Die Himmels-

21

schlange lebte zum Teil also auch in der Unterwelt – wie das Krokodil, das die Erde auf seinem Rücken trug.

Direkt unter der Erdkruste schlief also ein großes, reptilienartiges Geschöpf, Symbol für die Schöpferkraft, die unter der Oberfläche der Dinge ruht. Aus dem Rücken des Krokodils wuchs der Weltenbaum, der große kosmische Lebensbaum, dessen Wurzeln in die Unterwelt reichen und dessen Äste sich in den Himmel erstrecken. 1773 sah Frater Ramon de Ordoñez y Aguilar als erster Europäer die Ruinen von Palenque. Dabei verwirrte ihn eine Reihe von Basreliefs an zwei Gebäuden, die heute als Tempel des Kreuzes und Tempel des Blattkreuzes bekannt sind (zwei der drei Tempel von Palenque, in denen die Schöpfungsgeschichte aufgezeichnet ist). Der brave Mann sah hierin nämlich Abbilder des Kreuzes Christi – daher die Namen der Tempel (Abb. 2). Und so suchte er nach einer Erklärung, wie dieses Symbol der christlichen Religion bereits vor der Ankunft des Kolumbus zu diesen »finsteren Heiden« nach Mexiko gekommen sein mochte. Ordoñez und seine Zeitgenossen theoretisierten über mögliche Reisen in die Neue Welt von Seiten der verlorenen Stämme Israels, vom Apostel Thomas oder anderen christlichen Kulturbringern. Was unser Ordensmann in diesen Tempeln jedoch gesehen hatte, war nichts anderes als Darstellungen des Lebensbaumes, der Zentralachse der mesoamerikanischen Welt. Durch seine Gleichsetzung des christlichen Kreuzes mit dem Lebensbaum war er der Wahrheit näher und gleichzeitig ferner, als ihm bewusst war. Seine Spekulationen über verlorene Stämme und weltreisende Apostel sind zwar reine Phantasieprodukte, wahr aber ist, dass es sich bei Kreuz und Lebensbaum um ein und dasselbe Symbol handelt.

Der Baum des Lebens ist eines der wenigen Symbole, das über alle ethnischen und kulturellen Grenzen hinweg bekannt ist. Er ist der Baum, auf den der sibirische Schamane klettert, wenn er ins Land der Geister reist, und er symbolisiert die Weltesche Yggdrasil, die Mittelsäule des germanischen Kosmos, an der Odin kopfunter hing, um Weisheit zu erlangen. Er ist der Baum des Garten Eden, den die Hebräer aus älteren babylonischen Erzählungen in ihren Mythenschatz übernommen haben. Das Kreuz Christi ist nur ein weiteres Beispiel für den Weltenbaum. (Eine mittelalterliche Legende weiß sogar zu berichten, dass das

Holz für das Kreuz Jesu aus einem Ableger jenes Baums geschnitten wurde, der im Garten Eden stand.) Manchmal ist der Weltenbaum auch ein Weltenberg, wie der Berg Meru in der indischen Mythologie. Die Völker des alten Mexiko kannten beide Vorstellungen von der Zentralachse – Baum und Berg. Wie auch immer, der Baum des Lebens ist die Mitte des Universums, die Achse, um die sich alles dreht. Die Pyramiden von Teotihuacán und Chichén Itzá sind Abbilder dieses Weltenbaums und Weltenberges.

Abbildung 2: Der Lebensbaum der Maya
Der Tempel des Blattkreuzes in Palenque

23

Häufig wurde der Lebensbaum T-förmig dargestellt, so dass sich die spanischen Priester an ein Kreuz erinnert fühlten. Die T-Form war aber nicht nur Symbol für den Baum als solchen, sondern auch für die Leben spendende Energie, die in ihm floss. Er entsprang dem Rücken des weltentragenden Krokodils und wuchs bis in den Himmel, Mittelpunkt alles Geschaffenen und Lebensader, die irdische und himmlische Welt miteinander verband. Die Milchstraße, sichtbares Symbol des Weltenbaumes, bezeichneten die Maya manchmal als Sac Be, »weiße Straße«, manchmal auch als Xibalbá Be, »Straße zum schrecklichen Ort«. Wenn für die Maya die Milchstraße knapp über dem Horizont lag, war darüber meist ein Stück schwarzen Himmels sichtbar, das Ek Ue, »schwarzer Umwandler« oder »schwarzer Traumplatz«, hieß.[7] In diesem dunklen Loch verschwanden die Seelen der Verstorbenen auf ihrem Weg in die Anderswelt.

Der Weltenbaum ist also der Mittelpunkt der vierfältigen Welt, die Urvater und Urmutter schufen; und ihre Hauptachsen sind die vier Himmelsrichtungen: Osten, Norden, Westen und Süden. Vielen Lesern dürfte bekannt sein, welche Bedeutung den vier Himmelsrichtungen im Denken der amerikanischen Ureinwohner zukommt, sind sie doch die Basis für das Medizinrad, das u. a. die Stämme der Great-Plains-Indianer verwenden. Die vier Himmelsrichtungen spielen eine wesentliche Rolle in den spirituellen Traditionen sämtlicher indigener Völker Amerikas, nicht nur in Mittelamerika. Daher ist es nicht verwunderlich, dass den Himmelsrichtungen unterschiedliche Farben und Entsprechungen zugeordnet werden. Da sich dieses Buch in erster Linie mit den Traditionen der Maya beschäftigt, stammen die nachfolgend aufgeführten Beschreibungen aus Maya-Quellen. Zwar gibt es Unterschiede zwischen den klassischen und den modernen Auffassungen der vier Himmelsrichtungen, trotzdem durchzieht das Symbolsystem ein einheitlicher Grundgedanke. Die folgende Darstellung stützt sich auf klassische und moderne Vorstellungen.

OSTEN

 Der Osten ist die Himmelsrichtung von Sonnenaufgang. Er ist Symbol für den Frühling, für Neuanfänge, für die Energie, die Taten und Ideen gebiert. Er steht für die Kraft der wieder erwachenden Erde, die die Frühlingsblumen hervorbringt. Die Strahlen der aufgehenden Morgensonne, die den neuen Tag verkünden, sind ihm gleichgesetzt. Der Osten ist das himmlische Antlitz der Himmelsschlange. Seine Farbe ist Rot. Wenn sich ein Maya-Schamane auf die Reise begibt, so blickt er gewöhnlich nach Osten. Er schaut in die Zukunft, im spirituellen und im materiellen Sinn. Er verbindet sowohl sein persönliches Schicksal als auch seine leiblichen Kinder mit dem Osten.

WESTEN

 Westen ist die Richtung des Sonnenuntergangs. Im Westen finden alle Dinge ihr Ende. Die Wesen sterben, so wie die Sonne ihren allnächtlichen Tod erfährt, wenn sie im Westen unter den Horizont taucht. Wie die Blätter, wenn sie im Herbst von den Bäumen fallen und weggeweht werden. Aber was wie ein endgültiger Schlusspunkt aussieht, ist in Wirklichkeit nur eine Phase in einem ewigen Zyklus. Die Seelen werden im Himmel wieder geboren, die Erde erlebt ihre Auferstehung im Frühling. Eine Handlung oder eine Idee, die im Osten ins Leben trat, mag vielleicht unter dem symbolischen westlichen Horizont untergehen und eine Reise durch die Unterwelt antreten müssen, aber dann wird sie wieder auferstehen. Der Westen ist die Richtung der Umwandlung, das Unterweltgesicht der himmlischen Schlange. Da der Maya-Schamane gewöhnlich sein Auge nach Osten richtet, liegt der Westen in seinem Rücken. Dort ist der Ort der Ahnen, all derer, die ihm vorausgegangen sind und nun hinter ihm stehen und ihm ihre Unterstützung geben.

Schwarz und Blau sind die Farben des Westens. In der Dichtung der Azteken sind »Rot und Schwarz« ein Bild für Ganzheit und Vollständigkeit. Sie stehen für den polaren Gegensatz von

Osten und Westen und somit für den Zyklus von Geburt, Umwandlung und Neugeburt. In dem Kreuz, das die vier Himmelsrichtungen bilden, ist das Gegensatzpaar Osten-Westen die horizontale Achse, gleichsam eine Straße. Bei den nordamerikanischen Indianern wird die horizontale Achse im Medizinrad als »gute rote Straße«, als Weg der Medizin bezeichnet. Sie ist die Straße, die von unserer Geburt zu spiritueller Transformation führt, die Straße des Lebens.

NORDEN

 Die andere Achse des Himmelskreuzes verläuft von Norden nach Süden. In der klassischen Periode wurde der Norden mit »oben« gleichgesetzt, dem Ort der Sonne zu Mittag. Wie der Westen wurde er mit den Ahnengeistern in Verbindung gebracht, die diese Welt verlassen haben. Die Straße in die Unterwelt ist die Straße zum nördlichen Himmel. Norden bedeutet Weisheit – Weisheit, die uns unsere Ahnen übermitteln. Seine Farbe ist Weiß.

Wenn der Maya-Schamane nach Osten blickt, liegt der Norden zu seiner Linken. Wie auch in anderen spirituellen Traditionen gilt die linke als die weibliche Seite. Für den modernen Schamanen steht der Norden für Frauen, Beziehungen und Ehe.

SÜDEN

 In der klassischen Periode stand der Süden für »unten«. Der Süden ist das Symbol für die geheimnisvollen Schöpferkräfte, die im Erdboden liegen und die Pflanzen sprießen und wachsen lassen. Seine Farbe ist Gelb wie die Farbe des heranreifenden Getreides. Der Süden ist das Symbol für die Kraft, die alle Dinge belebt. Im Süden ist der Reichtum beheimatet. Nach dem Heiligen Kalender wird jedes Jahr von einer der vier Himmelsrichtungen beherrscht. Die Jahre, die dem Süden unterstehen, gelten als außergewöhnlich glückreich, besonders was die Landwirtschaft und den Ernteertrag angeht. Mit dem Blick

nach Osten liegt der Süden zur Rechten des Schamanen. Süden steht für die männliche Energie, für die Stärke und den Reichtum der eigenen Familie.

DIE MITTE

Genau genommen gibt es in der Kosmologie der Maya fünf Himmelsrichtungen, da die Mitte ihrerseits ebenfalls als Himmelsrichtung zählt. In der Sprache der Yucatán-Maya heißt sie *yaxkin*. Das Wort leitet sich von der Wurzel *yax*, »grün«, ab. Die zugehörige Farbe ist also Grün. Und grün ist die Mitte auch, da hier der Baum des Lebens steht. Wie wir noch sehen werden, liegt hier unser Tageszeichen, das »Antlitz«, das wir von der spirituellen Welt erhalten.

Die heilige Kunst der Geomantie

Die Vorstellung von einem Weltenbaum als Mittelpunkt des Kosmos, aus dem die vier heiligen Richtungen entspringen, hat die Kultur der Mesoamerikaner in all ihren Aspekten nachhaltig geprägt, doch nirgendwo war sie so präsent sichtbar wie in der Kunst des Städtebaus. Alle hoch entwickelten Kulturen Mittelamerikas entstanden um eine Stadtmetropole herum. Diese Hauptstädte wurden durchweg nach geomantischen Gesichtspunkten geplant. Die Geomantie ist, so könnte man sagen, eine Art spirituelle Architektur, bei der Häuser und ganze Städte als Abbilder des Universums errichtet werden.

Berichte der mexikanischen Urvölker, die die Eroberung des Aztekenreiches unbeschadet überdauert haben, bestätigen, dass die mythischen Gründer der mesoamerikanischen Kultur, die Tolteken oder »Macher«, aus einer Gegend namens Tula kamen. Bei diesem Tula scheint es sich um ein wirklich existierendes Reich »jenseits des Meeres« gehandelt zu haben, die Ansichten über die tatsächliche Lage dieses Ortes gehen jedoch auseinander. Die Azteken, von denen der spanische Mönch Bernardino de Sahagún im 16. Jahrhundert die Informationen für seine Enzyklopädie der aztekischen Kultur bezog, verlegen es in den Osten. Die als *Annalen der Cakchiquel* bekannten Maya-Chroniken geben seine Lage im Westen an. Die Sage berichtet auch von vier verschiedenen »Tula«, eines in jeder der vier heiligen Richtungen. Tula scheint also sowohl ein realer als auch ein mythischer Ort gewesen zu sein. Von Professor David Carrasco stammt die Hypothese, dass Tula der »Ort der Mitte« ist, der Weltenbaum beziehungsweise Weltenberg, um den sich die vier Richtungen lagern.[8] Er geht weiter davon aus, dass die aufeinander folgenden Kulturen ihre jeweiligen Hauptstädte als geomantische Abbilder des ursprünglichen Tula anlegten. Die große heilige Stadt sei immer Tula gewesen, das wahre Zentrum, das immer wieder neu geschaffen wurde. So lässt sich nach Meinung von Carrasco erklären, warum so viele verschiedene Orte in Mexiko – Teotihuacán, Xochicalco, Cholula und Tula Hidalgo – als das echte Tula bezeichnet werden. Die wandernden Maya-Seehändler, die Chichén Itzá gründeten, sahen ihre Hauptstadt ebenfalls als einen solchen geomantischen Mittelpunkt der Welt, als Tula, genauso wie es all die Könige taten, die in der klassischen Periode über die Stadtstaaten der Maya herrschten.

Dies erklärt auch die beeindruckenden astronomischen und geomantischen Anlagen, die für die alten Städte Mittelamerikas so typisch sind: Diese Städte waren nicht einfach Lebensräume, sondern Mandalas oder Kosmogramme. Als sichtbare Verkörperung des archetypischen Tula waren sie geistige Landkarten, die unter peinlicher Beachtung der Regeln eines hochkomplexen geomantischen Systems entstanden. Der große Tempel der Gefiederten Schlange in Chichén Itzá beispielsweise ist ein richtiger Weltenberg. An jeder der vier Seiten führt eine Treppe empor, Symbol für die vier Richtungen der Zeit. Die nordöstliche und die südwestliche Ecke des Tempels liegen auf einer Linie, die den Punkt, an dem die Sonne zur Sommersonnenwende aufgeht, mit dem Punkt verbindet, an dem sie zur Wintersonnenwende untergeht. Immer wieder kann man in Chichén Itzá zur Tagundnachtgleiche im Frühjahr zahlreiche Touristen und esoterisch Interessierte beobachten, die sich hier einfinden, um Zeuge des beeindruckenden Schauspiels zu werden, das die Maya hier inszeniert haben. Die Geländer, die seitlich an den Treppen herunterlaufen, haben die Gestalt einer gefiederten Schlange. Das Hauptportal der Pyramide öffnet sich nach Norden, der Straße zur Himmelsmitte. An den Tagen der Tagundnachtgleiche ergießen sich Lichtstrahlen über den Rücken der beiden großen Schlangen, die die nördliche Treppe säumen, und erwecken sie zum Leben. Hier haben wir ein wunderbares Beispiel für die heilige Kunst der Geomantie bei den Maya: Die kosmische Schlange, der zentrale Energiepol des Weltenberges beziehungsweise Weltenbaumes wird erleuchtet, aufgeladen mit Kraft, und zeigt damit den Weg zur Seelenquelle der Ahnen, die im Norden liegt. Der Hauptplatz von Chichén Itzá steht – wie alle großen Plätze in den Maya-Städten – symbolisch für das Urmeer, den Ozean der Schöpfung, aus dem alle Dinge gekommen sind. In der Mitte dieses Platzes befindet sich eine Art Podium mit vier Treppen, die ebenfalls nach den Sonnwend- beziehungsweise Tagundnachtgleiche-Punkten ausgerichtet sind. Auch diese vier Treppen spiegeln die vier Himmelsrichtungen, welche die Götter zu Anfang der Welt geschaffen haben. Der »nördliche Weg« durch Chichén Itzá führt vom Weltenberg herunter über den Rücken der Gefiederten Schlangen zum kosmischen Meer, durch den ursprünglichen Mittelpunkt, an dem die Götter die vier Himmelsrichtungen schufen, und weiter zum Heiligen Brunnen, dem Eingang zur Unterwelt, zur Höhle der Seelen.

Der innere Baum

So wie sich das Bild vom Weltenbaum oder Weltenberg quer durch alle Kulturen zieht, so finden wir auch immer wieder die Vorstellung, dass dieser zentrale Baum beziehungsweise Berg seine Entsprechung im menschlichen Körper hat. Der Bauplan des Himmels, der Makrokosmos, stimmt exakt mit dem Bauplan des Menschen, dem Mikrokosmos, überein. Wenn es eine zentrale Achse oder einen Weltenbaum gibt, um den sich die Welt beziehungsweise das Universum ausrichtet, so muss es auch im Menschen eine zentrale Achse, einen Mittelpunkt geben, an dem der Mensch als spirituelles Wesen seine Mitte findet. Die Hindus sehen in der Wirbelsäule die körperliche Entsprechung des Berges Meru; die Kabbala lehrt, dass der Baum des Lebens nicht im Garten Eden wächst, sondern im menschlichen Körper zu finden ist. Auch ihm wurde die Wirbelsäule als Entsprechung zugeordnet. So wie die Vitalenergie der Erde im Weltenbaum beziehungsweise Weltenberg emporsteigt und die Leben spendende Kraft der Götter in ihm herabfließt, so zirkuliert auch in der Wirbelsäule eine Energie, die den inneren oder spirituellen Menschen belebt. Die Hindus kennen sie als *kundalini,* die Kabbala spricht von ihr als *schechina.* Im klassischen Maya heißt sie *itz,* der »Himmelstau«. Die modernen Maya-Schamanen sprechen von *coyopa,* dem »Blitz im Blut«.

Auch wenn sich aus der klassischen Periode der Maya keine originalen Aufzeichnungen über die esoterische Natur des menschlichen Körpers erhalten haben, wissen wir doch aus aztekischen Quellen, dass die Ureinwohner Mittelamerikas ein hoch entwickeltes Wissen über den menschlichen Körper und seine spirituellen Energien besaßen.[9] Die Vitalenergie, die im Weltenbaum – und analog in der Wirbelsäule – zirkuliert, heißt auf Nahuatl *malinalli* und ist gleichbedeutend mit dem *itz* der Maya. Den Maya zufolge besteht diese Energie aus zwei Strömungen: Die eine ergießt sich vom Himmel herab, die andere strömt aus der Unterwelt nach oben. Diese zwei Strömungen verbinden sich zu einer Doppelhelix, wie wir sie von der menschlichen DNA (Desoxyribonukleinsäure, der Baustein des Lebens) her kennen. Der Fluss der *malinalli* konzentriert sich auf drei spezielle Bereiche im menschlichen Körper. Diese Zentren erinnern ganz deutlich an die Chakras, wörtlich »Räder«, wie sie uns aus der Yogalehre bekannt sind, die »feinstofflichen Zentren« der Energie im Körper. Die Hindus kennen sieben solcher Energiezentren, während die nur bruchstückhaft überlieferten aztekischen Quellen lediglich von dreien sprechen. Vielleicht waren auch noch weitere bekannt, aber das entsprechende Wissen ist uns nur bruchstückhaft überliefert.[10] In einem alten aztekischen Buch (bezeichnet als *Codex Borgia*) gibt es ein Diagramm, das die Tageszeichen des Heiligen Kalenders einzelnen Bereichen des Körpers zuordnet und den Schluss zulässt, dass das Kronen-, Herz-, Nabel- und Wurzelchakra bekannt waren. Demnach hat nicht nur der Weltenbaum seine Entsprechung in unserem Körper, sondern das gesamte Kalendersystem; es ist sowohl Zeitmessung als auch Teil unserer inneren Natur (Abb. 3).

Das erste der drei sicher bekannten Zentren liegt in der Schädelkrone. Die mit ihm verbundene Energie heißt auf Nahuatl *tonalli,* was so viel bedeutet wie »Wärme, die von der Sonne

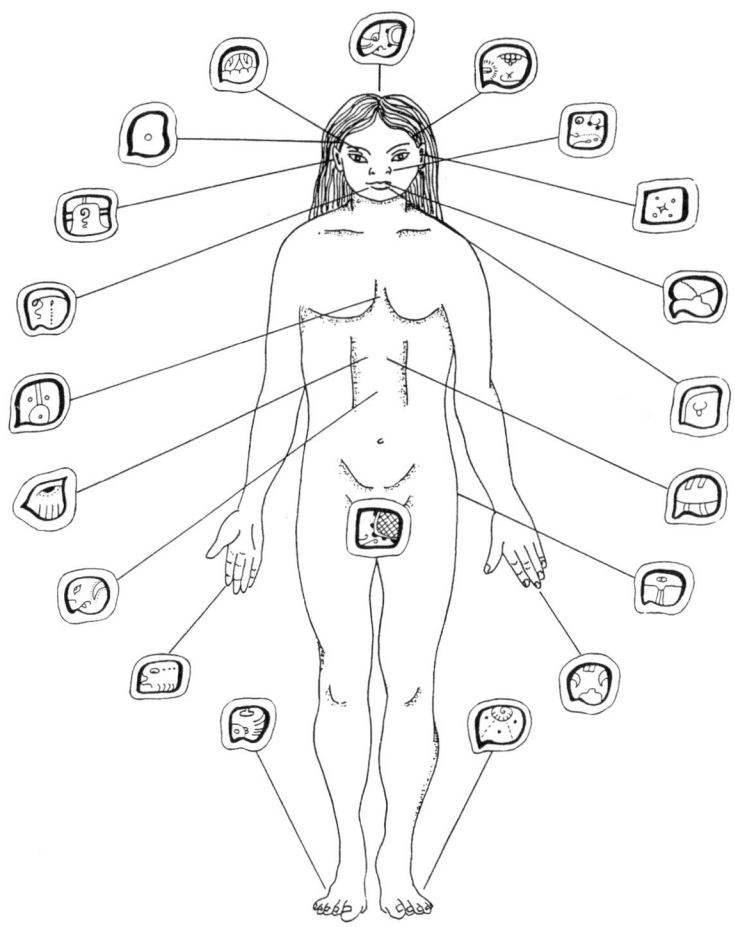

Abbildung 3: Kalendersystem und menschlicher Körper

kommt, den Menschen durchstrahlt und mit der Energie der Sonne verbindet«. *Tonalli* findet Eingang in den Mutterleib durch die Kraft des Schöpfers. Es ist der Funke des Lichts, der uns mit den Göttern verbindet, der Ort unseres höheren Selbst, unserer wahren Natur. Die Vorstellung von *tonalli* weist viele Gemeinsamkeiten mit dem hinduistischen *atman*-Konzept auf und kann ohne weiteres als aztekisches Gegenstück zum Kronenchakra der Hindus gelten.

31

Das zweite geheime Zentrum liegt im Herzen. Die Vitalkraft, die diesem Zentrum zugeordnet ist, wird auf Nahuatl als *teyolia* bezeichnet. Es ist der Ursprung von Gefühl, Gedächtnis und Wissen. *Teyolia* ist das »göttliche Feuer«, das unsere Denk- und Verhaltensmuster formt. Es ist möglich, *teyolia* bereits in der Zeit der menschlichen Existenz in das »göttliche Herz« umzuwandeln. In der aztekischen Kultur galten die Schauspieler, die bei den religiösen Mysterienspielen die Rolle der Götter übernahmen, und die Verfasser religiöser Dichtung als in besonderem Maße erfüllt von *teyolia*. *Teyolia* wird als Substanz betrachtet, die wir überall entdecken können, nicht nur im Herzchakra. Berge und Seen, Sakralbauten und Pyramiden sind voll von ihr. Das dritte Zentrum liegt in der Leber. *Ihiyotl* heißt die Energie, die mit ihm verbunden ist. Man könnte *ihiyotl* als »leuchtendes Gas« beschreiben, als subtile Energie, die unsere Emotionen hervorbringt: Hass, Gier, Mut, Liebe. Wollte jemand seine Beweggründe und damit die Aufrichtigkeit seines Handelns überprüfen, sprachen die Azteken davon, dass er »seine Leber erforsche«. *Ihiyotl* ist die Energie, die sich selbst auf andere projiziert und Fesseln der Bezauberung und Anziehung knüpft.

Eine Welt im Gleichgewicht

So waren also die innere und die äußere Welt beschaffen, die Urvater und Urmutter an einem Tag im Jahr 3114 v. Chr. schufen. Dieser Tag war auch ein mythischer Tag – Zeit jenseits der Zeit. Und diese Welt ist immer noch nicht fertig. Sie entwickelt sich ständig weiter und hat ihr Gleichgewicht noch nicht erlangt. Darum braucht sie Schutz, und nur durch die Gebete der Menschen, durch deren Hingabe an die Götter ist die Balance möglich. Den Göttern die gebührende Ehrfurcht zu erweisen gehörte zu jedermanns Pflichten. Im Besonderen aber oblag sie dem König, der ja als Verkörperung der Gottheit galt und somit Bindeglied zwischen dem Volk und dem Himmel war.

Der Gottkönig stand nicht nur in der Mitte der Welt, an der Achse des Weltenbaumes: Er wurde selbst zum Weltenbaum. Die Mayakönige bereiteten sich mit Fasten und Gebet auf die öffentlichen Zeremonien vor, und wenn auch über diese spirituellen Exerzitien keine Einzelheiten bekannt sind, so sind doch moderne Maya-Schamanen wie Hunbatz Men der festen Überzeugung, dass die alten Maya eine Art Yoga praktiziert haben.[11] Ich selbst habe an den Mauern des so genannten »Nonnenhauses« von Chichén Itzá ein in Stein gehauenes Basrelief gesehen, das einen Maya-Herrscher im Lotussitz zeigt (Abb. 4). Wir dürfen annehmen, dass die Übungen, die der Vorbereitung auf die öffentlichen Zeremonien dienten, die Lebenskraft erstarken ließen, die durch den Körper des Königs strömte.

Waren die Vorbereitungen abgeschlossen und die Planeten in die nach dem Ritualkalender erforderlichen Konstellationen vorgerückt, wurde das Volk im »Herzen der Stadt« zusammengerufen, um den welterneuernden Riten beizuwohnen, die der König ausführen würde. Er erschien in der Tempelpforte an der Spitze der Pyramide: der erste Mensch, aufgestiegen aus der »Höhle des Erscheinens« in der Mitte des Weltenberges. Hier, an der Spitze der Pyramide in der Mitte seiner Stadt, war der Maya-

Abbildung 4: Mayaherrscher in Meditationshaltung
Chichén Itzá, »Nonnenhaus«

33

könig symbolischer Mittelpunkt des Universums. Die Pyramiden im Mittelpunkt des Stadtkomplexes, der wiederum die Mitte
des Stadtstaates war, standen ihrerseits für den Weltenbaum oder
-berg, für die Achsen, von denen die vier Richtungen der Zeit
ausgingen.

Von der Plaza aus beobachtete das Volk, wie das menschliche
Bindeglied zur Welt der Götter jene Rituale ausführte, die das
Wohlergehen des Volkes sichern sollten. Die energetischen Zentren des Königs waren voll erwacht, und der »Blitz im Blut«, der
»Tau des Himmels«, stieg in seiner Wirbelsäule spiralförmig auf
und nieder. Er rief die Herrscher der Vergangenheit an, die Geister der Vorfahren. Diese Anrufung entwickelte sich häufig zu
einem heiligen »Geistertanz«. Wenn der König die Stufen der
Pyramide wieder hinaufstieg, vollführte er den Ritus des archetypischen Schamanen, der auf den Weltenbaum klettert, um ins
Land der Götter zu reisen.

Um die Geister der Vorfahren herbeizurufen, ist es notwen-
dig, dass Blut fließt – genauso wie beim Sonnentanz der Plains-
Indianer und aus genau demselben Grund wie dort: Der eigene
Geist sollte sich mit der Schöpferkraft des Universums verbinden. Die Mayakönige schlitzten sich daher den Penis mit den
Stacheln eines Stechrochens auf und fingen das Blut in einer
Schale oder mit besonders präpariertem Rindenpapier auf. Manche durchbohrten sich zu diesem Zweck auch die Zunge. Diese
Methode des »Blutopfers« wurde häufig von Frauen praktiziert.
In Yaxchilan ist ein Relief zu sehen, das eine königliche Dame
namens Xoc zeigt, die sich eine Dornenranke durch die Zunge
zieht – was sicherlich nicht weniger schmerzhaft ist als ein Sonnentanz. Gleichzeitig wurde meist Weihrauch aus Kopalharz in
einem in der Nähe abgestellten Räuchergefäß abgebrannt, der
mit seinen gewaltigen dunklen Rauchschwaden die Luft par-
fümierte.

Das Blutopfer, das damit verbundene beschwerliche Ritual,
die vorbereitenden Meditationen und die Visionssuche erweck-
ten die inneren Energiezentren zu neuem Leben, so dass die Person, welche das Opfer vollführte, in einen visionären Zustand ge-
langte. Aus den Weihrauchschwaden erschien dem Mayakönig
beziehungsweise der Mayakönigin die Schlange, der Unterwelts-
repräsentant des kosmischen Drachen beziehungsweise der

34

Himmelsschlange. Die Schlange öffnete ihren Schlund. Ihr entstieg eine menschliche Gestalt, die direkt aus den Pforten der Unterwelt zu kommen schien – der Geist eines Ahnen, der zurückkehrte, um seinem Volk Führung und Vision zu schenken. Von diesen Visionen sind uns Abbildungen erhalten geblieben, darunter jenes Relief, das die Königin Xoc bei ihrem Ritual aus dem Jahr 709 zeigt. Auf diesem Relief erkennen wir Yat-Balam, den Gründer der Yaxchilan-Dynastie (etwa 320 n. Chr.), wie er umhüllt von Weihrauchwolken aus dem Maul der Visions-Schlange steigt.[12]

Durch den spirituellen Kontakt mit den Ahnen, die eins geworden waren mit dem Herzen der Welt, wurde das Universum erhalten und erneuert.

3

Die Welt der vier Richtungen

Die großen Mayastädte waren entvölkert, der Kalender der Langen Zählung in Vergessenheit geraten. Die Spanier hatten das Volk unterworfen und die Menschen (gegen ihren Willen) zu Christen gemacht. Es ist jedoch nicht gelungen, die alten Traditionen vollständig auszulöschen, und unter Anthropologen herrscht allgemein die Ansicht, dass es nie gelungen ist, die Maya vollständig zu besiegen. Zum einen haben sie sich in zahlreichen Revolten gegen ihre Eroberer erhoben, zum anderen hielten sie in erstaunlichem Maße an ihren »heidnischen« Vorstellungen fest. Gerade im spirituellen Bereich ist der Versuch, die Maya unter das christliche Joch zu zwingen, weitgehend gescheitert. Viele traditionsbewusste Maya bezeugen noch heute den Schreinen ihrer Ahnen Verehrung, und das Wort des Dorfschamanen zählt für sie mehr als das, was der Priester sagt. Die Quiché-Maya im Hochland von Guatemala gelten als die strengsten Bewahrer der alten Traditionen, hauptsächlich deshalb, weil sich bei ihnen der alte Ritualkalender in seiner reinsten und vollständigsten Form erhalten hat. Ihre Schamanen nennt man »Taghüter«, da sie den Kalender verstehen und deuten können. Werfen wir nun einen Blick auf die überlieferten spirituellen Praktiken, die von den heutigen Mayaschamanen angewandt werden.

Die Berufung zum »Taghüter«

Nicht jeder kann Kalenderschamane oder »Taghüter« werden. Einige konservative Mayastämme wie die Momostenango sind der Ansicht, dass nur Menschen, die an ganz bestimmten Tagen des Ritualkalenders geboren sind, die Gabe des *coyopa,* des »Lichtes im Blut«, besitzen. *Coyopa* bezeichnet in der modernen Maya-Terminologie das, was die alten Maya *itz* und die Azteken *malinalli* genannt haben. Ohne diesen *Blitz im Blut* – ein natürlicher Überschuss an Kundalini-Energie – ist es ziemlich schwierig, ein »Taghüter« zu werden. Doch auch wer nicht von Natur aus mit einem Überschuss an *coyopa* gesegnet ist, weil er nicht unter den entsprechenden Zeichen geboren wurde, kann durch intensive spirituelle Praxis und viel Übung ein kraftvolles Potenzial davon in sich erzeugen.

Bevor aber jemand, sei es durch natürliche Veranlagung oder hartes Training, das Amt des »Taghüters« ausüben kann, muss er – wie die Schamanen aller Kulturen – durch eine Vision oder eine Krankheit, manchmal auch beides, initiiert worden sein. Nach Aussagen von Dennis und Barbara Tedlock, zwei amerikanischen Anthropologen, die zu »Taghütern« der Momostenago geweiht wurden, handelt es sich bei diesen spezifischen »Krankheiten« gewöhnlich um heftige Muskel- beziehungsweise Gelenkschmerzen oder Magenkrämpfe. Manchmal stürzen die Betreffenden auch ohne erkennbaren Grund plötzlich bewusstlos nieder, manchmal kämpfen sie auch mit Schwierigkeiten, die eher »psychologischer« Natur sind, so wird ihnen beispielsweise sehr oft Geld gestohlen oder sie haben Alkoholprobleme.[13]

Eine »schamanische Erkrankung« ist meistens das erste Zeichen, dass ein Mensch zum Weg der Tradition berufen ist. Einige Autoren bezeichnen diesen traditionellen Weg als *costumbre*. Unter diesem Begriff fassen sie das gesamte spirituelle Wissen der indigenen Völker Mesoamerikas zusammen. Martin Prechtel, ein Amerikaner, der in Guatemala zum »Taghüter« und Schamanen ausgebildet wurde, hält dem jedoch entgegen, dass für den Kenner echter Maya-Spiritualität *costumbre* nichts weiter ist als folkloristisches Treiben und dass man die alte Religion der Maya richtiger mit »den Weg der Sonne gehen« beziehungsweise »den Weg der Tage gehen« bezeichnen sollte. Flordemayo, eine *curandera* beziehungsweise Heilerin, die ebenfalls bei den »Taghütern« Guatemalas ausgebildet wurde, spricht von *caminando la bara,* die spanische Übersetzung von »mit dem Wissen beziehungsweise der Lehre gehen«.

Wenn ein Mensch also an einem günstigen Tag geboren ist oder durch intensives Training genügend *coyopa* erworben hat, an einer schamanischen Krankheit leidet und intensive, ungewöhnliche Träume hat, die auf ein besonderes Schicksal hinweisen, dann kann der Betreffende zum »Taghüter« ausgebildet werden. Der künftige »Taghüter« geht dann bei einem älteren Kalenderschamanen in die Lehre, der ihn in das Wissen um den Ritualkalender einführt. Dieser Heilige Kalender erfüllt im Leben der heutigen Maya drei Funktionen:

◉ Er dient als »astrologisches« System.

◉ Er dient als Grundlage für die Vorhersage von Ereignissen.

◉ Und – die wichtigste Funktion – er liefert einen rituellen Zyklus, nach dem der Einzelne sein spirituelles Leben ausrichten kann.

Wir werden in diesem Buch auf alle drei Aspekte des Ritualkalenders eingehen.

Zu Anfang seiner Ausbildung füllt der Schamanenlehrling seinen persönlichen Beutel mit Wahrsagesamen vom heiligen Kapokbaum *(Ceiba pentandra).* Dazu legt er ein paar Kristalle, die manchmal die Geister der Divinationskunst und des Magischen Kalenders darstellen, manchmal aber auch direkt als »Visionssteine«, als Wahrsageinstrumente, verwendet werden. An bestimmten, vom Ritualkalender erlaubten Tagen darf der künftige Schamane Vorhersagen treffen. Darüber hinaus wird sie beziehungsweise er in den traditionellen Gebeten unterwiesen. Der Novize lernt, an welchen Tagen man die Schreine aufsucht beziehungsweise in die heiligen Berge geht. Durch Traumarbeit kann der Lehrer erkennen, ob sein Schüler geistig Fortschritte macht, denn der Schüler bespricht mit dem Lehrer seine Träume und erhält von ihm präzise Anweisungen hinsichtlich seines weiteren Weges. Wenn ein Schüler in seiner Ausbildung einen vollständigen Zyklus von 260 Tagen durchlaufen hat, wird er an einem genau bestimmten Tag initiiert. Dieser Tag ist bei den

Momostenango der Tag 8 Affe, bei den Chichicastenango ist es 8 Hirsch. – Martin Prechtel erhielt seine Einweihung in eine Tradition, die als ihren Hauptzeremonientag 8 Adler bestimmt hat. (»Wir sind Vogelmenschen«, sagt er.) Nach der Ausbildung zum Taghüter kann der frisch gebackene Schamane sich gewissermaßen »spezialisieren«. So sind die Sänger unter den Kalenderschamanen fast immer männlich und kümmern sich um die mit dem Kalender zusammenhängenden Chantings, Gebete und Rituale. Der (ebenfalls männliche) »Hochzeitssprecher« musste lange Reden auswendig lernen, die bei Verlobungs- und Ehezeremonien gehalten wurden. Die Hebammen hingegen waren immer weiblich. Auch sie wurden als eine Art Schamanen betrachtet.

Zwei der schamanischen Rollen hingegen verlangen nach genauerer Darstellung, da sie mit zu den Hauptaufgaben des Schamanen gehören.

DER HEILER

Traditionelle Maya-Heiler werden manchmal als »Knochen-Einrenker« bezeichnet, da sie ihre Patienten mit überlieferten Massagetechniken – unter zusätzlicher Verwendung von Heilkräutern – behandeln. In alter Zeit hatte die Kräuterheilkunde der Maya ein sehr hohes Niveau erreicht, doch dieses Wissen geriet von der spanischen Konquista bis in unsere Tage mehr und mehr in Vergessenheit. Einer der letzten großen Kräuterheilkundigen der Maya, Don Eligio Panti aus Belize, bewahrte, was von diesem Wissen noch übrig war, und gab es an seine amerikanische Schülerin Rosita Arvigo weiter.[14] Nachstehend folgt ein nur kurzer Auszug aus Don Eligios umfangreichem Lehrbuch der Kräuterheilkunde:

◎ **Amaranth** (calalu): Seine Blätter weisen sehr viel Eisen und Kalzium auf. Die Samen sind reich an Protein. Warm serviert mit Honig und einem Schuss Milch, ist dieses südamerikanische Küchenkraut ein erstklassiger Energiespender.
◎ **Kamille** (manzanilla): Maya-Heiler verwenden sie als mild wirkenden Tee bei Schlaflosigkeit, Nervosität, Koliken und Verdauungsstörungen.

- **Kopalbaum** (pom bark): Kann als Tee zubereitet bei Verdauungsstörungen helfen.
- **Koriander:** Ist ein aromatisches Gewürz für Suppen, Salate und Saucen. Die Kochflüssigkeit der Samen hilft bei Schlaflosigkeit oder Magenproblemen.
- **Lindenblüten** (flor de tilo): Ergeben einen sanften, beruhigenden Tee.
- **Mais** (im che): Dieses medizinische Nahrungsmittel ist den Maya heilig. Maishaartee hilft bei Nieren- und Blasenproblemen.
- **Mexikanisches Traubenkraut** (Chenopodium ambrosoides): Das Abkochen der Wurzeln vermag Katerstimmung zu vertreiben.
- **Piment** (pimienta gorda): Blätter und Beeren schaffen Erleichterung bei Fieber, helfen bei gestörter Verdauung, Magenschmerzen und Koliken. Eine zerdrückte Beere auf das Zahnfleisch gelegt bringt schnelle Hilfe bei Zahnschmerzen.
- **Rosmarin** (romero): Befreit den Magen von Verschleimung.
- **Weinraute** (sink in): Beliebtes Heilmittel der Maya mit weit gestreutem Anwendungsbereich: Hysterie, Magenschmerzen, Regelschmerzen, verspätete Menstruation, Wehen und Geburtsschmerz. All diese Beschwerden lassen sich erleichtern, wenn man Wasser trinkt, in das frischer Pflanzensaft gegeben wurde.
- **Zitronengras** (zacote limon): Dieses erfrischende Heilkraut aus dem Regenwald hilft, Fieber zu senken.

DER GEISTERSEHER

Geisterseher können Männer und Frauen sein. Sie gelten nicht nur als die mächtigsten Kalenderschamanen, sondern sind auch die meist gefürchteten Personen der Gemeinschaft. Sie leiten mitternächtliche Séancen, sprechen mit den Seelen der Toten und den Geistern in den Höhlen. Sicher wandeln sie auf dem schmalen Grat zwischen Schamanismus und Hexerei. Wie die Könige der Frühzeit nehmen sie Verbindung mit den Ahnen und Geistern auf, die in Bergen und Höhlen hausen. Man begegnet den Geistersehern mit ebenso viel Furcht wie Ehrerbietung. Oft ist der älteste Kalenderschamane, der geistig Vater und Mutter einer Gemeinschaft darstellt, ein Geisterseher.[15]

Die Fähigkeit des Geistersehers, zwischen den Reichen der Heilkunst und der Zauberei hin und her zu pendeln, bringt uns zu einem wichtigen Punkt im Leben der heutigen Maya. Viele haben Angst vor Zauberei und verwenden viel Zeit darauf, Gegenmittel gegen die Nachstellungen übel wollender Schamanen zu suchen. Nachfolgend eine kurze Aufstellung ihrer wichtigsten Schutzmittel gegen schwarze Magie:

◎ **Kopal:** Harz des Kopalbaumes, der Araukarie, die als heilig gilt. Sie wird als Abbild des großen Weltenbaumes betrachtet und ist ein eigenständiges Geistwesen, das vermag, das Böse zu besiegen. Aus diesem Harz gewonnener Weihrauch vertreibt böse Geister, schützt vor schwarzer Magie und spirituellen Krankheiten wie Neid, Mutlosigkeit und Kummer. Es wird auch verwendet, um die Geister der Ahnen herbeizurufen.

◎ **Weinraute:** Wird allgemein als Pflanze der Gnade betrachtet. Diese hochwirksame spirituelle Medizin ist vor allem für ihre Fähigkeit bekannt, böse Geister zu bannen. Raute kann mit Balche-Wurzel (Longocarpus violaceus) und gemahlenem *Piedra de Esquipulas* (siehe unten) vermengt werden, um Eifersucht oder Nervenkrisen zu kurieren.

◎ **Weihwasser:** Man besorgt es sich in einer katholischen Kirche und besprengt damit das Haus oder Grundstück. Menschen, die spirituelle Probleme haben, betupft man damit, um sie zu segnen.

◎ **Piedra de Esquipulas:** Calcitgestein, das in einem heiligen Berg Guatemalas vorkommt. Es hat seinen Namen von der »schwarzen«, d. h. von den Ureinwohnern gefertigten Christusstatue am Schrein von Esquipulas. Der Stein wird zu feinem Pulver vermahlen und einer Teemischung aus Balche-Rinde, Weinraute und Weihwasser beigegeben. Dreimal täglich getrunken, bricht dieser Tee jeden Zauberbann und schützt vor Neid. Es gibt noch einen zweiten heilkräftigen Christus von Esquipulas in dem Dorf Chimayo im Norden von Neu-Mexiko. In dem dortigen Heiligtum gibt es eine Grube mit »heilender Erde«. Vermischen Sie ein Quäntchen davon mit Wasser und trinken Sie dieses Gemisch.

◎ **Basilikum** (*ca cal tun* auf Yucatán): Ein bekanntes Würzkraut, das sowohl wild wie kultiviert vorkommt, und Bestandteil vieler Rezepte ist. In den Regenwäldern Südamerikas findet es darüber hinaus Verwendung, um Zauber aller Art zu brechen und böse Geister zu bannen. Eine Räucherung mit Basilikum an sieben aufeinander folgenden Freitagen klärt eine belastende Atmosphäre im Haus.

◎ **Rosmarin:** Als Räucherung zusammen mit Kopal vertreibt es Neid und böse Geister. Um sich zu schützen, kann man diese Mischung an neun aufeinander folgenden Freitagen verbrennen.

◎ **Balche-Wurzel** (Longocarpus violaceus): Wird von den Maya-Schamanen verwendet, um ihre Kräfte zu vermehren. Rinde oder Wurzel abkochen und die Flüssigkeit trinken.

Folgendes Gebet sollte die Anwendung der oben aufgeführten Medizinen begleiten: *Möge alles Übel diesen Ort verlassen. Im Namen des Schöpfers. So sei es.*

Die traditionelle Magie der Maya kennt noch weit mehr Möglichkeiten, um sich gegen negative spirituelle Einflüsse zu schützen. Besonders Amulette erfreuen sich größter Beliebtheit. Um ein Amulett zu fertigen, nehmen Sie einen kleinen Zweig von der Weinraute, ein paar Kügelchen Kopalweihrauch und einen Splitter vom Esquipulas-Stein (oder Erde von Chimayo). Legen Sie alles auf ein Stück Balsamrinde (Rinde der Balsamtanne oder Douglasie). Schlagen Sie das Ganze in ein quadratisches Stück schwarzer Seide oder Baumwolle ein, so dass Sie ein hübsches kleines Bündel bekommen. Anschließend vernähen Sie es mit schwarzem Zwirn. Tragen Sie diesen Beutel ständig um den Hals beziehungsweise am Körper.

Im Zentrum der Welt leben

Auch die Maya von heute leben in einer viergliedrigen Welt. Viele Dörfer im Hochland haben ihre vier »Hausberge«, die als heilig gelten, weil sie die Energien der vier Himmelsrichtungen symbolisieren. Die Maya von Yucatán verehren wie eh und je die vier transzendenten Hüter der Himmelsrichtungen, auch wenn sie mittlerweile andere Namen bekommen haben – der heilige Dominik beherrscht den Osten, der heilige Jakobus der Jüngere den Westen, der Erzengel Gabriel wacht im Norden, während Maria Magdalena ihr Reich im Süden hat (gibt es ein besseres Symbol für Fruchtbarkeit?).[16]

Die vier Himmelsrichtungen stecken den magischen Bezugsrahmen (Bedeutung der Farben, Wechsel der Jahreszeiten, transzendente Entsprechungen) des Mayaschamanen ab. Die wahre Bedeutung des sehr vielschichtigen magischen Systems der Maya erschließt sich jedoch erst, wenn man sich in den Ritualkalender vertieft. Die folgende Übung soll uns helfen, ein Verständnis für die geistige Weltsicht der Mayaschamanen zu entwickeln.

MEDITATION:
DIE VIER HIMMELSRICHTUNGEN

1. Stellen Sie sich mit dem Gesicht nach Osten.

2. Atmen Sie tief ein und schließen Sie die Augen. Stellen Sie sich vor, Sie stehen in der Mitte aller Dinge, am Nabelpunkt des Universums. Sie sind der Weltenbaum. Ihre Wurzeln erstrecken sich in die Unterwelt, mit Ihrem Geist berühren Sie den Himmel. Über Ihrem Kopf erstrahlt der Nordstern. Sie sind die Milchstraße, der große kosmische Pfad.

3. Stellen Sie sich jetzt vor, wie eine Spirale der Energie aus der Erde emporsteigt, die Rückseite Ihrer Beine hinaufwandert und Ihre Wirbelsäule, den Stamm Ihres inneren Weltenbaumes, durchströmt. Diese Energie ist sehr real, sie fließt reichlich und gibt Ihnen Festigkeit. Alles, was Sie an Glück und Reichtum in Ihrem Leben erfahren können, ist ein Ausfluss dieser erdhaften Energie.

4. Nun stellen Sie sich eine zweite Energiespirale vor, die durch Ihr Kronenchakra in Ihren Körper eintritt, die Wirbelsäule hinunterfließt und in die reiche Erde eintritt. Diese Energie verköpert spirituelle Kraft. Sie ist Ihre Inspiration und verbindet Sie mit der Sphäre des Göttlichen. Das ist die Energie, die die alten Maya als *itz*, als »Tau des Himmels« bezeichneten.

5. Visualisieren Sie nun diese beiden Energien als Spiralen weißen Lichtes, von denen die eine sich vom Himmel zur Erde, die andere von der Erde in den Himmel bewegt. Zusammen bilden die beiden Spiralen eine Doppelhelix, wie in der menschlichen DNA. Diese bewegt sich nun Ihre Wirbelsäule hinauf und hinunter.

6. Strecken Sie nun Ihre Arme zur Seite aus, so dass Ihr Körper ein Kreuz bildet, das im Zentrum der Dinge steht. Denken Sie daran, dass die Maya im Kreuz Christi nur ein anderes Symbol für das Achsenkreuz der vier Himmelsrichtungen sahen, einen Weltenbaum und ein Symbol des vierfältigen Universums. Sie sind nun dieses Universum. Zu Ihrer Rechten, im Süden, ist der Ort der männlichen Energie des Kosmos. Da die Maya ihren Stammbaum nach der väterlichen Linie zurückverfolgen, sind auch all Ihre lebenden Verwandten Teil dieser »männlichen Energie«. Die Magie der Maya lehrt uns, all unsere menschlichen Bande zu schätzen, deshalb sollten Sie für den Moment all Ihre Probleme, die Sie mit diesen Menschen vielleicht haben, zurückstellen. Bringen Sie Ihnen trotz alledem Liebe entgegen. Zu Ihrer Rechten sind auch jene psychologischen Eigenschaften, die wir gewöhnlich mit dem Begriff »Männlichkeit« verbinden, wie beispielsweise Autorität, Bestimmtheit, Kraft und Durchsetzungsfähigkeit. Konzentrieren Sie sich nun auf Ihre linke Hand. Hier, im Norden, sind die weiblichen Energien des Kosmos versammelt. Einige traditionelle Schamanen sind der Meinung, dass die Hochzeitszeremonie als solche symbolisch »auf Ihrer linken Seite« beheimatet ist. Ob Sie nun Mann oder Frau sind: Versuchen Sie, all Ihre engen Bindungen zu Ihrer

Linken zu sehen, zusammen mit all den Frauen, die je in Ihr Leben getreten sind. Vergessen Sie auch hier eventuelle Differenzen und schicken Sie ihnen einfach Ihre Liebe. Hinter Ihnen, d. h. im Westen, stehen alle Ihre Vorfahren, sowohl Ihre direkten Ahnen als auch die Menschheit als solche. Hier liegt die kollektive spirituelle Kraft all derer, die Ihnen vorausgegangen sind. In der Stunde Ihres Todes werden auch Sie in dieses große kollektive Unbewusste der Menschheit eingehen, das die Maya »Ort der Seelen« nennen. Wir werden später dieses enorme Reservoir noch genauer erforschen. Für den Augenblick genügt es, wenn Sie die Macht der Ahnen hinter sich einfach akzeptieren. Vor Ihnen, im Osten, liegt die Zukunft. Haben Sie Kinder? Wenn ja, hier ist ihr Ort, denn sie sind ein Stück Ihrer Zukunft. Hier liegt Ihr spiritueller Weg, weil uns der Weg der geistigen Entwicklung immer vorwärts führt und nicht zurück. Da Magie und Ritual Teile der spirituellen Praxis sind, und der Ritualkalender uns hilft, die Zukunft besser zu erkennen, sagen einige Mayaschamanen, dass die Kunst der Weissagung »im Osten liegt«.

7. Atmen Sie bewusst und denken Sie in Ruhe über all diese Dinge nach, vor allem über Ihren inneren Weltenbaum, bis all dies Teil Ihrer selbst wird.

Einen Altar errichten

Viele Mayagemeinschaften haben ihr eigenes »Weltzentrum«, gewöhnlich einen »heidnischen« Schrein im Dorf beziehungsweise in der näheren Umgebung. Er erfüllt den gleichen Zweck als energetischer Brennpunkt, der das Achsenkreuz des Universums, den Weltenbaum beziehungsweise Weltenberg symbolisiert, wie die historischen Tempel. Diese Schreine sind normalerweise Altäre aus Natursteinen, meist in ländlicher Umgebung, und übersät mit Scherben von Keramikgefäßen, Resten von abgebranntem Weihrauch und Bergen von Kerzenstummeln. Viele traditionelle Mayaschamanen und Anhänger des »Weges der Alten« haben ihre eigenen Privataltäre. (Durch die Errichtung eines solchen Altars schaffen wir den Mittelpunkt des Universums, den Drehpunkt der Vier Himmelsrichtungen, in unseren eigenen vier Wänden.) Dieser Altar kann recht einfach gehalten sein, je schlichter, desto besser. In vielen Mayadörfern, in denen Geld eher knapp ist, dient eine alte Bank oder ein kleiner Tisch als Altar. Selbst bei großen Schamanen ist dies nicht anders. Der erste Schritt besteht also in der Beschaffung eines geeigneten Möbelstücks.

Kaum ein Maya wird seinen Altar mitten in der guten Stube aufstellen – schon allein deshalb, weil gewöhnlich die Familie groß und der Platz knapp ist. Ein guter Ort ist also die Wand oder eine Ecke des Raumes.

Jetzt können wir an die eigentliche Gestaltung des Altars gehen. Für einen Maya ist das ein sehr persönlicher und spontaner Akt. Ein Altar ist nicht nur Symbol des kosmischen Achsenkreuzes, sondern auch ein sehr persönlicher Ausdruck der eigenen Kreativität. Zur Anregung folgt eine Aufzählung von verschiedenen Dingen, die man häufig auf einem Maya-Altar findet:

◉ **Kreuz:** Wenn man das Haus eines Maya betritt und das mächtige Kreuz sieht, das gewöhnlich auf dem Familienaltar steht, könnte man glauben, hier durch und durch gläubige Katholiken zu finden. Im Grunde sind diese Kreuze aber nichts anderes als Symbole des Weltenbaumes und der Vier Himmelsrichtungen. Ihr wahrer Sinn geht viel weiter zurück, zurück in eine Zeit, bevor die Kirche die gesamte Neue Welt unter ihren allein selig machenden Anspruch zwang. Die Maya umhüllen die Kreuze oft mit einem *huipil,* der traditionellen Bekleidung der Maya, manchmal auch mit Perlenketten beziehungsweise Rosenkränzen, Amuletten und ähnlichem. Wenn Sie Kreuze nicht mögen, müssen Sie keines aufstellen. Wenn Sie sich aber mit der alten Symbolik anfreunden können und die kreativen Möglichkeiten ausreizen wollen, können Sie das Kreuz mit Ihren bevorzugten magischen Gegenständen schmücken oder ihm alte Kleider überziehen.

◉ **Kerzen:** Sie stehen für Vergebung und Verzeihung. Ferner symbolisieren sie das Tageszeichen *Geier* des alten Kalenders.

Dieser Aasfresser versinnbildlicht eine Art »karmisches Großreinemachen«. Die Kerze ist also auch ein Mittel der inneren Reinigung, das unsere »Sünden« verbrennt.

◎ **Götterbilder:** Die Maya fanden immer wieder, zumindest bis in die jüngste Zeit, alte Statuetten und andere Gegenstände in den Ruinen und stellten sie bei sich zu Hause auf. Seit die örtlichen Behörden diese Art der »Schatzsuche« in den alten Denkmälern streng verfolgen, wird diese Form der Dekoration seltener. Es ist also eher unwahrscheinlich, dass Sie sich vor Ort mit derlei Antiquitäten eindecken können. (Außerdem machen Sie sich damit strafbar.) Wenn Sie also unbedingt Figuren im Maya-Stil für Ihren Altar haben wollen, müssen Sie sich Kopien kaufen. Außerdem sollten Sie wissen, dass viele katholische Heilige mit Aspekten der alten Götter ausgestattet wurden, und daher so manches, was aussieht wie ein christliches Heiligenbild reinsten Wassers, viele Elemente der alten Traditionen enthält. Simon Petrus beispielsweise ist das christliche Gegenstück des »heidnischen« Erdvaters, den wir noch kennen lernen werden.

◎ **Nahrungsmittel, Blumen und Fotos:** Die Maya ehren ihre Vorfahren, indem sie Bilder von ihnen am Altar aufstellen. Ein Foto der Großmutter ehrt den Geist der Großmutter und hilft, ihre geschätzte und geliebte Energie im Haus zu bewahren. Aus demselben Grund stellt man gewöhnlich auch Essen für die Toten auf den Altar. Diese Praxis gehört zu den Bräuchen, die mit dem mexikanischen »Totentag« am 1. November verbunden sind. Familienfotos oder andere Erinnerungsgegenstände, die wir zusammen mit dem traditionellen Nahrungsopfer *burrito* (gefüllte Tortilla) zur Erinnerung an unsere Lieben auf den Altar stellen, geben ihm ein farbenfrohes Gepräge. Und die Altäre, die man landauf, landab in Mexiko bestaunen kann, leuchten in ungehemmter Farbigkeit – Tischdecken und die *sarapes* genannten bunten mexikanischen Wolldecken, leuchtende Blumen, Flaschen mit farbenfrohen Likören, Figuren von Hochzeitstorten und sogar Christbaumschmuck erfreuen sich größter Beliebtheit. Lassen Sie Ihrer Phantasie freien Lauf. »Spirituell« heißt nicht farblos oder gar langweilig.

- **Weihrauch:** Der Weihrauch der Maya ist normalerweise aus Kopal. Sie können ihn in einem Gefäß Ihrer Wahl abbrennen, sei es ein alter Teller, ein phantasievoll geformtes Weihrauchgefäß oder einfach ein Stein. Kopal bekommen Sie in vielen Naturkostläden.

- **Wahrsagebeutel:** Kalenderschamanen bewahren ihren Beutel mit Wahrsagesamen gewöhnlich direkt am Altar oder in seiner unmittelbaren Nähe auf. Dieses spezielle Thema werden wir in Kapitel 7 eingehend behandeln.

- **Kristalle und Steine:** Auch das ist ein eigenes Thema. Zu bestimmten Steinen können Sie eine sehr starke Beziehung aufbauen. Solche Steine, die Ihnen ein Gefühl von Kraft und Heiligkeit der Welt geben, können tatsächlich so genannte »Visionssteine« oder »Steine des Lichts« sein, *sastun*, wie sie im Yucatán-Maya heißen.

WIE SIE IHREN PERSÖNLICHEN LICHTSTEIN FINDEN

Im Grunde eignet sich alles als *sastun*. Don Eligio Panti, ein berühmter Schamane und Heiler unserer Tage, arbeitete mit einer einfachen Glasmurmel, während seine Hauptschülerin, Rosita Arvigo, einen jener typischen »Newage-Kristalle« verwendet.

Wenn Sie wissen möchten, ob ein bestimmter Stein oder Kristall Ihr Visionsstein beziehungsweise *sastun* sein könnte, weil Sie einen besonderen »Draht« zu ihm haben, können Sie das mit dem folgenden Ritual, das aus dem Erfahrungsschatz von Don Eligio stammt, überprüfen.[17] Auch wenn sich herausstellen sollte, dass Ihr Stein beziehungsweise Kristall doch kein *sastun* ist, wird er durch die erste Hälfte des Rituals mit Kraft aufgeladen. In Yucatán kennt man eine weitere Methode, um einen Stein mit Energie aufzuladen: Man spricht Gebete über dem Stein und legt ihn dann über Nacht in ein Glas Brandy. Doch zurück zu Don Eligio und seinem Ritual, das Sie am besten an einem Freitag ausführen:

1. Legen Sie den Kristall in eine Hand. Tauchen Sie die Finger der freien Hand in ein Glas hochprozentigen Alkohols. Don Eligio nahm gewöhnlich Rum, die Schamanen in Yucatán verwenden eher Brandy, den auch ich vorziehe. Mit den vom Alkohol befeuchteten Fingern zeichnen Sie das Kreuzzeichen auf beide Seiten Ihres Steins beziehungsweise Kristalls.

2. Sprechen Sie nun die folgende Beschwörungsformel:

Sastun, sastun! Bitte offenbare mir alles, was ich wissen will. Lehre mich, die Zeichen zu verstehen. Besuche mich in meinen Träumen. Gib mir die Antworten, nach denen ich suche. Ich weiß, dass dieser sastun meine Gebete erhören wird. Gott Vater, Gott Sohn, Gott Heiliger Geist.

(Wie wir später noch sehen werden, können wir das Gebet auch mit den Worten abschließen »Im Namen von Gott, Vater Erde und der Ahnen«.) Wiederholen Sie den gesamten Vorgang (Finger eintauchen, Kreuzzeichen, Gebet) neunmal.

3. Legen Sie sich mit Ihrem Stein schlafen. Sie können ihn in der Hand behalten, unters Kopfkissen legen oder was sich sonst für Sie richtig anfühlt: Wichtig ist, dass Sie ihn in Körpernähe haben. Wenn Ihr Stein tatsächlich ein *sastun* ist, werden Ihnen die Ahnengeister in einem Traum erscheinen und Ihnen zeigen, wie Sie ihn richtig verwenden. Wenn Sie Ihre Chancen auf einen mächtigen, bedeutsamen Traum erhöhen wollen, können Sie das folgende »Rezept« versuchen, das einige Mayaschamanen verwenden, wenn sie einen »Traum suchen«. Ungefähr eine Stunde nach dem Abendessen trinken Sie ein Glas warmes Wasser vermischt mit einem Esslöffel Zitronensaft, um Ihren Körper innerlich zu reinigen. So hat der Körper noch genügend Zeit, alles zu verdauen, und Sie selbst haben ausreichend Zeit, das eine oder andere Mal im Bad zu verschwinden, bevor Sie sich zu Bett begeben.

4. Wenn Ihnen die Ahnengeister im Traum erscheinen, werden sie Ihnen präzise Anweisungen geben, wie Sie Ihren Stein

zu gebrauchen haben. Jeder Mensch und auch jeder Stein ist einzigartig, daher werden die magischen Anweisungen auch bei jedem anders ausfallen. Befolgen Sie die Anweisungen, die Sie erhalten, wortwörtlich.

5. Wenn Sie einen Traum haben und Ihr Stein beziehungsweise Kristall tatsächlich Ihr *sastun* ist, sollten Sie jeden Freitagabend neunmal mit Alkohol ein Kreuz darauf zeichnen und das Gebet sprechen, um ihm so Ihre Ehrerbietung zu erweisen.

Wenn Sie Ihren persönlichen Visionsstein gefunden haben, möchten Sie ihm vielleicht einen besonderem Platz geben und ihn nicht zusammen mit Ihren übrigen Wahrsageutensilien aufbewahren. (Siehe hierzu Kapitel 7)

Vater Erde

Die Quiché kennen ebenfalls eine heilige Dreifaltigkeit, die aber wenig gemein hat mit der Dreifaltigkeit der katholischen Kirche: *Tiox, Mundo* und *Nantat*.[18] »Tiox« ist die Quiché-Übersetzung des spanischen *dios,* das »Gott« bedeutet. Tiox ist der Sammelbegriff für den ganzen kirchlichen Pantheon: Gott und die christlichen Heiligen. *Mundo* ist spanisch und bedeutet »Erde«. Damit ist nicht nur die Erde als solche gemeint, sondern auch Höhlen und Berge, die in präkolumbianischer Zeit als Tor zur Unterwelt galten. Santo Mundo oder »die heilige Welt«, die zweite Person dieser Dreifaltigkeit der Maya-Mythologie, ist eine zwiespältige Figur. Wie alle alten Unterweltsgötter ist Vater Erde hinterlistig und nicht unbedingt vertrauenswürdig. Trotzdem sehen die Maya in Santo Mundo – so arglistig er auch sein mag – die Quelle allen materiellen Wohlergehens, lebt er doch unter der Erde, die – wie man unschwer erkennen kann – alle Pflanzen und damit auch den Leben spendenden Mais hervorbringt. Unsere Nahrung und aller Reichtum der Natur haben ihren Ursprung in der Erde. Vater Erde mag ein rasender und unberechenbarer Gott sein: Manche sehen in ihm die Bosheit schlechthin, denn er gilt auch als Urheber von Wahn und Tollheit. Und doch ist er es, der uns die guten Dinge dieser Welt zu genießen gibt.

In Santiago Atitlan, einem Dorf in Guatemala, das die alten Traditionen, den *costumbre,* bewahrt hat, kennt man Vater Erde auch unter dem Namen Maximon. (Seine Rolle als Vater Erde ist jedoch alles andere als eindeutig. Martin Prechtel, der gut vertraut ist mit ihm, sagt sogar: »Er ist nicht einmal unbedingt ein ›Er‹.«) Sein Name ist schon zweideutig genug. Er setzt sich zusammen aus *maam,* dem alten Maya-Ausdruck für den »Herrn der Erde« oder (in manchen Quellen) den »Geist des Jahres« und *Simon,* dem Namen des christlichen Apostels Simon Petrus. Hierzu sollte man allerdings wissen, dass viele traditionelle Stämme in Mittelamerika im heiligen Simon eher den Patron der Hexer und Schwarzmagier sehen als den sanftmütigen Fischer des Neuen Testaments. Seine Rolle gleicht in vielerlei Hinsicht der des heiligen Cyprian, dem in Südamerika viele *grimoires* (Zauberbücher) zugeschrieben werden. Auch scheint der scheinbar so viel sagende Name »Maximon« die Wahrheit eher zu verschleiern als zu enthüllen. Der Kommentar von Martin Prechtel zu diesem Thema: »Maximon ist nicht sein richtiger Name.«

Maximon steht für die ungebändigten, zerstörerischen Kräfte der Natur, wie sie sich in Erdbeben, Überschwemmungen und Orkanen äußern. Zu Fuß wandert Maximon übers Land, schlägt die Menschen mit Irrsinn oder schickt ihnen Schlangenbisse. Er wird am Eingang von Höhlen verehrt, dem Ort, an dem man traditionellerweise den Göttern der Unterwelt opfert. Vielleicht ist er auch ein Abkömmling der alten Maya-Gottheit *Pauhatun.* Dieser Unterweltsgott war zuständig für etwas, was wir als »psychedelisches Klistier« bezeichnen könnten. Die *ahauob* der Maya verwendeten oft Klistiere (Spülungen), die aus psychoaktiven Pilzen (Psilocybin) zubereitet wurden, um sich auf ihre Rituale vorzubereiten. Wie dem auch sei, sogar heute noch haben die meisten Maya große Angst vor Maximon, nur in Santiago Atitlan genießt er ungebremste Verehrung. Eine beinah lebensgroße Statue des Maximon wird dort den Großteil des Jahres über von seiner *cofradia,* seiner Bruderschaft, unter dem Dach deren »Hauses der Dämmerung« aufbewahrt. Maximon – dargestellt mit schwarzem Umhang, schwarzem Hut, schwarzem Bart und einer dicken Zigarre im Mund – ist auf manchen

Abbildungen auch mit einer Flasche Schnaps in der Hand zu sehen. Kurz vor Beginn der Fastenzeit machen sich die jungen Männer von Santiago Atitlan auf ins Gebirge, um Blumen und Früchte für Maximon zu sammeln. Sie gehen ohne Begleitung ihrer Frauen und wenn sie aus den Bergen zurückkommen, werden sie ermutigt, sich sexuell auszutoben. Maximon ist ja der Herr des Reichtums der Natur, und er wird als sexuelle Urkraft angesehen, die den jungen Männern Kraft und Potenz spendet. Die gesammelten Blumen und Früchte werden Maximon dann im Haus der Dämmerung geopfert, wenn die Menschen in der Fastenzeit ein Fest zu seinen Ehren feiern, steigt Maximon vom Dach herunter, erhält die Bergopfer, und alles tanzt und singt. Dann wird Maximon auf den Schultern seines »Pferdes«, d. h. eines eigens ausgewählten Mitgliedes der *cofradia,* in die Kirche getragen. Dort wird in einer Seitenkapelle eine Stange aufgerichtet, ein Symbol des Weltenbaumes, an der Maximon hinaufgezogen wird. Anders ausgedrückt: Maximon hängt vom Weltenbaum wie alle guten Schamanen bei ihrer Initiation – Christus eingeschlossen.

Doch auch um Christus selbst haben die etwas kirchennäheren Dorfbewohner einen Kult entwickelt, der dem des Maximon ziemlich ähnlich ist. Am Karfreitag wird eine Christusfigur in die Kirche getragen und dort an einem weiteren Weltenbaum aufgehängt, der in einer kleinen Erdvertiefung steht. Diese nennt man den »Mittelpunkt der Welt«. Jener Christus gilt wie Maximon als Naturgeist, denn unter seinem Umhang finden wir Obst und kleine Tiere. Manchmal wird Christus abgenommen und in eine Vitrine gestellt, die mit Blumen und Christbaumkerzen geschmückt ist. Christus und Maximon werden auch zur selben Zeit wieder aus der Kirche getragen, und dabei kommt es zwischen ihnen zu einer Art rituellem Gefecht, bei der – so die Anhänger Maximons – Christus von Maximon »befruchtet« wird. Nun kann das neue Jahr beginnen, da die Energien der verschiedenen Jahreszeiten von neuem aus dem Dualismus von Licht (Christus, yang) und Dunkelheit (Maximon, yin) entstehen können. Meist entlädt sich diese dynamische Gegensatzspannung zwischen Christus als Herrn des Himmels und Maximon als Vater der Unterwelt in einem harmonischen kosmischen Tanz. Manchmal kommt es dabei jedoch auch zu handfesten Konflikten. 1950 beispielsweise stahl ein katholischer Priester in der festen Überzeugung, in Maximon Judas, den Mörder Christi, vor sich zu haben, die Statue des Maximon aus dem Haus der Dämmerung. Irgendwie landete die Figur dann in Paris im *Musée de l'Homme*, wo sie viele Jahre in einer Vitrine stand. 1978 schließlich gelang es Martin Prechtel und dem Dichter Nathaniel Tarn nach langen Verhandlungen, Maximon wieder nach Santiago Atitlan zurückzuholen. Der französische Botschafter charterte ein Boot und segelte über den See von Atitlan. Mit ihm kam eine Diplomatin mit einem an ihr Handgelenk geketteten Koffer, in dem Maximon lag. So kehrte er nach Hause zurück. Aber der Konflikt war damit nicht beendet. Martins Haus wurde von den Todesschwadronen der Regierung unter Beschuss genommen, und er selbst wurde aus Guatemala vertrieben. Die zunehmende Macht der katholischen und evangelischen Kirche im Hochland von Guatemala schwebt als ständige Bedrohung über den Anhängern Maximons. Aber bis jetzt ist es noch nicht gelungen, Maximon auszulöschen.

Der Ort der Seelen

Nantat ist die dritte Kraft in der Dreifaltigkeit der Maya und symbolisiert die Geister der Ahnen. Man versteht darunter die *ahauob* längst vergangener Zeiten, die schon von den Mayakönigen der klassischen Periode rituell beschworen wurden. Wir können den Ahnen überall begegnen, ihre Geister sind in unser Leben verwoben. Die Maya fragen vor jeder Entscheidung, die einen Einfluss auf das Zusammenleben der Familie haben könnte (beispielsweise der Bau eines Hauses), die Ahnen um ihre Erlaubnis, da diese über das Wohlergehen der Familie wachen. Die Ahnen können auch in einem neuen Körper zu uns zurückkehren, insofern glauben die Maya – zumindest ein Teil von ihnen – an eine Form der Wiedergeburt.

Die Mehrheit der Maya glaubt an die Existenz von zwei Seelen. Die Auffassungen über Art und Wesen dieser beiden Seelen gehen allerdings weit auseinander. Die folgenden Ausführungen stützen sich auf Aussagen der Quiché-Maya von Momostenango.

Jeder Mensch besitzt zum einen eine »Lebensseele«, die eng mit dem Körper verbunden ist, und die, wenn sie sich vom Körper löst, innerhalb kürzester Zeit den Tod des Betreffenden verursacht. Diese Lebensseele wird als *uxlab,* »Atemseele«, bezeichnet, manchmal auch mit *anima,* dem spanischen beziehungsweise lateinischen Wort für Seele. Diese Seele erhalten wir bei der Geburt, ihr Sitz ist das Herz. In der Lebensseele gibt es noch einen weiteren Bestandteil, der manchmal als eigene, selbstständige Kraft betrachtet wird, nämlich das *coyopa,* den »Blitz im Blut«, von dem bereits die Rede war. Da nicht jeder von Geburt an mit *coyopa* gesegnet ist (obwohl man es durch Training erwerben kann), ist der Besitz dieser machtvollen Energie ein Zeichen dafür, dass man zum Schamanen berufen ist.

Unsere zweite Seele wird als »freie Seele« bezeichnet. Sie unterscheidet sich in mehrerlei Hinsicht von der Lebensseele. Die Lebensseele ist an den Körper gebunden, während die freie Seele – wie der Name schon sagt – frei durch den Raum streifen kann, ohne dass dadurch Leib oder Leben des »Besitzers« gefährdet würde. Die Vermutung liegt also nahe, dass die freie Seele dem »Astralleib« beziehungsweise der »Astralseele« entspricht, wie sie in den spirituellen Traditionen überall auf der Welt bekannt ist. Dennoch gibt es Unterschiede. Die freie Seele wird manchmal auch als *nagual* bezeichnet. Dieser Name wurde dem Nahuatl entlehnt und bezeichnet einen Schutzgeist oder ein Totemtier, das über unser Schicksal wacht. Wir können unseren Schutzgeist zum Beispiel in einem Traum finden. Manche Ureinwohner glauben auch, dass es das erste Tier ist, das den Weg eines Neugeborenen kreuzt. Auch Naturmächte wie etwa ein Blitz können unser *nagual* sein. Die Verbindung zwischen einem Menschen und seinem *nagual* dauert ein ganzes Leben und ist unzerstörbar. Die Maya glauben, dass der *nagual* mit dem Tag unserer Geburt zusammenhängt. Wenn man beispielsweise am Tag des Adlers geboren ist, bedeutet das, dass der Adler der persönliche *nagual* ist. Die Beziehung zwischen freier Seele und Tageszeichen der Geburt wird manchmal auch als »Gesicht« oder »Schicksal« beschrieben.

Die freie Seele setzt ihre Wanderung nach dem Tod eines Menschen fort und kann sich nach gewisser Zeit wieder reinkarnieren. Die Maya glauben, dass die Seelen zum »Ort der Seelen«

reisen, wo sie zu uns Kontakt aufnehmen können. »Kanal« für diese Kommunikation sind Höhlen, die Eingänge zur Unterwelt. Auf dem Territorium der Quiché gibt es in der Nähe von Utatlan eine Höhle, die die besondere Verehrung als Haupttor zur Unterwelt genießt. Letztlich eignet sich aber jede Höhle für diesen Zweck, so dass Schamanen, die mit den Geistern der Ahnen in Kontakt treten wollen, sich einfach zur nächstgelegenen Berghöhle begeben und dort ihre Rituale ausführen.

Höhlen sind heilige Orte und somit tabu. Ende der 60er-Jahre kam dem Archäologen Dennis Puleston die Idee, in den Höhlen von Belize Grabungen durchzuführen, denn er hoffte, dort Ritualgegenstände aus der klassischen Periode zu finden. Die dort ansässigen traditionstreuen Maya weigerten sich, ihm zu helfen. Die einzigen Arbeiter, die er bekommen konnte, waren solche, die stark von der westlichen Kultur beeinflusst waren und nichts übrig hatten für den Glauben ihrer Väter. Aber Puleston kam nicht weit mit seinen Grabungen. Ein Blitz erschlug ihn, als er während eines Gewitters auf der großen Pyramide von Chichén Itzá stand. Seine Kollegin, die Archäologin Barbara MacLeod, verhielt sich klüger; sie kehrte nach Belize zurück und bat einige der dortigen Schamanen, für sie ein Entsühnungsritual am Eingang der Höhlen durchzuführen, in denen sie ursprünglich graben wollten.

Tief im Schoß der Erde liegt also der »Ort der Seelen«, in dem die Seelen der Verstorbenen warten. Erweisen wir ihnen den nötigen Respekt, sprechen sie zu uns durch einen Traum, eine Vision oder durch den Mund eines Schamanen, so wie einst die *ahauob* durch die Priesterkönige sprachen. Diese führten ihre Rituale auf den Pyramiden aus, die wie die Höhlen als Tore zur anderen Welt gelten.

Manchmal hilft ein Schamane der Seele eines Verstorbenen zurückzukehren. Viele Taghüter praktizieren ein Ritual, das als »Einpflanzen« bezeichnet wird. Dabei wird die Seele eines Ahnen in den Leib einer Schwangeren »gepflanzt«, so dass die Seele auf die Erde zurückkehren kann. Und so dreht sich auch das Rad des Lebens weiter.

Den Tag der Toten feiern

In ganz Mexiko (und vermehrt jetzt auch in Südkalifornien und im amerikanischen Südwesten) werden die Totentage an Halloween, also am Abend des 31. Oktober, und den darauf folgenden Tagen gefeiert. Offizieller Totengedenktag ist jedoch der 1. November. Dann stellt man in den Häusern Altäre zum Andenken an die verstorbenen Familienmitglieder auf, man schmückt sie farbenprächtig, platziert dort Bilder und Statuen von Heiligen sowie Fotos der Verstorbenen. Auch Speiseopfer werden dargebracht. Nachdem sich die Verstorbenen ihre unsichtbare Portion genommen haben, tut sich die Familie am Rest der Mahlzeit gütlich. Knochenmänner aus Zucker, Marzipan oder Schokolade sind besonderes bei den Kinder sehr beliebt.

Während dieser Totentage gehen mexikanische Familien auf die Friedhöfe, um die Gräber ihrer Verwandten zu besuchen. Die Gräber werden geschmückt und die Friedhöfe verwandeln sich in farbenfrohe, magische Orte. Man macht dort sogar Picknick, so dass die Familien symbolisch zusammen mit ihren Ahnen feiern. Angeblich kehren in diesen Tagen die Seelen der Verstorbenen nachts zu den Häusern zurück, in denen sie gelebt haben. Daher streut man Tagetes, die Totenblumen, vor dem Haus aus, weil man glaubt, dass die Seelen der Verstorbenen auf einem solchen Blumenpfad leichter nach Hause finden.

Eine enge und freundliche Beziehung zu den Ahnen sichert die spirituelle Gesundheit der ganzen Gemeinschaft – der Lebenden und der Toten. So stellt man sicher, dass die Tradition bewahrt wird und die Vergangenheit in der Gegenwart weiterlebt. Heutzutage leben wohl die wenigsten von uns in kleinen Dörfern, die ja einen Kosmos für sich bilden. Doch letztlich leben wir alle in irgendeiner Art von Gemeinschaft, und es ist unsere Pflicht, darauf zu achten, dass sie geistig und spirituell gesund bleibt – auch oder vielleicht gerade, wenn wir »Gemeinschaft« globaler sehen als bisher. Wie auch immer, die Gesundheit seines Stammes zu erhalten ist die eigentliche Aufgabe des Schamanen. Was wir tun können, ist, unseren Ahnen die gebührende Achtung entgegenzubringen. Traditionell pflegen wir dieses Totengedenken an Halloween oder an Allerseelen, doch wir können dieses Ritual auch häufiger ausführen – das ganze Jahr über.

Eine traditionelle Gedenkfeier

1. Sie benötigen Fotos Ihrer verstorbenen Lieben oder andere Erinnerungsstücke. In Mexiko schmückt man die Altäre für die Totentage mit Fotos oder Gemälden und Gegenständen aus dem persönlichen Besitz der Verstorbenen. Diese Dinge dienen dazu, unser Andenken an all die Menschen, die von uns gegangen sind lebendig zu halten.

Der Gedanke, verstorbenen Familienangehörigen Verehrung zu erweisen, mag bei dem einen oder anderen Ablehnung hervorrufen, besonders, wenn man therapeutische Hilfe in Anspruch nehmen musste, um sich aus negativen Verhaltensmustern zu lösen, die auf die Erziehung der Verwandten zurückgehen. Warum einer Mutter, die abweisend und gefühlskalt war, oder einem Vater, den man nur betrunken erlebte, ein liebendes Andenken bewahren? Warum die Großmutter ehren, die die ganze Familie ins Unglück stürzte, weil sie seinerzeit mit einem Schausteller durchbrannte? Sind das vielleicht nicht genau die Leute, von denen wir uns durch Arbeit an uns selbst frei zu machen versuchten?

Aber das Totenfest ist weniger eine Form der Therapie als ein alter Brauch mit einem tieferen Sinn, der uns dazu bringen soll, die Dinge in einem anderen Licht zu sehen. Die Toten zu ehren ist ein Akt der Liebe, mit dem wir unser Verzeihen auf die Vergangenheit und auf alle Menschen ausdehnen, die damit zu tun hatten. Wir erweisen nicht der Alkoholsucht unseres Vaters unseren Respekt, sondern seiner unsterblichen Seele, mit der wir durch unser Menschsein verbunden sind. Nicht die außerordentliche Härte unserer Mutter ehren wir, sondern die ungestüme Flamme des Geistes, die einst in ihr brannte und die in allem brennt, was lebt. Wenn wir den Weg des Schamanen gehen wollen, müssen wir lernen, eine liebende Haltung gegenüber unseren Vorfahren und letztlich gegenüber allen verstorbenen Seelen zu entwickeln. Sie alle waren einst Teil der menschlichen Gemeinschaft. Persönliche Sympathie oder Abneigung sind hier nicht so wichtig. Diese Geisteshaltung lässt sich am besten mit dem buddhistischen Begriff des Mitgefühls beschreiben.

2. Als Nächstes bieten wir den Verstorbenen ein Speiseopfer an. Aber was sollen wir auf den Tisch bringen? Ganz einfach: Alles, was Sie gern essen! In Mexiko ist es auch durchaus üblich, dass man das Leibgericht des Verstorbenen kocht und eine Portion davon vor sein Bild auf den Altar stellt.

3. Wenn Sie Speisen und Getränke für die Verstorbenen auf den Altar stellen, versuchen Sie auch, ihnen gegenüber gute Gedanken zu entwickeln. Versuchen Sie, sich zu erinnern und sich bestimmte Menschen ins Gedächtnis zu rufen. Was war das Gute an diesem Menschen? Welche waren die schönen Seiten, was gehörte seiner unsterblichen Seele an? Setzen Sie sich bequem hin und denken Sie über diese Fragen nach. Wenn Ihr Herz mit Liebe für einen Ihren Vorfahren erfüllt ist, dann schicken Sie diese Liebe der ganzen Welt, all Ihren Vorfahren und allen lebenden Wesen.

4. Lassen Sie das Essen ruhig so lange auf dem Altar stehen, bis es gegessen werden muss. (Lebensmittel verderben unterschiedlich schnell, abhängig von der Raumtemperatur und anderen Faktoren.) Nehmen Sie die geopferten Speisen vom Altar und essen Sie sie, solange sie noch frisch und nahrhaft sind. Wenn möglich, essen Sie diese Speisen gemeinsam mit anderen Verwandten, die in solchen Dingen ähnlich denken und denselben Vorfahren ehren möchten, oder mit Freunden, die ebenfalls ihrer Verstorbenen gedenken möchten. Essen Sie schweigend, im ehrenden Andenken an jene Seelen, die Ihnen vorausgegangen sind. Ehren Sie sie mit jedem Bissen. Nehmen Sie mit jedem Schluck, den Sie trinken, ihren Geist tief in sich auf.

Die Spiritualität und die Magie der Maya sind höchst umfangreiche Themen. In diesem Buch können wir dieses außergewöhnliche System, dem sie zugrunde liegen, leider nur skizzieren. Um aber die Tradition der Maya wirklich verstehen zu können, werden wir uns in der Folge mit einem absolut zentralen Thema auseinander setzen, nämlich mit dem Heiligen Kalender.

4

Der Heilige Kalender

Im Heiligen Kalender geht es um die »Zeit«. Wir alle wissen oder glauben zumindest zu wissen, was »Zeit« ist: eine Abfolge von Sonnenaufgängen und Sonnenuntergängen, von Tagen und Nächten und wechselnden Jahreszeiten. Wir können die Zeit einteilen in Stunden und Minuten, in Jahre und Jahrhunderte. Aber aus ihrem gesetzmäßigen Ablauf herauszutreten gelingt uns nicht, ausgenommen vielleicht in den »Gipfelerfahrungen« unseres Lebens, jenen seltenen Momenten, in denen wir uns völliger Klarheit und Bewusstheit erfreuen.

Unser Dasein dreht sich um den Begriff »Zeit«. Das Leben selbst ist dem Diktat der Zeit unterworfen – sie bemisst die Lebensspanne von Mensch und Tier, von Sternen und ganzen Galaxien. Der Begriff »Zeit« ist unauslöschlich mit unserer Existenz verknüpft, wir können uns ihr nicht entziehen. Unser Vorrat an Lebensenergie wird mit den Jahren immer geringer werden, und schließlich wird uns die Zeit überwinden. Wir Menschen neigen dazu, in der Zeit eine unerbittliche Kraft zu sehen, die uns in ihren Klauen hält, eine rastlos tickende Uhr, die uns erbarmungslos auszählt bis zu unserer endgültigen Vernichtung. Zeit wird als lineare Abfolge von Ereignissen gesehen, die Rahmen und Struktur für unser Leben vorgibt und somit letztlich auch Ursache unserer Sterblichkeit ist.

Viele traditionell orientierte Gesellschaften kennen zwei Arten von Zeit: die gewöhnliche Zeit und die magische, heilige Zeit. Was eingangs beschrieben wurde, ist die so genannte gewöhnliche Zeit. Dem Wirken der gewöhnlichen Zeit sind wir alle machtlos unterworfen, die heilige Zeit jedoch ist die Ebene der kosmischen Ordnung. Hier liegt der Ursprung von Rhythmus und Bewegung. Sie ist der Stoff, der die Welt im Innersten zusammenhält. Nichts kann ins Leben treten ohne jene kosmische Ordnung, die Ausfluss der heiligen Zeit ist. Sie ist der Webstuhl, auf dem der bunte Teppich des Lebens geknüpft wird. Viele alte Schöpfungsberichte erzählen, dass die Zeit noch nicht existierte, als die Götter die Welt schufen. Die Zeit ist der Gipfel aller Schöpfung, denn erst als es die Zeit gab, war die neu geschaffene Welt bereit für die Menschheit. In der Erschaffung der Zeit tritt kosmische Ordnung an Stelle des ursprünglichen Chaos. Marduk, das Oberhaupt der babylonischen Götter, tötet die Urschlange Tiamat, ein Symbol des Chaos, setzt dann die Sterne auf ihre Bahn und schafft so den Kalender. Auch der germanische Gott Odin und seine Brüder müssen zuerst den Eisriesen Ymir töten, bevor sie aus seinem Körper die Welt formen können. Dabei verleihen sie dem Himmel seine Ordnung und bringen den Menschen den Kalender.

Magische, heilige Zeit und gewöhnliche Zeit bestehen gleichzeitig nebeneinander. In der heiligen Zeit sind dieselben Mechanismen am Wirken wie in der gewöhnlichen Zeit, zum Beispiel der Wechsel der Jahreszeiten oder der Umlauf der Gestirne. Es bedarf nur einer Änderung in unserem gewöhnlichen Zeitverständnis, einer rituell vorbereiteten Öffnung, damit wir in die magische, heilige Dimension der Zeit eintreten können.

Wenn ein Schamane seinen magischen Kreis um sich zeichnet oder ein Priester an den Altar tritt, um die Messe zu feiern, dann betreten sie einen rituellen Raum, einen heiligen Ort, an dem die Gesetze der »normalen« Welt nicht gelten. Hier geschieht Magie. Der Mittelpunkt des schamanischen Kreises, der Altar mit Brot und Wein – hier ist das Zentrum des Universums. Immer wenn wir beten, meditieren oder schöpferisch tätig sind, betreten wir einen rituellen Raum, immer dann also, wenn wir der göttlichen Gegenwart in unserem Leben Achtung erweisen. In einem solchen Augenblick werden wir zum Mittelpunkt der Welt. Wenn wir den rituellen Raum betreten, betreten wir damit auch die rituelle Zeit. Die gewöhnliche Zeit mag weiter neben uns her gehen, aber wir sind in diesem Augenblick nicht mehr Teil davon.

Unsere Wahrnehmung der Zeit hat sich verändert. Sie ist nicht mehr ein Fortschreiten von Minuten und Stunden, sondern organische, lebendige, spirituelle Gegenwart. Dies ist die magische, heilige Dimension der Zeit.

Die chinesische Überlieferung berichtet, wie die alten Weisen zu ihrem Wissen gelangten: »Indem man emporblickend [...] die Zeichen am Himmel verständnisvoll betrachtet und niederblickend die Linienzüge der Erde untersucht ...«.[19] Aus diesem ersten Akt der Kontemplation entstanden die drei verschiedenen Wege, den heiligen Raum und die heilige Zeit zu messen: Astrologie, Geomantie und das I Ging. Gewöhnliche und heilige Zeit werden mit Hilfe der Muster von Himmel und Erde gemessen, denn diese Muster, konstant sich wiederholende Zyklen, verbinden uns mit der kosmischen Ordnung, die allem zu Grunde liegt. Diesem steten Wechsel Achtung zu zollen ist eine weitere Möglichkeit, den heiligen Bereich der Zeit zu betreten.

Die Menschheit hat Rituale entwickelt, welche die vier wichtigsten Veränderungen innerhalb des Sonnenjahres markieren: die Tagundnachtgleichen im Frühjahr und Herbst, wenn Tag und Nacht genau gleich lang sind; und die Sonnwendpunkte im Sommer und Winter, an denen die Sonne still zu stehen und dann wieder nach Süden beziehungsweise Norden »umzukehren« scheint. Priester und Magier aller Kulturen haben Aufzeichnungen vom Lauf der Planeten und Stand der Gestirne angefertigt, denn der rhythmische Umlauf der Himmelskörper ist eines der machtvollsten Symbole der kosmischen Ordnung. Wie schon erwähnt schufen Marduk und Odin die Zeit, indem sie die Planeten in ihre Bahn setzten. Der Yogi begrüßt jeden Morgen die aufgehende Sonne und drückt so seine Verehrung für die Sonne als Symbol des Selbst aus. Auf diese Weise tritt er in die rituelle Zeit ein, die paradoxerweise zeitlos ist, Ewigkeitscharakter hat, wie das Selbst.

Die spirituelle Überlieferung Mesoamerikas fasste ihre Vision des Universums in Mandalas oder Kosmogramme, Baupläne des Unendlichen. Beispiel für ein solches Kosmogramm ist die Doppelpyramide, das Konstruktionsschema des Maya-Universums. (Vgl. Abb. S. 21) Ein anderes Beispiel sind die nach den Regeln der Geomantie erbauten Städte. Doch diese Kosmogramme sind ihrer Natur nach unbewegt und statisch. Die Maya aber glaubten, dass sich das ganze Universum, sowohl die Bereiche des Menschen als auch der Kosmos, durch vier Welten oder »Sonnen« bewegt, d. h. durch unterschiedliche Epochen der kosmischen Zeit. Sie sahen die Zeit als ständig im Fluss begriffen, als sich wandelndes Gewebe von Energien, das sich in Erdbeben und Vulkanausbrüchen niederschlug, in Kriegen der Menschen und der Götter, im Wechsel, der Menschenherz und -geist befällt. Ständige Wandlung ist auch das Leitmotiv der Mythologie Mesoamerikas. In einer Erzählung verwandelt sich ein missgestalteter und von allen abgelehnter Gott in die strahlende Sonne der nächsten Welt. Eine andere berichtet davon, wie sich der Gottkönig Quetzalcoatl in den Planeten Venus verwandelt. Die Welt ist in steter Veränderung begriffen.

Doch eine Welt der Veränderung ist auch eine Welt des Chaos und bedarf deshalb eines Mittelpunkts, der ihr das Gleichgewicht sichert. Sie muss gehalten werden, damit sie nicht *koyanisqaatsi* wird, wie die Hopi sagen, »eine Welt ohne Balance«. Die Menschen müssen sich stets um ein Gefühl für die kosmische Ordnung und Harmonie bemühen, so wie sie sich selbst weiterentwickeln.

Um das Chaos in Ordnung zu überführen, müssen wir beide Energiezustände verstehen, dem inneren Rhythmus der Schöpfung lauschen. Aber wie sollen wir Ebbe und Flut im Energiefluss der Zeit bestimmen, die großen Umwandlungen und Umgestaltungen, die das Leben auf der Erde ausmachen? Wie können wir zu einem Verständnis der kosmischen Ordnung gelangen in einer brodelnden, sich ständig verändernden Welt vulkanischer Leidenschaften, die Menschen und Erde gleichermaßen erfassen? Wie sollen wir Ordnung und Chaos als Elemente eines großen Schemas verstehen? Zu diesem Zweck entwickelten die Völker des alten Mesoamerika ein dynamisches Kosmogramm oder Mandala, ein Kosmogramm, in dem sich die Bewegung der Zeit und die Gezeiten des Lebens widerspiegeln. Dieses Mandala ist der Heilige Kalender.

Die Struktur des Kalenders

Wenn wir vom Heiligen Kalender sprechen, sprechen wir genau genommen von zwei unterschiedlichen Kalendersystemen. Eines misst die gewöhnliche Zeit, das andere die magische, heilige. Die beiden Systeme durchdringen sich so, dass sie die gewöhnliche und die heilige Ebene der Realität zu einer harmonischen Synthese verbinden. In diesem Buch befassen wir uns in erster Linie mit der Messung der rituellen Zeit. In diesem Zusammenhang spricht man manchmal auch vom Ritual-Almanach oder Wahrsage-Almanach. Als Grundlage für alle weiteren Betrachtungen werfen wir zuerst einen kurzen Blick auf die jeweilige Beschaffenheit der beiden Kalendersysteme und die Natur ihres Zusammenspiels, aus dem sich der Stoff des menschlichen Lebens und der Geschichte webt. Wenden wir uns erst dem Sonnenkalender zu, der Maßeinheit der weltlichen Zeit. Die Maya kennen wie wir das Sonnenjahr mit einer Dauer von 365 Tagen, allerdings teilen sie es in andere Zeitabschnitte ein. Während unser Kalender bekanntlich zwölf Monate mit einer durchschnittlichen Länge von dreißig Tagen zählt, hat das Jahr der Maya achtzehn Monate, die genau 20 Tage lang sind, die restlichen fünf Tage bilden einen »Rumpfmonat« zum Jahresende. In der Abbildung auf Seite 66 finden Sie die Ideogramme der 19 Monatshieroglyphen, wie sie in der klassischen Periode der Maya verwendet wurden, sowie die zugehörigen Monatsnamen in Yucatán-Maya.

Dieser Sonnenkalender wird in der Mayasprache als *haab* bezeichnet. Er besitzt ein paar Eigentümlichkeiten, die einen genaueren Blick wert sind. Da sind zunächst einmal die zwanzig Tage, die jeder Monat zählt. Diese Tage werden nun nicht einfach von eins bis zwanzig durchgezählt. Stattdessen ist der erste Tag der »Sitz« eines Monats, also der Sitz von Pop, der Sitz von Uo, usw. Diese Bezeichnung spiegelt die Tatsache wider, dass jeder Monat eine eigenständige Gottheit oder spirituelles Wesen darstellt, das wie ein Stammeshäuptling seinen »Sitz« auf dem Thron einnimmt. Der erste Tage eines Monats – sein Sitz – bekommt die Zahl 0, die folgenden Tage werden von 1 bis 19 durchgezählt. An den Zyklus von 360 Tagen schließen sich die fünf Tage des Rumpfmonats an, der den Namen *uayeb* trägt und

Pop	Uo	Zip	Zutz	Tzec
Xui	Yaxkin	Mol	Chen	Yax
Zac	Ceh	Mac	Kankin	Muan
Pax	Kayab	Cumku	Uayeb	

Abbildung 5: Die Monate nach dem Sonnenkalender der Maya

als Unglücksbringer gilt, besonders bei den Azteken, die diese Zeit mit Fasten und Gebet verbrachten und alle Feuer löschten.

Der *haab* umfasst also 365 Tage, während das volle Sonnenjahr bekanntlich etwas länger dauert. Darum gibt es nach unserem gregorianischen Kalender alle vier Jahre einen Schalttag, um den Kalender wieder mit dem Sonnenzyklus zu harmonisieren. Den Maya war die tatsächliche Dauer des Sonnenjahres sehr wohl bekannt, aber aus Gründen des rituellen Timings machten sie keine Anstrengungen, den *haab* mit dem Sonnenzyklus abzustimmen, so dass der *haab* dem Sonnenzyklus ständig vorauseilte. 1553 fiel der erste Tag des Sonnenjahres, 0 pop, auf den 26. Juli (ähnlich wie bei der letzten Revision des gregorianischen Kalenders), während die Kalenderschamanen Guatemalas 0 pop heute Ende Februar feiern.[20]

So viel zum Sonnenkalender *haab*, mit dem die gewöhnliche Zeit gemessen wurde. Wenden wir uns der rituellen Zeit zu und der Frage, wie sie gemessen wurde. Es ist uns nicht überliefert, mit welchem Wort die Maya diesen rituellen oder heiligen Aspekt des Kalenders benannt haben. Einige Forscher sprechen in diesem Zusammenhang vom *tzolkin* (von *tzol,* »zählen«, und *kin,* »Tag«, also »Tagzählung«), aber dieser Ausdruck wurde aus rein pragmatischen Gründen gewählt, es gibt keinen Anhaltspunkt dafür, dass er auch von den Maya verwendet wurde. Der *tzolkin* ist eine einzigartige Methode, die Zeit zu berechnen. Dieses System verknüpft die Namen von zwanzig Tagen mit einer Zahl von 1 bis 13. Jeder Tagesname wiederholt sich innerhalb eines Kalenderzyklus dreizehnmal, so dass wir auf eine Dauer von insgesamt 260 Tagen kommen (13 x 20 = 260). In Abbildung 6 auf Seite 68 finden Sie die Namen der zwanzig Tage und ihre Hieroglyphen, die zugehörigen Himmelsrichtungen und die jeweilige Bedeutung, die von den meisten modernen Kalenderschamanen akzeptiert wird.

Da der *tzolkin* aus 20 Tagen, aber nur 13 Zahlen besteht, bildet der Zyklus von Tagen und Zahlen bald ein eigenartig ineinander verschachteltes Muster. Die Zählung der Tage beginnt mit 1 Krokodil und geht ganz folgerichtig bis 13 Mais. Nun ist unser Zahlenvorrat aufgebraucht und der nächste Tag trägt die Bezeichnung 1 Jaguar, darauf folgt 2 Adler, 3 Geier, usw. bis 13 Tod. Auf 13 Tod folgt 1 Hirsch. Schließlich langen wir irgendwann einmal mit unserer Zählung bei 13 Ahnen an, der den letzten Tag eines vollen Zyklus markiert. Nun beginnt die Zählung wieder bei 1 Krokodil, ein Kreislauf, der sich endlos wiederholt.

Wir zählen die Tage also ab dem Tag 1 Krokodil. Durch das komplexe Zusammenspiel des Heiligen Kalenders mit dem so genannten *katun,* einem Zyklus mit der Dauer von jeweils zwanzig Jahren, bot es sich an, die Zeitrechnung mit dem Tag 1 Krokodil beginnen zu lassen. Deshalb wird dieser Tag manchmal auch ganz simpel als »Anfang« bezeichnet. Man muss aber wissen, dass es sich hierbei um einen völlig willkürlich ausgewählten Punkt der Zeit handelt. Der Heilige Kalender ist rund, und viele moderne Kalenderschamanen bestehen darauf, dass er weder Anfang noch Ende hat. Aus praktischen Gründen bleiben wir aber bei der traditionellen Einteilung und nehmen 1 Krokodil als Ausgangspunkt für unsere Berechnungen.

Wir können die 260 Tage des magischen Kalenders in Tabellenform anordnen, das Ergebnis ist dann einem Terminplaner nicht unähnlich. Es steht zu vermuten, dass solche oder ähnliche

Glyphe	Richtung	Maya-Name	Bedeutung
	Osten	*imix*	Krokodil
	Norden	*ik*	Wind
	Westen	*akbal*	Nacht
	Süden	*kan*	Eidechse
	Osten	*chicchan*	Schlange
	Norden	*cimi*	Tod
	Westen	*manik*	Hirsch
	Süden	*lamat*	Hase
	Osten	*muluc*	Wasser
	Norden	*oc*	Hund
	Westen	*chuen*	Affe
	Süden	*eb*	Straße
	Osten	*ben*	Mais
	Norden	*ix*	Jaguar
	Westen	*men*	Adler
	Süden	*cib*	Geier
	Osten	*caban*	Weihrauch
	Norden	*etznab*	Feuerstein
	Westen	*cauac*	Sturm
	Süden	*ahau*	Ahnen

Abbildung 6: Die zwanzig Tageszeichen des Heiligen Kalenders

Kalenderübersichten früher zu Zwecken der Weissagung verwendet wurden. Interessant ist auch eine zahlenmathematische Eigenheit des Heiligen Kalenders.[21] Schreiben wir die Zahlen von 1 bis 13 in einer Reihe nebeneinander, so können wir – wie bei jeder ungeraden Anzahl von Zahlen – Paare bilden, die einander »spiegeln«:

$$1 \; 2 \; 3 \; 4 \; 5 \; 6 \; 7 \; 8 \; 9 \; 10 \; 11 \; 12 \; 13$$

Die zusammengehörigen Zahlenpaare sind 1 und 13, 2 und 12, 3 und 11, usw. Bildet man die Summe der jeweiligen Zahlenpaare, so erhält man immer 14. 14 wiederum ist 2 x 7 und 7 ist die Mitte dieser Reihe, die einzige Zahl ohne Spiegelbild. Das Ganze ist nicht nur ein nettes mathematisches Kabinettstückchen, sondern hat auch einen praktischen Nutzwert. Wir können diese Zahlenpaare in einem Diagramm so anordnen, dass sie jene Figur bilden, die wir als die »Pyramide der Zeit« kennen (siehe Abb. 8 auf Seite 71). Sie ist identisch mit der oberen Hälfte des Diagramms, das wir bereits in Kapitel 2 kennen gelernt und als Pyramide des Himmels bezeichnet haben. Diese Beziehung gibt uns einen wichtigen Hinweis auf die innere Bedeutung des Heiligen Kalenders. Auch er ist eine Pyramide, d. h. ein Weltenbaum beziehungsweise Weltenberg.

Das Kalendersystem der Maya ist ein kosmisches Räderwerk von Zyklen und Unterzyklen. Der *tzolkin* mit einer Dauer von 260 Tagen ist mit dem Sonnenjahr verzahnt, das seinerseits mit einem größeren Zyklus verquickt ist, dem *katun,* der eine Dauer von 20 Jahren umfasst. Der *tzolkin* lässt sich in vier »Jahreszeiten« von jeweils 65 Tagen untergliedern, oder, was höchst bedeutsam ist, in 20 Perioden von je 13 Tagen. Mit Hilfe unserer Tagespyramide können wir uns die innere Bedeutung dieser 13-tägigen Zyklen erschließen.

Krokodil	1	8	2	9	3	10	4	11	5	12	6	13	7
Wind	2	9	3	10	4	11	5	12	6	13	7	1	8
Nacht	3	10	4	11	5	12	6	13	7	1	8	2	9
Eidechse	4	11	5	12	6	13	7	1	8	2	9	3	10
Schlange	5	12	6	13	7	1	8	2	9	3	10	4	11
Tod	6	13	7	1	8	2	9	3	10	4	11	5	12
Hirsch	7	1	8	2	9	3	10	4	11	5	12	6	13
Hase	8	2	9	3	10	4	11	5	12	6	13	7	1
Wasser	9	3	10	4	11	5	12	6	13	7	1	8	2
Hund	10	4	11	5	12	6	13	7	1	8	2	9	3
Affe	11	5	12	6	13	7	1	8	2	9	3	10	4
Straße	12	6	13	7	1	8	2	9	3	10	4	11	5
Mais	13	7	1	8	2	9	3	10	4	11	5	12	6
Jaguar	1	8	2	9	3	10	4	11	5	12	6	13	7
Adler	2	9	3	10	4	11	5	12	6	13	7	1	8
Geier	3	10	4	11	5	12	6	13	7	1	8	2	9
Weihrauch	4	11	5	12	6	13	7	1	8	2	9	3	10
Feuerstein	5	12	6	13	7	1	8	2	9	3	10	4	11
Sturm	6	13	7	1	8	2	9	3	10	4	11	5	12
Ahnen	7	1	8	2	9	3	10	4	11	5	12	6	13

Abbildung 7: Die Kalendertafel

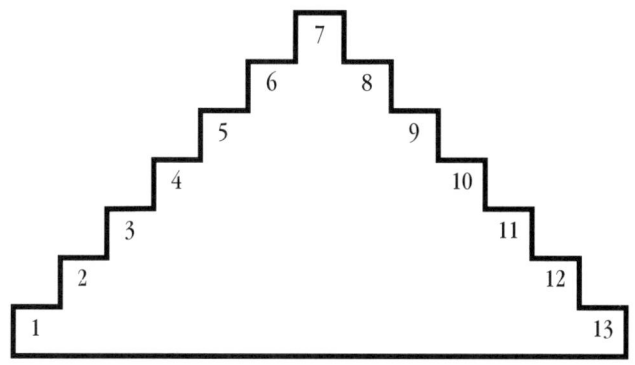

Abbildung 8: Die Pyramide der Zeit

Die Woge der Zeit

Wenn es um die Benennung dieses 13-tägigen Zyklus geht, werden die Dinge leicht verwirrend. Aus dem klassischen Maya ist uns keine entsprechende Bezeichnung überliefert, und so sind viele Autoren dem Vorbild des spanischen Geschichtsschreibers Sahagún gefolgt, der diese Zeitspanne von 13 Tagen als Woche bezeichnet, obwohl dies nach unserem Kalender eigentlich schon fast zwei Wochen sind. In diesem Buch wird der Begriff 13-Tages-Periode verwendet, weil er genauer ist und ein anderes Zeitbild vermittelt. Diese 13tägigen Zyklen sind nämlich entscheidend für das Verständnis des Kalenders. Dieser Nummern-Zyklus durchläuft die Zahlen von 1 bis 13 und beginnt wieder mit der 1, somit fällt jeder »Erste« auf ein anderes Tageszeichen. Es gibt 20 dieser 13-Tages-Perioden, die jeweils von dem Tageszeichen »beherrscht« werden, an dem ein neuer Zyklus von 13 Tagen beginnt.

Die Reihenfolge der 13-Tages-Perioden ist nicht identisch mit der Reihenfolge der Tage. Beginnt z. B. unser Zyklus mit 1 Krokodil, so endet er mit 13 Mais, wie wir aus Abbildung 7 ersehen können. Der nächste Zyklus beginnt folglich mit 1 Jaguar, der darauf folgende mit 1 Hirsch, usw. Daraus ergibt sich die folgende Reihe von 13-Tages-Perioden:

Krokodil
Jaguar
Hirsch
Ahnen
Mais
Tod
Sturm
Straße
Schlange
Feuerstein
Affe
Eidechse
Weihrauch
Hund
Nacht
Geier
Wasser
Wind
Adler
Hase

Wenn auch die Reihenfolge der 13-Tages-Perioden von derjenigen der Tage abweicht, so bleibt eines doch gleich: die Aufeinanderfolge der vier Himmelsrichtungen. Die vier Richtungen der Zeit drehen sich weiter in ihrem eigenen Zyklus, sei dies nun der Zyklus der Tage oder der der 13-Tages-Perioden. Sehen wir uns zum Beispiel die ersten vier Perioden an: Krokodil wird dem Osten zugerechnet, Jaguar dem Norden, Hirsch dem Westen, Ahnen dem Süden und mit Mais sind wir wieder im Osten angelangt.

Den 13-Tages-Perioden kommt eine wichtige Rolle bei dem zu, was man »Leben nach dem Kalender« nennen könnte. Sie bestimmen den Zeitpunkt für jedes wichtigere Ritual im Leben der Maya. Die Taghüter von Guatemala sagen, dass die niedrigen Zahlen schwach sind und keine Kraft haben, während die mittleren Zahlen – 6, 7, 8 und 9 – die Tage symbolisieren, deren Energie stark und ausgeglichen ist. Die letzten Tage eines Zyklus, also die Zahlen von 10 bis 13, sind zu stark. Sie haben so viel Energie, dass sie sogar gefährlich werden kann. Rituale führt man daher an den Tagen harmonisch ausgeglichener Energie, in der Mitte einer 13-Tages-Periode aus. Der Zyklus eines Rituals in einer beliebigen 13-Tages-Periode beginnt bei Sonnenuntergang am Tag 7 (manchmal auch schon an Tag 6), dauert bis zum Tag 8 und endet am Tag 9.[22] Datumsangaben der Hieroglypheninschriften an den Bauwerken aus der klassischen Periode weisen gehäuft die Tage 5, 6, 7, 8 und 9 auf, während andere Daten weniger häufig auftauchen.[23] Woraus wir schließen dürfen, dass die klassischen Maya ebenso wie ihre zeitgenössischen Nachfahren wichtige Rituale an ebendiesen Tagen durchführten.

Wenn wir uns wieder unserem Diagramm der Zeitpyramide zuwenden, können wir ein klares Muster erkennen. Die potenzielle Energie einer 13-Tages-Periode ist anfangs noch schwach, sie tastet sich sozusagen noch vor und ist noch nicht im Vollbesitz ihrer eigenen Möglichkeiten. Während sie die Stufen der Pyramide hinaufsteigt, wächst sie an Kraft. Am Tag 7 erreicht sie die Spitze der Pyramide. Da die Maya die Tage von Sonnenuntergang zu Sonnenuntergang zählen, fällt der zeitliche Mittelpunkt eines Zyklus auf den Sonnenuntergang am Tag 7. Hier ist die Spitze der Pyramide – und der Zeitpunkt, an dem viele Taghüter mit ihren Ritualen für diesen Zyklus beginnen. Bewegt sich die Energie nun wieder die Pyramide hinab, nimmt sie an Kraft zu – wie eine Welle, die ihren höchsten Punkt erreicht hat und nun mit aller Macht niederstürzt. Bei ihrem »Abstieg« ist die Energie am achten und neunten Tag noch harmonisch und ausgeglichen. Danach aber wird sie immer unbändiger – zu stark, um sie rituell noch sicher steuern zu können. Den Azteken galten diese Tage jedoch eher als heilig denn als gefährlich. Waren die kriegerischen Azteken vielleicht gerade deshalb von den Momenten kraftvoller Energie fasziniert, weil sie für andere zu gefährlich und schlecht zu handhaben waren? Man fühlt sich an die Äußerung Barbara Tedlocks erinnert, dass in der Spiritualität der Zuñi die Dinge entweder als »schön« oder als »gefährlich« klassifiziert werden, wobei sich die beiden Bereiche durchaus überschneiden können – das Schöne wird zur Bedrohung und umgekehrt.[24]

Lassen wir nun für einen Moment das eher statische Bild der Pyramide zur Seite und wenden uns dem Konzept der »Welle« zu, das die Natur der Dinge besser beschreibt und sich auch mit den Ideen der modernen Physik deckt. Wir können diesen 13-tägigen Zyklus als eine Art energetische Ladung sehen, die sich wellenförmig durch den Raum bewegt. Wie eine Welle taucht diese Energie aus dem Untergrund auf, wie die Sonne, die am ersten Tag eines neuen Zyklus aus der Unterwelt aufsteigt. Dann nimmt die Welle an Energie zu, bis sie ihren Gipfelpunkt erreicht. Schließlich stürzt sie hinab und entlädt ihre Energie mit ohrenbetäubendem Lärm am Ufer. Und während die Energie, die in der Welle eingeschlossen war, am Ende des Zyklus im Sand verrinnt, hat draußen auf dem Meer schon ein neuer Zyklus seinen Anfang genommen. Die Energie des Tageszeichens, das den neuen Zyklus einleitet, ist schon präsent. Bei Sonnenuntergang des 13. Tages heißen die Taghüter den Geist des kommenden Tages willkommen, der den neuen Zyklus einleitet. Sie verstehen den Tag als »Gast«, der in den heiligen Bezirk eintritt, den sie mit ihren Dorf- und Familienaltären abgesteckt haben.

Jede 13-Tages-Periode hat ihre spezielle Bedeutung und damit einen besonderen Charakter. Dieser Charakter leitet sich nicht unbedingt vom ersten Tag beziehungsweise Tag 1 des Zyklus ab. Er wird eher von den mittleren Tagen des Zyklus (7, 8 und 9) bestimmt, den Tagen der harmonisch ausgeglichenen Energie.

Die Jahresherrscher

Wenden wir uns nun der Frage zu, wie die Zyklen von *haab* und *tzolkin* zusammenwirken. Jeder Tag nimmt eine bestimmte Position sowohl im »normalen« wie im Heiligen Kalender ein, ist eine spezielle Schwingung der gewöhnlichen beziehungsweise der heiligen Zeit. Nehmen wir beispielsweise den 2. März 1977. Im Mayakalender war das der Neujahrstag, 0 *pop*. Nach dem Heiligen Kalender trug dieser Tag das Datum 4 Wind. Da die beiden Zyklen unterschiedlich lang sind, hatte der Heilige Kalender bereits am 17. November 1977 eine volle Runde durchlaufen, war also wieder bei 4 Wind angelangt, während man nach dem Sonnenkalender erst das Datum 0 *kankin* schrieb.

Wie lange braucht es nun, bis 4 Wind und 0 *pop* wieder auf den gleichen Tag fallen? Wann laufen der magische und der Sonnenkalender wieder synchron? Die Antwort lautet 18980 Tage, das macht knapp 52 Jahre. Am 28. Februar 2029 schreiben wir wieder das Datum 4 Wind 0 *pop*.

Diese Periode von 52 Jahren wird als Kalenderrunde bezeichnet. Bereits den Maya galt die Kalenderrunde als wichtiger Zyklus. In der Zeitrechnung der Azteken war sie von allerhöchster Bedeutung, sie sprachen in diesem Zusammenhang von einem »Bündel von Jahren«. Die Azteken begingen den Neujahrstag mit einem Ritual, das als Zeremonie des Neuen Feuers bezeichnet wurde, bei dem die Herdfeuer, die während der Unglück verheißenden Tage des *uayeb* gelöscht worden waren, wieder entfacht wurden. Die Azteken verknüpften die Kalenderrunde mit der Umlaufperiode der Venus und wählten alle 52 Jahre einen bestimmten Tag aus, an dem die Zeremonie des Neuen Feuers zu einem Ritual von kosmischer Bedeutung wurde, das für die Erneuerung der ganzen Welt stand.

Die Kalenderrunde war für jedes Individuum bedeutsam. Nehmen wir einmal an, jemand ist am 10. September 1963 geboren. Diesem Tag entspricht nach dem Mayakalender das Datum 9 Ahnen 8 *mol*. Das Datum 9 Ahnen kehrt alle 260 Tage wieder, 8 *mol* alle 365 Tage. Die Kombination 9 Ahnen 8 *mol* ergibt sich aber erst wieder nach den erwähnten 18 980 Tagen, also in unserem Beispiel am 2. September 2015 nach unserer Zeitrechnung.

Dieser 52. Geburtstag, an dem die Kalenderrunde einmal vollständig durchlaufen wurde, wurde von den Völkern Mesoamerikas wahrscheinlich als zweite Geburt gesehen. Dieser Tag markierte vermutlich den Übergang zur völligen Reife. Der Betroffene gehörte damit zu den »Ältesten«.

Das Zusammenspiel der beiden Kalendersysteme bringt es mit sich, dass das Datum 0 *pop* nur auf je einen von vier *tzolkin* Tagesnamen fallen kann. Das Gros der Kulturen Mesoamerikas bezeichnet diese vier Neujahrstage als »Jahresherrscher«, wobei jedes Volk sein Quartett von Jahresherren anders besetzte. Die Azteken wählten Mais, Feuerstein, Nacht und Hase zu Jahresherrschern, die Yucatec-Maya der spanischen Kolonialherrschaft hingegen entschieden sich für Wasser, Jaguar, Sturm und Eidechse. Die große Maya-Metropole Tikal feierte ihr Neujahr ebenso wie Teotihuacán unter der Herrschaft von Wind, Hirsch, Straße und Weihrauch. Die heutigen Quiché-Maya verwenden die gleichen Jahresregenten, und wir werden ihnen hierin folgen. Manche Anzeichen sprechen allerdings dafür, dass die ältesten Jahresherrscher zu Zeiten der Olmeken Krokodil, Tod, Affe und Geier waren. [25]

Das Ganze scheint zwar ebenso wirr wie willkürlich, entbehrt aber nicht einer gewissen Methode. Wie die Tabelle in Abbildung 6 (Seite 68) zeigt, ist jedes Tageszeichen des *tzolkin* mit einer der vier Richtungen verbunden. [26] Egal welche vier Tageszeichen als Jahresherrscher ausgewählt wurden, wie Abbildung 9 zeigt, gab es immer einen für jede Himmelsrichtung.

Richtung	I	II	III	IV	V
Osten	Krokodil	Weihrauch	Mais	Wasser	Schlange
Norden	Tod	Wind	Feuerstein	Jaguar	Hund
Westen	Affe	Hirsch	Nacht	Sturm	Adler
Süden	Geier	Straße	Hase	Eidechse	Ahnen

Abbildung 9: Die Jahresherrscher

Jedes Jahr hatte spezifische Qualitäten, die sich nach dem Richtungsattribut des Jahresregenten richteten. Jahre, in denen Osten oder Süden herrschte, galten günstiger als solche, die unter der Regentschaft von Norden beziehungsweise Westen standen.

Die Zählung der Jahre ist ebenfalls streng geregelt. 1977 fiel der Tag 0 *pop* zusammen mit 4 Wind, also hieß das Jahr 4 Wind. 1978 fiel 0 *pop* auf 5 Hirsch, 1979 auf 6 Straße, 1980 auf 7 Weihrauch – die Zahl für das Jahr wird also jedes Mal um eins erhöht. 1986 war man bei 13 Hirsch angelangt, also erhielt das darauf folgende Jahr 1987 den Namen 1 Straße. Wann beginnen wir also wieder bei 4 Wind, mit dem unsere Kalenderrunde angefangen hat? Die Antwort muss natürlich lauten: nach etwa 52 Jahren (4 Tageszeichen x 13 Zahlen ergibt 52 Jahre). 2019 schreiben wir an 0 *pop* wieder 4 Wind. Die Abfolge von Jahresherrschern war von großer Wichtigkeit für die Zwecke einer »politischen Astrologie«, also für die Vorhersage von politischen Ereignissen, die man vorauszusehen suchte, indem man die Zeitzyklen erforschte. Die Jahresherren waren auch von Bedeutung, wenn es darum ging, die klimatischen und ackerbaulichen Zyklen vorauszusagen, sozusagen als eine Art »Saat- und Erntekalender« der Maya.

Die Bedeutung des Kalenders

Welche innere Bedeutung hat nun der Heilige Kalender? Warum die 13 Zahlen, warum 20 Tageszeichen? Welcher Zyklus ist das, der die heilige Dimension der Zeit beschreibt? Einen ersten Hinweis gibt uns die Einteilung des Himmels in 13 Ebenen in der Kosmologie der Maya. Die 13 ist nicht wie im westlichen Kulturkreis ein Unglücksbringer, sondern für die Maya ein Symbol des Himmels. Martin Prechtel bietet uns eine etwas »bodenständigere« Erklärung an: »Die 13 Zahlen entsprechen den 13 Großgelenken des menschlichen Körpers.« Diese sind von unten nach oben: Fußgelenk, Knie, Hüftgelenk, Handgelenk, Ellenbogen und Schulter (jeweils links und rechts) sowie als dreizehntes »Gelenk« der Nacken. Auch die 20 Tageszeichen spiegeln die Vorstellung wider, dass der menschliche Körper als Mikrokosmos den Makrokosmos abbildet. In alten Zeiten galt die 20 als Zahl des Menschen, denn dies ist die Summe, die sich ergibt, wenn wir Finger und Zehen zusammenzählen. 13 multipliziert mit 20 ergibt die Einheit von Himmel und Menschenwelt.

Einige esoterische Autoren haben die Theorie aufgestellt, dass im Heiligen Kalender noch weitere, komplexere Zyklen am Wirken sind. Sie sehen darin ein Kosmogramm, das auch die Umlaufzeiten verschiedener Planeten einbezieht. Der Mars umkreist zum Beispiel die Sonne in 780 Tagen (260 x 3 = 780). Die synodische Periode der Venus beträgt 584 Tage. 58,4 Runden des Heiligen Kalenders entsprechen 26 synodischen Venusjahren.[27]

Anthropologen, die bei den heutigen Maya lebten, haben ihre Informanten nach der wahren Bedeutung des Kalenders gefragt. Die Antwort der Maya-Kalenderschamanen ist von bemerkenswerter Einhelligkeit: Es sei die normale Dauer der Schwangerschaft, der Zyklus, in dem ein neues menschliches Wesen entsteht. Das ist, so sagen sie, die Grundlage, auf der der Kalender ruht.[28] Nun lehrt uns zwar die Wissenschaft, dass die tatsächliche Dauer der Schwangerschaft mehr als 260 Tage beträgt. Der Zyk-

77

lus von 260 Tagen ist jedoch ein ganz guter Näherungswert für die Zeitspanne, die zwischen dem ersten Ausbleiben der Regel und dem Termin der Geburt liegt, und der *tzolkin* stünde danach symbolisch für die Schwangerschaft. Der Heilige Kalender ist so ein erdgebundener, menschlicher Zyklus, weniger eine astronomische Größe – obwohl der Zyklus des Durchgangs der Sonne durch den Zenit auch eine gewisse Rolle spielte, wie wir noch sehen werden.

Auch wenn die Maya noch nach Jahrhunderten im Zyklus der menschlichen Schwangerschaft die Grundlage des *tzolkin* sehen, ist die Schwangerschaft eine selbstständige Metapher. Alle großen Mythologien der Menschheit haben die Höherentwicklung des menschlichen Bewusstseins – die archetypische Heldenfahrt – zum Thema, und auch der Kalender der Maya macht hier keine Ausnahme. Unser Bewusstsein muss sich, wie das Leben, vom Moment der Befruchtung bis zum völligen Erwachen, seiner Geburt, weiterentwickeln. Setzen wir das Zeichen »Krokodil« als Anfangspunkt des *tzolkin,* so dürfen wir das so interpretieren, dass sich der Kalender aus dem Sumpf der anfänglichen Unbewusstheit, die vom Tageszeichen Krokodil symbolisiert wird, weiter entwickelt, bis er im Tageszeichen »Ahnen« seinen Höhepunkt erreicht und die Einheit von menschlichem und göttlichem Bewusstsein verwirklicht hat – also kollektive Erleuchtung gefunden hat. Dieser Zustand wird häufig als Blume dargestellt. Wenn wir uns an neueren Lehren orientieren, können wir feststellen, dass das Tageszeichen *eb* in Yucatec-Maya »Straße« bedeutet, was andere amerikanische Ureinwohner als »Straße des Lebens« bezeichnet haben. In Yucatec-Maya bedeutet *eb* aber auch Treppe – vielleicht eine Anspielung auf die Treppe, die zur Spitze der Maya-Tempel hinaufführt und über die die alten Könige zur Welt der Götter hinanstiegen. Der Kalender als Symbol für die Höherentwicklung des menschlichen Bewusstseins führt uns die Pyramide der Zeit hinauf. Er ist die Straße des Lebens, seine Wurzeln liegen in der ewigen Reise, auf die wir alle gehen müssen, die Reise von der Empfängnis zur Geburt.

Die Ursprünge des Kalenders

Die menschliche Schwangerschaft, eine Metapher für die Straße des Lebens, mag uns zwar einen Fingerzeig auf die innere Bedeutung des Kalenders geben, beantwortet aber nicht die Frage nach seiner Herkunft oder Entstehung.

Zelia Nuttall hat darauf hingewiesen, dass der Zyklus von 260 Tagen der Zeitraum ist, der zwischen zwei Durchgängen der Sonne durch den Zenit in 15 Grad nördlicher Breite liegt.[29] Wenn die Sonne Schlag zwölf mittags auf uns herabscheint, scheint sie im Zenit zu stehen, das ist der Punkt direkt senkrecht über unserem Kopf. Das ist aber, so könnte man sagen, eine optische Täuschung, denn tatsächlich durchschreitet die Sonne den wahren astronomischen Zenit nur zu bestimmten Zeiten in Abhängigkeit vom geographischen Breitengrad. Die Sonne durchschreitet den Zenit in 15 Grad nördlicher Breite (auf diesem Breitengrad liegen große Teile der heutigen Staaten von Honduras und Guatemala), 40 Tage nach der Tagundnachtgleiche im Frühjahr – etwa um den 30. April herum. 105 Tage später durchläuft sie wieder den Zenit, um die Zeit des 12. beziehungsweise 13. August, 40 Tage vor der Tagundnachtgleiche im Herbst. Bis zur nächsten Tagundnachtgleiche (um den 30. April) im Frühjahr verstreicht ein Intervall von 260 Tagen. Nicht minder bedeutsam ist die Tatsache, dass zwischen dem Durchgang durch den Zenit im Frühjahr und Sommer ein Zeitraum von 105 Tagen liegt. Die Hälfte von 105 ist 52 ½, was sehr nahe an der im *tzolkin* so wichtigen Zahl 52 liegt.[30]

Die Zenitpassage der Sonne war für die Astronomen im alten Mexiko ein wichtiges Datum, was man klar an der Ausrichtung der Bauten in Monte Alban in Oaxaca erkennen kann.[31] Und es dürfte wohl auch kein Zufall sein, dass der »Schöpfungstag« der Maya, der 13. August 3114 v.Chr., auf einen Zenitdurchgang fällt.

Die Maya unserer Tage bringen wie gesagt den *tzolkin* mit der Dauer der menschlichen Schwangerschaft in Verbindung, aber 260 Tage sind ein eher ungenauer Näherungswert. Warum hat man keinen anderen Zahlenwert gewählt als diese 260 Tage, einen Wert, der der tatsächlichen Dauer näher kommt? Vermutlich weil der Zyklus von 260 Tagen den solaren Zenitzyklus widerspiegelt. Diese Annahme ist jedoch nur dann sinnvoll und zutreffend, wenn der Heilige Kalender in 15 Grad nördlicher Breite entstanden ist, denn das ist der einzige Ort in Zentralamerika, an dem die Dauer zwischen den Zenitdurchgängen im Herbst und im Frühjahr 260 Tage beträgt. Aus diesem Grund wurde die von Nuttal aufgestellte Theorie von J. Eric S. Thompson in Bausch und Bogen verworfen. Auf dem fraglichen Breitengrad vermutete man die Lage der Mayastadt Copan (im heutigen Honduras), die eines der geistigen Zentren der Mayakultur darstellte. Thompson betrachtete Copan als nicht ausreichend alt, vor allem nicht alt genug für die Entstehung des Heilige Kalenders.[32] Jüngste Grabungen liefern hingegen den Beweis, dass Copan sehr wohl auf eine lange Geschichte zurückblicken kann. Es gibt sichere Anzeichen, dass das Tal bereits 1100 v. Chr. besiedelt war. 900 v. Chr. hatte es bereits eine entwickelte Gesellschaft gegeben, an deren Spitze ein Häuptling oder ein König stand, denn die frühen Gräber, die man in Copan fand, sind für ebenso reiche wie mächtige Personen angelegt worden. Copan lag an der olmekischen Handelsroute nach Belize, woher die wertvolle Jade kam. Diese günstige Lage kann durchaus zu einer frühen Blüte und kulturellen Verfeinerung der dortigen Gesellschaft geführt haben.[33] In Copan wurden auch Bauten entdeckt, welche die Sonnenuntergänge markieren, die auf die Tage in der Mitte zwischen dem ersten Zenitdurchgang im Jahr und der Frühlings-Tagundnachtgleiche fallen, sowie auf die Tage zwischen dem zweiten Zenitdurchgang und der Herbst-Tagundnachgleiche. Der erste Markierungspunkt des Sonnenuntergangs, Anfang April, war auch wichtig, weil er den Beginn der Regenzeit anzeigte.[34]

In unseren Tagen hat der Heilige Kalender nur im Hochland von Guatemala etwas von seinem alten Glanz bewahren können, also in einem Gebiet 15 Grad nördlicher Breite. Die Forschung bestreitet jegliche Möglichkeit, der Heilige Kalender könne hier entstanden sein. Ihrer Meinung nach erreichte die kulturelle Entwicklung in dieser Region zu keiner Zeit das erforderliche Niveau, das Überleben des *tzolkin* dort sei nur der isolierten Gebirgslage zuzuschreiben. Dem widerspricht Martin Prechtel: »Meiner Meinung nach ist der Kalender im Hochland entstanden. Er wurde nicht von irgendwo anders importiert und hat hier nur überlebt. Er war immer hier, von Anfang an, und darum ist er auch heute hier noch in Gebrauch. Er beschreibt auch nicht bloß den Zenitdurchgang – das ist viel zu einfach. Und die Entsprechung mit dem Schwangerschaftszyklus? Das ist der kleinste gemeinsame Nenner, aber noch lange nicht alles. Der Heilige Kalender umfasst die unterschiedlichsten astronomischen Zyklen einschließlich des Zyklus der Venus.«

Die Kultur der Maya ist weit älter, als man zunächst angenommen hat. Die älteste Mayastadt, die momentan bekannt ist, ist El Mirador. Dieser unvorstellbar große Zeremonialort geht auf das Jahr 300 v. Chr. zurück und wurde 50 v. Chr. wieder aufgegeben; zu einem Zeitpunkt also, der einige Jahrhunderte vor der klassischen Periode liegt. Aus Belize liegen – allerdings umstrittene – Daten vor, dass die in Dörfern ansässigen Bauern bereits 2000 v. Chr. eine Kultur entwickelt hatten, die sie als Mayavolk ausweist.[35]

Die Kultur der Olmeken gilt als Grundlage aller nachfolgenden Kulturen Mesoamerikas, und zwar aus dem einfachen Grund, weil es keine Hinweise auf noch ältere Kulturen gibt. Was allerdings nicht heißt, dass es sie nicht gegeben haben könnte. Wir wissen nämlich erst seit 1930 von der Existenz der Olmeken. Die alte Mayametropole El Mirador wurde sogar erst 1981 von Buschpiloten entdeckt, als sie im abgelegenen Grenzland zwischen Guatemala und Mexiko den Urwald überflogen und die Spitzen von Pyramiden zwischen dem dichten Blätterdach des Urwalds entdeckten.

Leben mit dem Kalender

Der Heilige Kalender dient hauptsächlich drei Zwecken: der astrologischen Deutung des menschlichen Einzelschicksals, der Vorhersage kollektiver Ereignisse und als Schlüssel zum rituellen Zyklus. In der rituellen Zeit zu leben, bedeutet, dass wir der Welle der Zeit, die direkt durch uns hindurchfließt, unsere Achtung erweisen. Das ist im Wesentlichen, was alle Mayaschamanen tun. Darum spricht man von ihnen als den Taghütern. Um mit dem Heiligen Kalender als Werkzeug der Magie arbeiten zu können, muss man lernen, die Tage zu hüten.

Wenden Sie sich den Kalendertabellen im Anhang dieses Buches zu (ab Seite 223). Lernen Sie, wie sie zu gebrauchen sind. Machen Sie sich mit ihrem inneren Aufbau vertraut. Finden Sie die Antwort auf die Frage: Welcher Tag ist heute? Nehmen Sie diesen Tag als Startpunkt für Ihr Leben mit dem Kalender. Fangen Sie an, die Tage zu hüten. Am Anfang ist das vielleicht leichter gesagt als getan. Der Rhythmus des Heiligen Kalenders ist für den abendländisch geprägten (oder nicht-indianischen) Geist vielleicht nicht auf Anhieb zugänglich, aber mit der Zeit wächst man hinein. Verlieren Sie den Mut nicht, wenn Sie immer wieder die Kalendertabellen zu Rate ziehen müssen, um herauszufinden, welcher Tag gerade ist. Probieren Sie es immer wieder. Über kurz oder lang werden Sie die Woge der Zeit und ihren Rhythmus spüren können.

Das Leben mit dem Kalender hat eine sehr private Seite und eine, die ganz der Öffentlichkeit zugewandt ist. In manchen Gegenden Guatemalas werden die wichtigen Kalenderzeremonien auf dem Hauptplatz durchgeführt – in unseren Breiten werden wir sie wohl eher in unseren vier Wänden begehen.

Wie können wir nun diese Tage feiern? Wie lebt man nach dem Kalender? Wenn wir ein Kalenderritual feiern möchten, ist es günstig, wenn wir damit bei Sonnenuntergang beginnen – oder ganz früh am Morgen, je nachdem, was unser Zeitplan vorsieht. Zünden Sie Kerzen auf Ihrem Altar an und verbrennen Sie Weihrauch. Weihrauch beziehungsweise Kopal und Kerzen gehören für einen Maya-Taghüter zu jedem Ritual: Kopal steht für die überlieferten Traditionen, den *costumbre,* für den Weg der Ahnen. Wenn wir Kopal opfern, bezeugen wir unsere Achtung vor der Tradition und der Reihe unserer Ahnen. Kerzen bedeuten innere Reinigung, den Wunsch, an unserer inneren Weiterentwicklung zu arbeiten.

Nachdem Sie mit Weihrauch und Kerzen Ihren Altar »in Betrieb« genommen haben, können Sie meditieren oder beten. Ein traditioneller Taghüter verlegt sich mehr aufs Gebet statt auf das, was wir unter Meditation verstehen. Er wendet sich an den Geist des Tages, der als Wesenheit angesprochen wird. »Edler 3 Hase«, könnte er sagen, »hier stehe ich vor dir.« Dann singt oder rezitiert er ein ebenso langes wie inbrünstiges Gebet, das seiner Inspiration entfließt. Die Kunst, spontane Gebete zu finden, ist typisch für die Maya. Es gibt bestimmte Schamanen, die als »Sänger« bezeichnet werden, weil sie auf Gebete, Lieder und rituelle Formulierungen spezialisiert sind. Ich möchte Ihnen dringend raten, dass Sie versuchen, Ihre eigenen Gebete zu schaffen. Meiner Meinung nach gibt es nichts, was Ihnen besser helfen könnte, in den Geist des Schamanisierens nach dem Maya-Kalender einzudringen.

Wofür soll man beten? Die Beantwortung dieser Frage hängt mit der Natur des Tageszeichens zusammen. Jeder Tagesglyphe werden traditionell bestimmte Eigenschaften zugeschrieben, die wir in Kapitel 5 kennen lernen werden. An günstigen Tagen oder Glückstagen können wir für alle Segnungen danken, die unter den Einflussbereich dieses Tageszeichens fallen. An schwierigen Tagen können wir darum bitten, dass wir von den Problemen, die mit der speziellen Energie dieses Tages zusammenhängen, befreit werden oder Erleichterung erfahren. Wir sollten nicht nur für uns selbst beten, sondern auch für unsere Familie, unsere Freunde, und für das Wohl aller Wesen überhaupt.

Wenn Sie sich mit dem Gedanken, lange, viele Dinge ausformulierende Gebete zu sprechen, nicht anfreunden können, können Sie natürlich auch in stiller Kontemplation sitzen und Ihren Geist in Dankbarkeit auf die segensreichen Energien dieses Tages ausrichten. Handelt es sich um schwierige Tage, meditieren Sie über innere Reinigung und Linderung dieser Probleme.

Wie viele Tage soll man nun auf diese Art feiern? Sie können natürlich jeden Tag Kerzen und Weihrauch anzünden, und danach beten. Bei den Maya verfährt man traditionellerweise so, dass man vor allem folgende Tage ehrt:

1. den Tag 1, den Anfang eines 13-tägigen Zyklus, und
2. die Tage 6, 7, 8 und 9, also die mittleren Tage eines Zyklus.

In unserer hektischen Welt, in der die meisten von 9 bis 5 Uhr an ihrem Arbeitsplatz sitzen oder stehen, könnte das schon auf Schwierigkeiten stoßen. Wenn alles schief geht, sollten wir versuchen, wenigsten die sechs wichtigsten Tage feierlich zu begehen, um unsere Dankbarkeit auszudrücken. Es handelt sich dabei um folgende Tage, die in traditionellen Mayagemeinschaften mit großem Pomp begangen werden:

◎ 8 Hirsch – Fest der Ahnen
◎ 8 Jaguar – Fest der Erde (Santo Mundo)

- ◎ 8 Straße – Fest des eigenen Lebens
- ◎ 8 Hase – Fest der Felder (d. h. Reichtum)
- ◎ 8 Mais – Anrufung des eigenen »Schicksaltieres«
- ◎ 8 Affe – Fest des Heiligen Kalenders

Manche dieser Feste, wie der Festtag von Santo Mundo oder die Anrufung des persönlichen »Schicksalstieres«, können vielleicht etwas befremdlich wirken. Der geistige Hintergrund und die Bedeutung hinter diesen Festtagen werden uns aber mit der Zeit klarer, wenn wir uns immer tiefer mit der inneren Symbolik der Tage vertraut machen.

Im nächsten Kapitel werden wir uns daher mit der Bedeutung der 20 Tageszeichen des Heiligen Kalenders beschäftigen.

5

Das Buch der Tage

Die Deutung der Tageszeichen, wie sie in diesem Buch dargeboten wird, weicht erheblich von anderen Darstellungen ab, die sich in den jüngeren esoterischen Veröffentlichungen zum Heiligen Kalender finden. Daher möchte ich einige erklärende Worte vorausschicken. Ich habe mein Augenmerk in erster Linie auf die grundlegenderen Bedeutungen der Tageszeichen gelegt, so wie sie von den Quiché-Taghütern in Momostenango und Chichicastenango erklärt werden. Nichteingeweihten wird die esoterische Bedeutung der Tageszeichen nicht enthüllt, und so ist es durchaus möglich, dass jeder Meister-Taghüter seine persönliche, leicht abweichende Interpretation der Zeichen hat. Ich verwende auch Zitate aus den *Chilam-Balam-Büchern,* den »Wahrsagebüchern des Jaguarpriesters«, von denen es mehrere Manuskripte aus dem kolonialen Yucatán gibt. (Obwohl sie erst nach der spanischen Eroberung verfasst wurden, enthalten sie doch viel traditionelles Wissen.) Ergänzend habe ich auch Deutungen der Tageszeichen aus der aztekischen Überlieferung zum Heiligen Kalender herangezogen sowie ähnliche Konzepte bei den nordamerikanischen Indianern. Ich stütze mich auch mehr auf Mythen und Erzählungen (sowohl der Azteken als der Maya), da ich einen intuitiven, bildhaften Zugang zu dieser Gedankenwelt einer akademischen Herangehensweise vorziehe. Gelegentlich werden Sie trotzdem auf Zitate aus der neueren wissenschaftlichen Literatur stoßen (wenn auch nur in Fußnoten), wenn es für die Klärung bestimmter Punkte notwendig ist. Mein Wunsch aber wäre, dass Sie die Weisheit der Tageszeichen unmittelbar zu Ihrem Herzen sprechen lassen und nicht nur intellektuell an die Sache herangehen.

Leser, die die »Dreamspell-Version« des Maya-Kalenders von José Argüelles kennen beziehungsweise die Bücher von Bruce Scofeld über den Heiligen Kalender der Azteken, werden sich vielleicht wundern, wie ich die Namen bestimmter Tageszeichen übersetzt habe. So gebe ich zum Beispiel *imix* in Übereinstimmung mit Scofeld als »Krokodil« wieder, während Argüelles hier »Drachen« wählt. Für *ahau* wiederum setzt Scofeld »Blume«, während ich »Ahnen« verwende. Der Grund ist folgender: Ich wollte für die Tageszeichen in erster Linie Übersetzungen verwenden, welche die Hauptbedeutung abdecken und zwar in der Form, in der sie unter der Urbevölkerung Mesoamerikas verbreitet ist. Nun könnte man sich fragen, warum ich nicht gleich die ursprünglichen Bezeichnungen beibehalten habe, wenn die Übersetzung solche Probleme macht? Warum verwende ich also nicht einfach die gebräuchlichen yukatekischen Namen, noch dazu, wenn in diesem Buch bei jedem Zeichen der Originalname und die Übersetzung steht? Ich glaube, dass es für den Leser leichter ist, sich mit Bezeichnungen aus seiner Muttersprache in die Vorstellungswelt des Heiligen Kalenders einzuarbeiten.

Die Ureinwohner, die den Kalender noch benutzen, verwenden ganz unterschiedliche Namen für einen bestimmten Tag. So heißen z. B. bei den Quiché-Maya die ersten vier Tage des (260-Tage-)Zyklus *imox, ik', ak'abal* und *c'at* – Krokodil, Wind, Nacht und Eidechse. Bei den Yucatecs heißen sie hingegen *imix, ik, akbal* und *kan*. Die Bedeutung der Zeichen ist aber mehr oder weniger identisch. Die Leute von Oaxaca nennen diese vier Tage jedoch *hukpii, xa'a, how* und *huu'n*, was Wurzel, Wind, Palme beziehungsweise Hart bedeutet. Der Inhalt ist weitgehend derselbe, doch die Formen sind verschieden. Martin Prechtel erklärt das so: »Die einzelnen Tage sind nicht einfach bloß Zeitabschnitte, sondern Gottheiten. In alten Tagen wurden die Tage als Götter gesehen, und so geschieht es auch noch heute. Nicht einmal ein Eingeweihter darf ihre Namen bei profanen Anlässen nennen. Und ein Nichteingeweihter sollte ihre Namen am besten überhaupt nicht aussprechen. Die Götter sind launisch und den Menschenkindern nicht freundlich gesonnen. Sie nehmen Wohnstatt in einem Baum, einem Stein, oder an einem anderen Ort, der ihnen gefällt. Sie haben Hunger und wollen von uns Essen. Wenn wir uns nicht in gebührender Form an sie wenden, mit der richtigen Zeremonie und dem angemessenen Respekt, können sie namenloses Elend über uns ausschütten – Gefahren, Krankheiten, ja sogar den Tod.«

Traditionstreue Maya sehen ihre Sprache als eine Art heiliges Sprachrohr – die Sprache, mit der die Götter angerufen und günstig gestimmt werden müssen. Leser, die auf solche Dinge nur neugierig sind, sollten immer die übersetzten – und damit nicht heiligen – Namen der Götter der Zeit verwenden.

Das Krokodil

IMIX

Imix ist der Name für alles,
was geheim ist oder verborgen.
Chichicastenango

Das Krokodil ist der Urgeist, der unter der Erde schläft, das Sinnbild für Zeugung und Geburt, die Leben spendende Kraft, die aus der Unterwelt hinauffließt. Bei den Maya der klassischen Periode war diese Kraft nicht nur in der Gestalt des Krokodils beziehungsweise Kaimans bekannt, sondern auch als uranfängliches Erdungeheuer, das für die Heiligkeit der Welt steht.

Das Erdungeheuer bzw. das Urkrokodil schwimmt im Urmeer unter dem Weltenbaum. Es trägt die Erde auf seinem Rücken. Dieser Mythos war im präkolumbianischen Amerika weit verbreitet. Weiter im Norden, im Gebiet der amerikanisch-kanadischen Seenplatte, war das Urreptil, der Weltenträger, eine Schildkröte. Der nordamerikanische Kontinent hieß daher in der Sprache der Ureinwohner »Schildkröteninsel«. Die Vorstellung von einem Krokodil, das in einem heißen, tropischen Sumpf oder in einem dicht mit Seerosen bewachsenen, stehenden Wasser schwimmt, erinnert auch ein bisschen an die »Ursuppe«, aus der, glaubt man der modernen Wissenschaft, alles Leben kam.

Das Schriftzeichen der Maya für *imix* oder Krokodil soll eine Seerose darstellen, wie man sie oft in tropischen Gewässern findet, in denen Krokodile und Kaimane leben. Die Seerose ist das Symbol für den Reichtum der Erde, denn sie besitzt einen ausgesprochen hohen Nährwert. Daher wird das Erdungeheuer oft mit Mais und Seerosen dargestellt, die aus seinem Kopf wachsen. Auf dieser Ebene hat dieses Tageszeichen eine starke Beziehung zu Wachstum und Fülle.

Der Tag des Krokodils hat auch Wurzeln zur Unterwelt – seine Kraft geht ebenso nach unten wie nach oben. Der berühmte Sarkophag Pacals des Großen von Palenque zeigt, wie der König vom Erdungeheuer verschlungen wird – der Beginn seiner Reise in das Land der Toten. Der Baum des Lebens wächst aus seiner Leber (beziehungsweise seinem Magen) und steigt zum Himmel, während der König in die Tiefe stürzt. In der Leber sitzt das psychische Zentrum, das die von den Azteken *ihiyotl* genannte Kraft beherbergt. Dieses Zentrum ist gleichzeitig die physische Entsprechung des Tageszeichens Krokodil im menschlichen Körper (siehe Kapitel 2, Abbildung 3). Das Zeichen verbindet den Menschen mit dem Baum des Lebens, der aus dem Körper des Urkrokodils wächst. Es ist also sowohl der Heilige Baum selbst als auch sein Ursprung.

Krokodil ist der Urgrund des Seins, die grundlegende Einheit, aus der das individuell differenzierte Bewusstsein emporsteigt. Der Psychologe C. G. Jung bezeichnet diese grundlegende Einheit als kollektives Unbewusstes, den Gruppengeist, an dem wir alle Anteil haben. In vielen verschiedenen spirituellen Traditionen wird es als Wasser oder Drachen dargestellt. In der Mythologie der Maya begegnet man ihm auch als sauriergestaltiges Monster, das im Urmeer treibt. Die Macht, die im kollektiven Geist liegt, ist zweigesichtig. Alle unsere wunderbaren Träume, Visionen und spirituellen Erfahrungen haben hier ihren Ursprung, aber auch unsere Albträume. Nach Auffassung der Maya ist die dunkle Seite dieser Kraft, die sich in Wahnsinn und Besessenheit äußert, ebenfalls eine der Bedeutungen, die dieses Tageszeichen hat. Tatsächlich haben die wilden Visionen der »Verrückten« ebenso ihren Ursprung im kollektiven Geist wie die erhabenen Schauungen von Künstlern oder Mystikern.

Das Krokodil ist die pure Kraft der Erde, eine tropische Mischung, aus der die Sonne reiches Leben kocht. Das kollektive Unbewusste ist eine gleichermaßen tiefe und urzeitliche Grundlage, wie Erde, Schlamm oder Wasser, aus der das menschliche Bewusstsein auftaucht. Krokodil ist das Zeichen für den großen Vorrat an Reichtum, physisch wie psychisch, der alle Erscheinungen ins Leben holt.

Der Wind

IK

Wind ist dein nagual ... du besitzt den Geist eines Kometen.
Buch des Chilam Balam von Kaua

 Eigentlich mögen die Maya den Wind nicht. Sie glauben, dass böse Geister in den Winden hausen, die grimmig blasen und nur darauf warten, in den menschlichen Körper einzudringen, um dort körperliches und seelisches Leid anzurichten. Der Mayaheiler Don Eligio war fest davon überzeugt, dass die meisten Krankheiten seiner Patienten eher auf magische als auf rein physikalische Einflüsse zurückzuführen seien. Als Ursache ihrer Erkrankung machte er den Wind verantwortlich.

So gelten Menschen, die an einem Tag des Windes geboren wurden, als reizbar und zornig. Diese Eigenschaften, die ihrem Träger große Probleme verursachen können, müssen vom ersten Tag an kontrolliert werden. Betrachtet man Wut, Zorn und andere Formen egoistischer Anmaßung jedoch unter einem spirituellen Blickwinkel, so erkennt man, dass diese Emotionen nur niedrigere beziehungsweise unentwickelte Ausdrucksformen einer Energie sind, die uns in ihrer reinsten Form mit dem Leben selbst versorgt.

Auf einigen Plastiken der Maya ist eine geheimnisvolle Gottheit zu sehen, die ein T-förmiges Kreuz, das Symbol für das Tageszeichen Wind oder *ik* in Händen hält. Diese Gottheit, in der Forschung als »Gott B« bezeichnet, wird als Gott des Regens und der Stürme betrachtet. Ohne Regen gäbe es kein Leben auf Erden. Der Regen lässt die Saat wachsen, und daher ist es nicht überraschend, dass auf manchen Abbildungen aus dem T-förmigen Kreuz Mais sprießt.

Bei den Azteken war Quetzalcoatl, die Gefiederte Schlange, Herr über diesen Tag. Quetzalcoatl ist in erster Linie als Kulturstifter bekannt, der den Völkern des alten Mexiko eine Religion des höheren Bewusstseins brachte. Die Geschichte von Quetzalcoatl und seiner zivilisatorischen Mission könnte auf eine reale historische Persönlichkeit der toltekischen Periode (ca. 908 – 1168) zurückgehen; Quetzalcoatl wurde aber auch schon seit Jahrhunderten als Gottheit verehrt. Die historische Persönlichkeit, deren Lehren als die des Quetzalcoatl erhalten blieben, wurde wahrscheinlich für eine Inkarnation einer Gottheit gehalten.

Quetzalcoatl war neben seiner Funktion als Gott des Morgensterns – des Planeten Venus – auch der Gott des Windes. Als Gott des Windes trug er den Namen Ehecatl; dieser Aspekt der Gefiederten Schlange ist der Herrscher dieses Tageszeichens. Der Wind trägt die Sturmwolken ins Land, aus denen der Leben spendende Regen strömt, aber darüber hinaus ist der Wind auch das Symbol für den Atem des Lebens selbst.

Die Glyphe für diesen Tag ist eine Art T-förmiges Kreuz. Diese T-Form ist in ganz Mittelamerika und im südwestamerikanischen Raum bekannt. Viele Tore der alten Städte im Chaco-Canyon in Neu-Mexiko sind in T-Form ausgeführt. In einigen alten Codices beziehungsweise Heiligen Schriften der Maya und Azteken wird der Baum des Lebens in T-Form dargestellt, was uns wiederum darauf hinweist, dass Bäume eine entscheidende Rolle bei der Erneuerung des Sauerstoffvorrates auf unserer Erde spielen – Bäume und Luft sind eng miteinander verbunden.

In nahezu allen Religionen der Welt ist die Vorstellung von einem feinstofflichen Atem oder Lebenshauch bekannt, vom Atem des Lebens, der das Werkzeug aller Schöpfung ist. Im Buch Genesis heißt es, »der Geist Gottes schwebte über den Wassern« (1,2). Der hebräische Ausdruck für »Geist« ist *ruach* – der lebendige Atem Gottes, der im Schöpfungsakt tätig ist. Die Mythologie der Griechen erzählt, dass Prometheus einer Figur aus Ton sein *pneuma* und damit Leben einhauchte. In den Lehren des Yoga wird dieser Atem des Lebens als *prana* bezeichnet. Auf der physischen Ebene erleben wir diese Leben spendende Energie als unseren Atem. Dem Tageszeichen Wind entspricht im Körper die obere Hälfte des Zwerchfells, das sich mit Luft anfüllt. Wir leben, weil wir atmen.

Ohne die Symbiose von Bäumen und Wind gäbe es kein Leben auf dieser Erde, nichts, das man atmen könnte. Könnte es ein besseres Sinnbild für den Atem des Lebens geben als das T-förmige Kreuz mit seiner Doppelbedeutung von »Baum« und »Atem«?

Die Nacht

AKBAL

Nächtlich, dunkel.
Buch des Chilam Balam von Kaua

Niemand kennt die genaue, ursprüngliche Bedeutung der Glyphe für dieses Tageszeichen, wenn auch einige Wissenschaftler der Ansicht sind, es handle sich um das Zeichen für »Unterwelt«. Im Maya bedeutet *akbal* »Dunkelheit«, »Nacht«. Die Azteken nannten dieses Tageszeichen *calli*, was so viel wie »Haus« bedeutet. Die Unterwelt ist also das Haus der Dunkelheit.

Das große Epos der Maya, das *Popol Vuh*, erzählt von der Reise zweier Zwillingsbrüder durch die Unterwelt. Sie spielen mit den Herren der Dunkelheit ein Ballspiel, das sie mit dem Leben bezahlen, wenn sie verlieren. Während sie darauf warten, dass das Spiel beginnt, müssen sie mehrere Nächte in einer Reihe von »Häusern« in der Unterwelt verbringen, in denen schreckliche Gefahren auf sie lauern, mit denen sie fertig werden müssen. Die Brüder meistern sämtliche Abenteuer und gewinnen das Ballspiel. Die Herren der Dunkelheit überlisten sie jedoch, und sie müssen ihr Leben trotz allem hingeben. Sie sterben einen rituellen Tod und werden wieder geboren. Mit den Worten dieses My-

91

thos ist das Haus der Dunkelheit der Ort, an dem wir den Gefahren unserer Seele begegnen, unsere persönliche Unterwelt, in der das Ego stirbt, um in neuer Form geboren zu werden.

Ein geheimnisvoller Herrscher wacht über dieses Tageszeichen. Sein Name ist Pacal Votan. Als Frater Ramon de Ordoñez y Aguilar als erster Europäer im Jahre 1773 die Ruinen von Palenque besichtigte, erzählte ihm sein Maya-Führer die Geschichte von Pacal Votan, dem legendären Gründer der Stadt. Pacal Votan, der Weise, kam »aus dem Osten«, errichtete Palenque und vergrub einen Schatz bestehend aus heiligen Büchern und Jade in einem unterirdischen Haus an der Pazifikküste von Chiapas. Dieses unterirdische »Haus der Dunkelheit« wurde von geheimnisvollen Wächtern gehütet, darunter auch von einer Frau, welche die Hüterin der Hieroglyphen und der Jade war. Die alten Völker Mesoamerikas sahen in der Jade einen ebenso wertvollen wie magischen Stein. Die Bücher in Hieroglyphenschrift standen für Weisheit. Die innere Bedeutung dieses Mythos ist offensichtlich: Wir finden Weisheit nur in den verborgenen Nischen unseres persönlichen »Hauses der Dunkelheit«. Dorthin müssen wir uns begeben, uns unseren Ängsten stellen und unser Ego preisgeben. Wenn wir aus unseren Prüfungen das Gold spiritueller Erkenntnis gewonnen haben, werden wir neugeboren auferstehen.

Die aztekische Gottheit, die mit diesem Tageszeichen verbunden ist, trägt den Namen Tepeyollotl, das »Herz des Berges«. Sie verkörpert *teyolia*, die Energie des Herzchakras, die im Inneren der Berge liegt. Tepeyollotl ist die psycho-spirituelle Energie des Weltenberges. Er ist der Wächter über alle Höhlen, so wie der Mayagott Pacal Votan sein unterirdisches Heiligtum hütet. Tepeyollotl ist eine der vielen Manifestationen des Erdvaters, auch ist er der Herr der Tiere. Andere Beinamen sind »Echo« oder »Herr der Trommel«. Einige der heutigen Mayastämme sprechen von einer Gruppe von Erdgöttern, die sie *tzultacah* nennen, »Götter der Berge und Täler«. Diese Geister leben in bestimmten Höhlen oder auch unter der Erde und sind für Erdbeben verantwortlich. Darum bringen ihnen die Maya in diesen Höhlen Opfer dar. Sie sind Herrscher der Tiere und sprechen mit der Stimme des Donners. Dieser Donner, der von den Wänden der Berge widerhallt, ist das Echo der Trommel von Pacal Votan. Tepeyollotl ist auch der Herr der Vulkane, ein sprechendes Symbol für die

Macht des Unterbewussten, die in die Welt des Tageslichts einbricht.

Das Zeichen »Nacht« steht für die Phase in der Entwicklung des menschlichen Bewusstseins, in der wir in die Unterwelt hinabsteigen müssen, um unseren spirituellen Tod und danach die Wiedergeburt zu erfahren. Im Glauben der Maya ist diese innere Dunkelheit – symbolisiert durch Pacal Votans Schatz an heiligen Büchern und Jade – der Ort, an dem wir Weisheit finden. Ohne diese Erfahrung von Tod und Wiedergeburt gibt es keine Höherentwicklung unseres Bewusstseins, kein Vorankommen auf der Straße des Lebens. Der wichtigste Aspekt dieses Tageszeichens ist daher Weisheit, verkörpert durch Pacal Votan, den archetypischen Weisen.

Die Eidechse

KAN

Diese kostbaren Singvögel sind deine Vögel.
Buch des Chilam Balam von Kaua

Ich bin der König der Eidechsen. Ich kann alles tun.
Jim Morrison (geboren an 4 Eidechse)

 In alter Zeit war das Tageszeichen, das jetzt den Namen »Eidechse« trägt, Symbol für den wachsenden Mais. Es bedeutete Fruchtbarkeit und stand für die Kräfte des Wachstums. Die Gleichsetzung von Eidechse und Fruchtbarkeit ist ein machtvolles, tief in der Kultur der amerikanischen Ureinwohner verwurzeltes Motiv. Die Pueblo-Indianer, die stark von der Kultur Altmexikos beeinflusst sind, sehen die Eidechse als Symbol für Wachstum, Sexualität und die Leben spendende Macht des Regens. Abbildungen von Eidechsen kehren in den Felszeichnungen von Arizona, New Mexico und Utah im Zusammenhang mit Fruchtbarkeit immer wieder. Bei den Azteken war der Gott Huehuecoyotl, der »Gott des Tanzes«, mit diesem Tageszeichen verbunden. Welche Art von Tanz war

es, für den dieser Gott stand? Im ganzen Südwesten Amerikas werden rituelle Tänze abgehalten, um das Wachsen des Maises zu feiern. An erster Stelle ist hier der Maistanz zu nennen, der im Sommer stattfindet. Die heutigen Maistänzer verwenden häufig Papageienfedern als Teil ihres Zeremonialschmucks, denn es heißt, dass Papageienfedern ein Symbol für den Süden und damit für Wachstum seien. In alten Zeiten verwendeten die Anasazi des Chaco-Canyon bei ihren Zeremonien Papageienfedern, die sie aus Mexiko importierten. Im alten System der Tageszeichen wurde »Eidechse« auch der südlichen Himmelsrichtung zugeordnet, die für Fruchtbarkeit, Wachstum und Sommer steht.

»Huehuecoyotl« bedeutet »alter Coyote«, was uns einen weiteren Hinweis auf die innere Bedeutung dieses Tageszeichens gibt. Der Coyote ist in der gesamten Mythologie der Uramerikaner eine beliebte Gestalt. Manchmal ist er weise, häufiger jedoch benimmt er sich völlig verrückt, und die Geschichten, die über ihn erzählt werden, sind oft recht derber Natur. Er tritt sich selbst auf den Schwanz, verliert sein eigenes Hinterteil, und gewöhnlich ist er am Ende vom Lied der Verlierer, der sich heulend trollen muss. Nichtsdestotrotz wird er als weises Geschöpf verehrt, ja manchmal sogar als der Schöpfer des Universums selbst. Der Coyote ist der Trickster, der wilde Geist der ungezähmten Natur, der sowohl teuflisch schlau ist als auch ungeniert seinen sexuellen Instinkten nachgeht.

Um Reichtum und Sinnlichkeit geht es bei einem weiteren Aspekt dieses Tageszeichens, denn die Quiché sprechen im Zusammenhang mit diesem Tag auch von einem »Netz«. Das *Popol Vuh* erzählt die Geschichte der Zwillingsbrüder, die von Xmucane und Xpiyacoc, dem Urahnenpaar, geboren wurden. Die Brüder werden von den Herren der Unterwelt zu einem Ballspiel herausgefordert, verlieren und werden rituell geopfert. Der Schädel eines Bruders wird in einen Kürbisbaum gehängt. Blutfrau, die Tochter eines der Herren der Unterwelt, begibt sich von Neugier getrieben zum Kürbisbaum. Der Schädel spuckt in ihre Hand und sie wird schwanger mit einem Zwillingspaar, das ein weiteres Ballspiel bestreitet und die Herren der Unterwelt bezwingen wird (siehe das Tageszeichen *Nacht*). Aus Angst, von den Herren der Unterwelt bestraft zu werden, flieht sie in die obere Welt und sucht Xmucane auf. Xmucane weigert sich zu glauben, dass Blutfrau von ihrem Sohn schwanger ist. Daher verlangt sie ein Zeichen. So schickt sie Blutfrau auf das Feld, das ihr Sohn bepflanzt hat, um ein Netz voll Mais zu sammeln; dort aber wächst nur eine einzige Maisstaude. In ihrer Not zupft Blutfrau den roten Flaum von einem Maiskolben und legt ihr Netz damit aus, das sich daraufhin mit Mais füllt. Xmucane ist erstaunt über das prall gefüllte Maisnetz und geht ihrerseits aufs Feld, um herauszufinden, was dort geschehen ist. Sie sieht die Abdrücke, die das Netz im Boden hinterlassen hat. Dies ist für sie das Zeichen, dass Blutfrau tatsächlich die Mutter ihrer künftigen Enkelkinder ist.

Diese Geschichte zeigt uns, in welcher Beziehung die Begriffe »Netz« und »reifer Mais« zueinander stehen. Das Netz ist das Gefäß, in welchem die Fülle der Natur, die Frucht des Leibes beziehungsweise des Ackers, getragen und genährt wird. Allzu leicht lassen sich jedoch die vitalen Kräfte des Wachstums, wie sie durch das Tageszeichen Eidechse symbolisiert werden, als blanke, ungezügelte Sinnlichkeit missdeuten. So liegen im »Maisnetz« auch Körner des Kopalweihrauchs, die wir verbrennen müssen, um uns von den Folgen unseres »Über-die-Stränge-Schlagens« zu reinigen. Im Netz der Eidechse liegen die hellen und die dunklen Seiten ihrer Energie.

Die Schlange

CHICCHAN

Die Klapperschlange ist dein nagual ... Das Feuer ist dein Geist.
Buch des Chilam Balam von Kaua

 Der Urbevölkerung von Mexiko und dem Südwesten der USA gilt die Schlange – ebenso wie das vorhergehende Tageszeichen Eidechse – als Regenbringer und damit im erweiterten Sinn als Symbol der Fruchtbarkeit. Der berühmte Schlangentanz der Hopi ist in erster Linie ein Regentanz. Die Hopi glauben, dass die Schlangen, die sie für ihr Ritual ausgewählt haben, später den Kachinas, die für den Regen

verantwortlich sind, erzählen werden, wie sie von den Hopi geehrt wurden, und somit die Kachinas veranlassen, ihre Segnungen auf die Hopi niederregnen zu lassen.

Die Maya glaubten an vier Himmelsschlangen, die *chicchan*, welche die vier Ecken der Welt bewachten. Wenn sie zueinander sprachen, dann hallte es wie Donner, der kommenden Regen verkündete. Ihr Hauptwohnsitz war der Himmel, doch hatten sie auch eine irdische Behausung: Seen, Flüsse und das Innere der Berge waren den *chicchan* geweiht.

Genauer spricht man jedoch von den vier Aspekten einer einzelnen Gottheit als von vier unterschiedlichen Göttern. Das Konzept der Vierheit in der Einheit ist bei allen alten Völkern Mesoamerikas bekannt. Die vier *chicchan* sind so gesehen vier Aspekte der Himmelsschlange, welche die Welt umfängt – ihr oberes Gesicht schaut zum Himmel, ihr unteres Gesicht bildet das Tor zur Unterwelt. Die Himmelsschlange tritt in vielen Gestalten auf. Auch der große Kulturbringer Quetzalcoatl scheint ursprünglich ein Aspekt der Himmelsschlange gewesen zu sein (wie sein Name »Gefiederte Schlange« nahe legt).

Eine andere Erscheinungsform des reptiliengestaltigen Regengottes war der langnasige Gott Chac, den wir häufig auf den in Stein gemeißelten Tempelfriesen Yucatáns abgebildet finden. Beim Regenmachen halfen ihm die so genannten *chac*, in denen wir eine weitere Manifestation der *chicchan* erkennen. Bei den Azteken hieß Chac »Tlaloc« und seine Helfer »tlaloques«.

Tlaloc war der Herrscher über Tlalocan, eines der Paradiese, in das die Geister der Seligen nach ihrem Tode reisen konnten. Dieses Tlalocan war ein Land der Nebel und Regenbögen, voll mit Schwärmen von Schmetterlingen und üppig-grünen Wäldern. Einige Forscher sind der Ansicht, dass Eototo, das Oberhaupt der Hopi-Kachinas, und Tlaloc ein und dieselbe Person, und dass die Kachinas mit den *tlaloques* beziehungsweise *chicchan* identisch sind. Der Schlangentanz der Hopi und seine innere Symbolik unterstützen diese Auffassung.

Die in Stein geritzten Aufzeichnungen der Anasazi zeigen häufig eine »Blitzschlange«, d. h. das Bild einer Schlange verbunden mit der Darstellung eines Blitzstrahls. In einer symbolischen Weltsicht ist das durchaus logisch, denn Regen und Blitz treten häufig zusammen auf. Und wenn es Blitze am Himmel gibt, muss es folglich auch Blitze im Körper geben. Ich habe bereits darauf hingewiesen, dass die Vorstellung der Maya vom »Körperblitz« der im Bild der *kundalini* ausgedrückten Schlangensymbolik ähnelt. Auch die *kundalini* ist eine Schlangenkraft. Diese Energie hat ihren Sitz im Wurzelchakra am Ende der Wirbelsäule. Dort sitzt auch die Entsprechung dieses Tageszeichens im menschlichen Körper. Bemerkenswert ist auch, dass für die Maya ein Blitz, der ins Wasser schlägt, ein Bild für den Körperblitz ist.

Die Azteken brachten das Tageszeichen Schlange mit der Göttin Jaderock in Verbindung. Passenderweise ist sie die Gemahlin des Regengottes Tlaloc. Jaderock ist die Göttin der Liebe, der Schönheit und des Leben spendenden Wassers. Als Göttin sowohl der Liebe als auch der Lebensenergie wird sie in hohem Grad mit der Schlangenkraft gleichgesetzt. Das Tageszeichen Schlange ist ein Symbol für die Energie des Lebens, die durch die Wolken und den menschlichen Körper flutet.

Der Tod

CIMI

Der beste Tag für Verzeihung ... alle schlechten Taten werden vergeben.
Chichicastenango

Heirat. Tod. Um Gutes bitten.
Momostenango

 Das *Popol Vuh* erzählt, wie das Zwillingspaar Einsjäger und Siebenjäger von den Herren des Todes in die Unterwelt zitiert wird. Die beiden mächtigsten Herrscher des unterirdischen Reiches, zwei recht gelenkige Knochenmänner mit einer Vorliebe für Zigarren, trugen die Namen Einstod und Siebentod. Diese setzen die heroischen Brüder zahlreichen Prüfungen und initiatorischen Erfahrungen aus. Sie spielen das rituelle Ballspiel mit den Herren des Todes, die sie um den Sieg im Spiel und damit um ihr Leben betrügen. Die Zwil-

linge opfern sich selbst durch einen Sprung in einen Feuerofen, aber nach dem fünften Tag erstehen sie wieder als ein Paar von Fischen auf, die aus dem Unterweltsfluss tauchen.

Dieses Schauspiel, in dem die Herren der Unterwelt sowohl die Rolle der Betrüger als auch die der Initianten spielen, zeigt uns, dass das Tageszeichen Tod mehr mit Transformation als mit dem leiblichen Tod zu tun hat. Wenn die Nacht der Ort ist, an dem diese Transformation geschieht, so ist der Tod der Vorgang der Transformation selbst. Darum gelten Tage, die unter der Herrschaft des Zeichens Tod stehen, als sehr günstige Geburtstage.

Im alten Mexiko legte ein ausgefeiltes System von magischen Entsprechungen die Bedeutungen eines jeden Tageszeichens fest. Eine der Entsprechungen, die man dem Zeichen Tod zuschrieb, war die Himmelsrichtung Norden. Damals war Norden die Richtung, die für die Ahnen stand; Richtung des Todes hieß sie nur in der Bedeutung, dass die Ahnen die physische Ebene verlassen haben. Trotzdem führen sie uns mit ihrer Weisheit. Und diese Weisheit zu suchen, war das wesentliche Anliegen aller Ritualpraktiken, die die Maya ausführten. Das Tageszeichen Tod verbindet uns mit denen, die uns vorangegangen sind; wir erlangen Anteil an ihrer Weisheit. Im menschlichen Körper entspricht das Zeichen Tod dem Scheitelchakra, also dem Chakra, durch das die Sonnenkräfte der Erleuchtung und die Weisheit unserer Ahnen am besten in unser Bewusstsein eintreten und sich mit ihm verbinden. Dieses Tageszeichen verleiht uns also die Weisheit unserer Ahnen, die uns durch all unsere Transformationsprozesse geleitet.

Einen anderen Schlüssel zu dem Prozess der Umwandlung, der in diesem Tageszeichen beschrieben wird, finden wir im Mondgott, der im Entsprechungssystem der Azteken über diesen Tag herrscht. Er wird als alter Mann dargestellt, der das spiralig gewundene Haus der Meeresschnecke auf seinem Rücken trägt. Diese Muschel ist ein Sinnbild für den Mond, der über dem Meer aufgeht und die dunklen Wasser der Seele mit seinem klaren weißen Licht erhellt. Der Mond selbst durchläuft allmonatlich den Zyklus von Geburt und Tod mit seinen verschiedenen Phasen. Der Mondgott ist ein Ältester, ein weiser alter Mann, und das Haus der Meeresschnecke auf seinem Rücken ist mit seiner Spiralform ein Symbol für den ewigen Kreislauf von Geburt und Tod, also ein weiteres Bild für den Prozess der Transformation. Manchmal hat dieser weise alte Gott auch Schmetterlingsflügel, um uns daran zu erinnern, dass der Schmetterling einmal eine Raupe war, bevor er sich in seinen Kokon eingesponnen und verwandelt hat. Es sei auch daran erinnert, dass die Maya in Schmetterlingen die Seelen der Toten sahen.

Azteken und Maya verwenden als Glyphe für dieses Tageszeichen einen Schädel, der zum einen den Todesgott symbolisiert, zum anderen aber auch die Lage des Scheitelchakras angibt, das diesem Tageszeichen zugeordnet ist. In jüngerer Zeit haben Archäologen mehrere Kristallschädel entdeckt, die vermutlich den Todesgott darstellen. Es ist nicht sicher, ob diese Schädel von den Azteken, Mixteken oder Maya angefertigt wurden. Einige Sensitive glauben, dass diese Schädel wahrsagerische Fähigkeiten haben, und behaupten, dass sie hervorragend dafür geeignet sind, Trancezustände einzuleiten. Hier gibt es Parallelen zum europäischen Kulturkreis, in dem man dem Kopf eines toten Heroen ebenfalls die Gabe der Weissagung zuschrieb: dem Kopf Mimirs in der nordischen Mythologie, dem von Bran dem Gesegneten in der keltischen Überlieferung oder dem des Orpheus in der griechischen Mythologie.

Das Tageszeichen Tod steht also für den Prozess der Transformation, für den inneren Tod, der uns zu Weisheit und der Gabe der Weissagung führt.

Der Hirsch

MANIK

Der wilde Waldbewohner ist dein nagual. Kakao ist dein Baum.
Buch des Chilam Balam von Kaua

Der Tag, an dem man seinen Ahnen Dank abstattet für alles,
was man von ihnen bekommen hat ... besonders für die
Zeremonien, die aus alten Zeiten stammen.
Chichicastenango

 Die Symbolik des Tageszeichens Hirsch ist außerordentlich komplex. Die Bedeutung des yukatekischen Namens *manik* ist uns nicht bekannt, aber die Abbildung, welche die Hieroglyphe für diesen Tag zeigt, lässt sich bei einiger Phantasie als Hand identifizieren. In den alten Codices werden die Götter der heiligen Jagd oft mit Skorpionschwänzen abgebildet, die in einer menschlichen Hand enden. Diese Hand und die Hand der Tageshieroglyphe sind ein und dieselbe: die Hand des Jägers.

In der Mythologie der Maya trug der Gott der Jagd den Namen Ek Zip, schwarzer Zip. Im Volksglauben lebt er bis auf den heutigen Tag weiter als alter, weißbärtiger Mann, der in seinem Zaubergehege tief im Wald alle Tiere der Welt hält. Ek Zip ist nicht nur der Schutzpatron der Jäger, sondern auch der des Wildes, der gejagten Kreatur. Pirschten sich Jäger an, so erzählt die Legende, pfiff Ek Zip in seine aneinander gelegten Hände, um das Wild vor der drohenden Gefahr zu warnen. Einer seiner Beinamen lautet daher auch »der Pfeifer«. Diese Symbiose zwischen Jäger und Gejagtem ist typisch für das Denken der amerikanischen Ureinwohner. Der Jäger und seine Beute werden weniger als unversöhnliche Gegner in einem Kampf auf Leben und Tod betrachtet, sondern eher als zwei Mitspieler, die in dem ewigen Kreislauf von Geburt und Tod ihre vorgegebenen Rollen erfüllen – sie sind Partner im selben kosmischen Tanz. Das ist auch der Grund, warum indianische Jäger überall auf dem amerikanischen Doppelkontinent die Götter mit einem Gebet um Erlaubnis bitten, bevor sie ein lebendes Wesen töten; darum verkleiden sie sich auch oft mit dem Fell des Tieres, das sie jagen, und werden so eins mit dem Geist dieser Tierart. Die Maya stellten Ek Zip oft mit einem Hirschgeweih dar, als Schützer des Jägers und des Gejagten.

Seinen Namen Schwarzer Zip bekam Ek Zip, weil sein Gesicht immer schwarz angemalt ist. (Allerdings ist er nicht die einzige schwarzgesichtige Gottheit im Götterhimmel der Maya.) Der Kakaobaum ist dem Buch des Chilam Balam von Kaua zufolge eine der Entsprechungen dieses Tageszeichens. Dieser Baum lieferte den Kakao beziehungsweise die Kakaobohnen, die im gesamten präkolumbianischen Mexiko als Zahlungs- beziehungsweise Tauschmitttel dienten. Der Kakaobaum galt den Händlern und Kaufleuten des Mayareiches als heilig, denn er wurde als Symbol ihres Schutzgottes Ek Chuah angesehen, der ebenfalls schwarzgesichtig war. (Das Maya-Wort *ek* bedeutet »schwarz«.) Die Händler waren die Lebensader des alten Mexiko. Sie bereisten das ganze Land, von den Dschungeln Costa Ricas bis zum Chaco-Canyon im heutigen Neu-Mexico. Sie versorgten die Menschen nicht nur mit ihrer Ware, sondern auch mit Informationen aller Art und wirkten als Vermittler von kulturellen Werten zwischen ganz unterschiedlichen Völkern. Wie der Jäger und seine Beute gehörte auch der reisende Händler zum heiligen Rhythmus des Lebens.

Die Azteken setzten den Regengott Tlaloc (siehe Schlange) als Herrscher über dieses Tageszeichen. Tlaloc war eine der wichtigsten Gottheiten Mesoamerikas und hat noch lange gewirkt. Er ist die Hauptgottheit von Teotihuacán, der Stadt der Götter, den Maya bekannt als Chac, dessen langnasiges Konterfei die Tempel von Yucatán ziert. Der Schützer der Tiere, Ek Zip, war – wie alle Götter, die mit dem Tierreich in Verbindung stehen – eine Erdgottheit. Erdgötter wohnen auf den Gipfeln von Bergen, dort, wo sich die Regenwolken sammeln. Tlaloc herrschte über Tlalocan, einem recht irdischen Paradies voller Nebel und grüner Wälder, Regenbögen und Schmetterlingen. Dorthin zogen die Seelen der Seligen nach ihrem Tod.

Das Tageszeichen Hirsch symbolisiert den heiligen Rhythmus des Lebens, einen sehr erdhaften, erdverbundenen Rhythmus, der Jäger und Gejagten, das Geben und Nehmen des Handels, das Handwerk des Lebens selbst einschließt.

Der Hase

LAMAT

Ein Tag, um für Saat und Ernte zu danken.
Chichicastenango

Wenn auch die Bedeutung des yukatekischen Maya-Wortes *lamat* (wie die von *manik*) nicht bekannt ist, die Bedeutung des Tageszeichens selbst ist völlig klar: Es gilt als Symbol für Reife, Fülle und das Gedeihen des Maises.
Das Tageszeichen Hase hat jedoch noch weitere Bedeutungsebenen, denn in der Schrift der Maya ist die zugehörige Hieroglyphe gleichzeitig das Symbol für den Planeten Venus. Die Maya ordneten die Venus nicht der Göttin der Liebe zu, wie wir das im abendländischen Kulturkreis tun. Für sie war der Zyklus dieses Planeten mit kraftvollen und dynamischen Ereignissen im politischen und ökologischen Leben verbunden. Der Gott Lahun-Chan, den die yukatekischen Maya mit diesem Planeten in Verbindung brachten, war ein missgestaltetes Ungeheuer, das eine Spur der Verwüstung hinter sich ließ, wenn es volltrunken durch die Welt der Götter torkelte.

Dieser wilde Rausch steht in enger Beziehung zum Tageszeichen Hase. Unser Hase hier ist so etwas wie der »Hase im Mond«. Wo wir im westlichen Kulturkreis den »Mann im Mond« sehen, erblicken Chinesen und die Ureinwohner Amerikas einen Hasen. Dieser mythische Hase ist ein lustiger Zecher und der Begleiter von Mayahuel, der Göttin des Rauschtrankes. Aus den Geschichten, die sich um Mayahuel, der aztekischen Herrscherin dieses Tageszeichens, ranken, begreifen wir am besten seine Verbindung zu Alkohol und einer gewissen Freizügigkeit sowie zum Geist des Wachstums und der Vitalität, der »Reife«.

Mayahuel, so heißt es, war eine jungfräuliche Göttin und stand unter dem Schutz des himmlischen Ungeheuers, der Himmelsschlange. Quetzalcoatl, in seiner kosmischen Erscheinungsform als Gott des Windes (siehe Wind), raubte sie ihrem Wächter und floh mit ihr zur Erde. Er vereinigte sich mit ihr, und sie wurden in einen großen Baum mit zwei Ästen verwandelt: einem männlichen Ast für Quetzalcoatl und einem weiblichen Ast für Maya-huel. Wutentbrannt stürzte die Himmelsschlange nun mit der Schar ihrer himmlischen Helfer herbei und griff den Baum an, in dem der Geist seines früheren Mündels eingeschlossen war. Dabei zerbrach der weibliche Ast in Stücke und Mayahuel war tot. Quetzalcoatl nahm wieder seine gewohnte Gestalt an und bestattete die Gebeine der jungfräulichen Göttin. Aus ihrem Grab wuchs die Agave- bzw. Magueypflanze, aus der heute der als Pulque bekannte Schnaps gewonnen wird.

Die Geschichte von Mayahuel und Quetzalcoatl ist die aztekische Version eines Mythos, der vor der Ankunft des Kolumbus auf dem ganzen amerikanischen Kontinent verbreitet war. Die Geschichte der Göttin, die stirbt, begraben wird und in Gestalt von wachsenden »Dingen« wiederkehrt, ist ein Grundbestandteil der Mythologien der amerikanischen Urbevölkerung. Sie besagt, dass die Erde der Körper der göttlichen Mutter ist. In zahlreichen Varianten des Mythos wächst Mais und nicht Agave aus dem Leib der getöteten Erdmutter, denn Mais ist für die amerikanische Urbevölkerung der »Stoff des Lebens«.

Die aztekische Geschichte von der »Maismutter« hat auch eine esoterische Bedeutung. Der Baum, in den sich Quetzalcoatl und Mayahuel verwandeln, ist ein weiteres Symbol für den Weltenbaum, der im Mittelpunkt des Universums steht. Diesen Weltenbaum finden wir als Wirbelsäule in unserem Körper wieder, an der der »Körperblitz« in seiner spiralförmigen Bahn auf- und niedersteigt. Andere spirituelle Traditionen lehren uns, dass der »innere Baum«, in dem diese Energie fließt, zwei Kanäle besitzt: einen männlichen oder Yang-Kanal (Quetzalcoatl) und einen weiblichen oder Yin-Kanal (Mayahuel). Dieser aztekische Mythos erzählt uns auch eine andere Variante des »Sündenfalls«, d. h. des Verlusts der ursprünglichen Einheit von männlicher und weiblicher Energie, die von allen spirituellen Traditionen der Welt mit dem Zustand des Paradieses gleichgesetzt wird.

Es ist möglich, in der Spanne eines Erdenlebens aus dem Paradies vertrieben zu werden und wieder dorthin zurück zu gelangen. Venus, der Planet, der mit diesem Tageszeichen verbunden ist, durchläuft ebenso einen Zyklus von Geburt und Tod: Sie scheint als Abendstern, verschwindet und erscheint wieder als Morgenstern. Obwohl der Gott Quetzalcoatl in dieser Geschichte in erster Linie als Gott des Windes auftritt, ist er in der bekanntesten Version des Mythos (siehe bei Mais) ein fähiger, aber gefallener spiritueller Führer, der auf dem Scheiterhaufen verbrannt und als Planet Venus wieder geboren wird. Auch die Geschichte von der Transformation Mayahuels bedeutet mehr als den Verlust unserer ursprünglichen spirituellen Einheit – sie erzählt von einem ständigen Prozess von Tod und Wiedergeburt, wie das Verschwinden und Wiedererscheinen von Venus-Quetzalcoatl. Die göttliche Mutter, die im Herbst stirbt und unter die Erde geht, kehrt mit dem Frühling wieder.

Das Wasser

MULUC

Der Hai ist dein nagual.
Buch des Chilam Balam von Kaua

Entgelt.
Momostenango

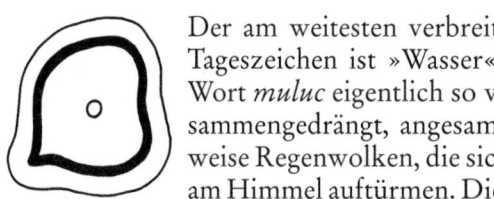 Der am weitesten verbreitete Name für dieses Tageszeichen ist »Wasser«, obwohl das Maya-Wort *muluc* eigentlich so viel bedeutet wie »zusammengedrängt, angesammelt«, wie beispielsweise Regenwolken, die sich vor einem Gewitter am Himmel auftürmen. Dieses Zusammenballen der Wolken findet seinen künstlerischen Ausdruck im Wolkenterrassen-Motiv, das überall im alten Mexiko und in Südamerika bekannt war. Die Kunst der Hopi und Pueblo-Indianer macht reichen Gebrauch von diesem Motiv. Die sich auftürmenden Wolkenberge werden zu einem geometrischen Muster stilisiert, das an eine Stufenpyramide erinnert. Das Bild des kommenden Regens, der das Leben erneuert, wird symbolisch in Bezug gesetzt zum Universum und seiner Pyramidenform.

Die Maya erzählten sich, dass Kraft und Macht des Regens von den *chac*, den Helfern des Regengottes (siehe Schlange), in große Wassergefäße beziehungsweise Vasen gesammelt wurde.

104

Fällt Regen, so hieß es, gießen die *chac* die Wasser der Fülle aus ihren Regentöpfen. Tosender Sturm erhebt sich, wenn die übervollen Regentöpfe ganz plötzlich und unvermutet zerbrechen. Ein modernes Volksmärchen aus Guatemala erzählt von einem Jungen, der zu Hause ausreißt und Unterschlupf bei einem freundlichen, alten Mann sucht, der allein im Dschungel lebt. Einmal muss der alte Mann den Jungen alleine im Haus lassen. Bevor er geht, ermahnt er ihn, unter keinen Umständen die Töpfe aufzumachen, die im Hinterzimmer stehen. Es kommt, wie es kommen musste: Der Junge macht die Töpfe natürlich auf und entfesselt ein ungeheures tropisches Gewitter, das sich erst legt, als der Alte zurückkehrt und die Dinge wieder in Ordnung bringt. Der alte Mann ist in Wahrheit ein *chac* und das Kind hat seine »Sammlung« *(muluc)* von Regentöpfen geöffnet.

Die Maya haben eine Wassergottheit als Regenten über dieses Zeichen eingesetzt: *xoc,* den Großen Fisch, der teils als Hai, teils als Wal abgebildet wird. Es gibt kaum Überlieferungen zu diesem urzeitlichen Wasserungeheuer oder seiner genauen Bedeutung, aber aus mythologischer Sicht spricht manches dafür, dass es sich bei *xoc* um eine andere Erscheinungsform jenes Urwesens handelt, das die Welt auf seinem Rücken trägt. Da die Maya eigentlich nicht unsere Vorstellungen eines seefahrenden Volkes erfüllen, nimmt es vielleicht etwas wunder, hier auf eine solche Meeressymbolik zu treffen. Aber die Maya siedelten an der karibischen Küste, vor allem in Yucatán und in Belize. Die erste verbriefte Begegnung zwischen Europäern und Maya fand statt, als Kolumbus weit draußen in der Bucht auf eines ihrer riesigen Handelskanus stieß. Die Itzá, die am Ende der klassischen Periode (um 835 n.Chr.) nach Yucatán vordrangen und dort die Stadt Chichén Itzá gründeten, waren Seekaufleute, die den karibischen Raum bereisten und auf Schiffen in ihre neue Heimat kamen. Auch verwendeten die *ahauob* der Maya für ihren rituellen Aderlass den Dorn eines Rochens, gleichfalls ein Geschöpf des Meeres.

Es gibt noch ein weiteres symbolisches Attribut für »Wasser«, eines, das sich direkt aus der Maya-Glyphe für dieses Tageszeichen ableitet. Das Bildzeichen für »Wasser« ist das gleiche wie für Jade, ein Stein von blaugrüner Farbe, der Farbe, welche die Mitte aller Dinge trägt. Wie schon erwähnt, galt Jade als kostbarster und heiligster aller Steine. Die Könige von Altmexiko wurden mit Jade umgeben bestattet. Auch die chinesischen Kaiser wurden mit Jade beigesetzt, denn die Chinesen sahen in der Jade den Stein des Lebens, der fähig war, Körper und Geist des verstorbenen Herrschers zu erhalten. So wie Jade den Völkern Mesoamerikas als wertvollster Stein galt, so galt Wasser – Grundlage des Wachstums der Pflanzen und somit im buchstäblichen Sinn »Wasser des Lebens« – als heiligste der Naturkräfte. Der Regen spendete und vernichtete Leben, je nachdem, ob er als sanfter Schauer niederging oder als zerstörerischer Wolkenbruch. Wasser und Jade stehen in symbolischer Wechselbeziehung als Bild für die kostbare, blaugrüne Lebensenergie in der Mitte der vier Himmelsrichtungen.

Der Hund

OC

Der geschmückte, der des leichten Lebens …
Buch des Chilam Balam von Kaua

 Wenn dieses Tageszeichen auch den schlichten Namen »Hund« trägt und, zumindest was die Wahrsagung anbelangt, schlicht und einfach für sinnliche – besonders sexuelle Energie – steht, so hat dieses Symbol dennoch eine tiefere, esoterische Bedeutungsebene. Zwar zeigt eine der klassischen Maya-Hieroglyphen für dieses Zeichen eindeutig einen Hund, doch ein anderes Schriftzeichen stellt den Fuß eines Menschen dar. Was den Namen dieses Zeichens angeht, so bedeutet *oc* im yukatekischen Maya wörtlich »Tür« beziehungsweise »Pforte«, womit – wie wir noch sehen werden – sowohl die Pforte zur Anderswelt gemeint sein kann, als auch die »Tür« zu einem neuen Jahr beziehungsweise Zyklus des Kalenders. Im *Buch des Chilam Balam von Chumayel* gibt es eine Geschichte über den Anfang der Zeit: Der Fuß (eine der Hieroglyphen für dieses Tageszeichen) eines Gottes schreitet das Universum ab, um die Zeit zu messen. Dieser Fuß steht in besonderer Beziehung zum Tageszeichen *oc*, das den Beginn des *tzolkin* markiert.

Eine der alten Hieroglyphen für dieses Tageszeichen scheint einen Gott in Skelettgestalt darzustellen, der uns in die Unterwelt geleitet – eine weitere Pforte beziehungsweise *oc*. Wie alles in der Mythologie Mesoamerikas hat auch dieser Führer in die Unterwelt viele Gesichter. Bei den Azteken hieß er Xolotl, der »dunkle Zwillingsbruder« von Gefiederter Schlange, dessen tierische Erscheinungsform ein Hund ist. Beim Stamm der Lakandonen, die in den Urwäldern von Chiapas leben, gilt der Hund auch heute noch als Führer in die Unterwelt. Bis in die jüngste Zeit fertigten die Stammesmitglieder der Lakandonen aus Palmblättern figürliche Darstellungen von Hunden, die sie an den vier Ecken eines Grabes postierten. Es heißt auch, dass in alten Zeiten beim Tod eines Adligen oder Königs auch dessen Hund rituell getötet wurde, damit er seinen Herrn über den Totenfluss geleiten könne. Der Hund ist also ein Symbol für Treue und Anhänglichkeit, die selbst den Tod überdauert.

Xolotl, der »dunkle Zwillingsbruder« von Gefiederter Schlange, steht für die dunkle Seite des großen Kulturstifters. Er ist das psychologische Gegenstück, das Gegenbild zu seiner blendenden Person. Dieser dunkle Bruder ist ein Knochenmann, der sich am Ende des Tages die Sonne auf seinen Rücken lädt und sie durch die Unterwelt trägt. Er trägt die Sonne so lange durch das nächtliche Schattenreich, bis es an der Zeit ist, wieder zur Welt zu kommen.

In der Morgendämmerung steigt die Sonne aus der Unterwelt wieder herauf und zieht auf ihrer Bahn durch die Welt des hellen Tageslichts, die Welt des Bewusstseins. Dann versinkt sie wieder. Wie die Sonne müssen auch wir eines Tages sterben und in die Unterwelt hinabsteigen, nur mit unserem Glauben und unserem Vertrauen (dem Hund) bewaffnet. In manchen Geschichten ist es der Hund, der den Menschen das Feuer bringt. Daher wird er auch oft mit einer Fackel abgebildet. Dieses Bild kann vielleicht als Symbol für das Feuer des Glaubens gesehen werden, das uns durch Zeiten der Dunkelheit führt, denn die Reise in die Unterwelt treten wir nicht erst im Augenblick unseres Todes an. Sie ist bereits zu Lebzeiten Teil unseres inneren Entwicklungsprozesses. Auf diese innere Wandlung nimmt der Kalender der Maya gleich mehrfach Bezug, so beispielsweise in den Tageszeichen Nacht und Tod. Auch das Motiv der Wiedergeburt und des Aufstiegs aus der Unterwelt kommt in den erwähnten Zeichen vor. Darüber hinaus sehen wir es auch im Zeichen »Hase«, dem Begleiter von Mayahuel, der sterbenden und wieder auferstehenden Göttin. Das Tageszeichen *oc* bezieht sich sowohl auf die Pforte zur Unterwelt als auch auf unseren Fuß, der dieses Tor durchschreitet, sowie auf den Hund des Glaubens, der uns durch die folgende Dunkelheit führt. Es ist ein komplexes Symbol für die Etappe unserer Reise, in der wir uns der »dunklen Nacht der Seele« stellen müssen. Es gibt eine Fackel, die uns führt, und diese Fackel ist ein Symbol für das gläubige Vertrauen, das uns in unseren dunkelsten Momenten aufrecht hält.

Der Affe

CHUEN

Meister aller Künste.
Buch des Chilam Balam von Kaua

Urmutter und Urvater, so erzählt es das *Popol Vuh,* hatten zwei Söhne: Eins-Hunahpu und Sieben-Hunahpu. Eins-Hunahpu hatte seinerseits zwei Söhne: Eins-Batz und Eins-Chouen. *Batz,* der Name dieses Tageszeichens, kommt aus dem Quiché und bedeutet »Affe«. *Chouen* ist gleichbedeutend mit dem yukatekischen *chuen* und heißt in der Grundbedeutung »Handwerker« beziehungsweise »Künstler«. Die Zwillinge Eins-Affe und Eins-Handwerker sind beide Verkörperungen dieses Tageszeichens.

Eins-Batz und Eins-Chouen waren die ersten Handwerker und Künstler. Sie spielten Flöte, sangen, schufen Gedichte, schnitzten Skulpturen, fertigten Schmuck und bearbeiteten Metall. Kein Wunder also, dass den Maya dieses Tageszeichen als außerordentlich Glück bringend gilt! Alle Zweige der Kunst fallen in das Ressort des Tageszeichens »Affe«. Kreative Schöpferkraft, wie sie sich in diesem Zeichen ausdrückt, galt den Völkern des alten Mexiko als menschliche Fähigkeit, der sie mit größter Hochachtung gegenüber standen. Die Ur-Tolteken, die mythischen Gründer der mesoamerikanischen Kultur, betrachteten die Ausübung einer Kunst als Teil des spirituellen Entwicklungsweges.

Doch hat dieses Zeichen auch seine respektlosen, aufrührerischen, ja grausamen Seiten. Im *Popol Vuh* lesen wir die Geschichte, wie Hunahpu und sein Bruder in die Unterwelt reisten, um mit den Herren der Dunkelheit Ball zu spielen. Obwohl sie siegten, wurden sie von den Herren der Dunkelheit überlistet und rituell geopfert. Doch gelang es dem Geist von Eins-Hunahpu, eine Tochter der Unterwelt, Blutfrau, zu schwängern (siehe auch Eidechse). Diese musste daraufhin in die obere Welt fliehen, wo sie ihre Kinder, die Heldenzwillinge Hunahpu und Xbalanque gebar. Die Zwillinge hatten jedoch unter den vielfachen Nachstellungen ihrer Halbbrüder Eins-Batz und Eins-Chouen zu leiden, die sie eifersüchtig verfolgten. Die beiden überredeten die Urmutter, ihren jüngeren Brüdern nichts vom gemeinsamen Mahl abzugeben. Sie zwangen Hunahpu und Xbalanque sogar dazu, auf die Jagd zu gehen und Urmutter mit Wild zu versorgen. Doch schließlich wurden die beiden für ihr Leid entschädigt. Sie überredeten Eins-Batz und Eins-Chouen, auf einen Baum zu steigen, angeblich, um von dort ein paar Vögel herunterzuholen, die die Zwillinge erlegt hatten, die aber in den Zweigen festhingen. Kaum hatten Eins-Batz und Eins-Chouen den Baum erklommen, fing dieser auf magische Weise an, zu wachsen und zu wachsen, bis er in den Himmel reichte, wo sie ihrem Schicksal überlassen blieben. Doch damit nicht genug. Eine weitere magische Wandlung geschah: Die beiden verwandelten sich in Affen. Schließlich gelang es ihnen, von jenem Baum herunterzuklettern und zum Haus ihrer Großmutter zu gelangen; diese aber lachte sie wegen ihres lächerlichen Äußeren nur aus. So zogen sie sich ins Heiligtum des Waldes zurück, wo sie noch heute in Affengestalt leben. Obwohl sie derart gedemütigt und auf Grund ihres Neides und ihres grenzenlosen Egoismus in Affen verwandelt wurden, so wurden sie doch »verehrt und angebetet von den Flötenspielern und Sängern der alten Völker, von den Dichtern und Bildhauern«.

Diese Geschichte der beiden kunstfertigen Brüder stellt nicht nur eine der klassischen Parabeln über Hochmut und Fall dar. Auch das Schauspiel des Himmels findet darin seinen Niederschlag. Da die Umlaufzeiten der Planeten mehr oder weniger konstant sind, ebenso wie die Abfolge der Tage des Heiligen Kalenders, konnte ein bestimmter Planet nur an bestimmten Tagen des *tzolkin* mit der Sonne zusammen aufsteigen. Der Planet Mars ging an Affentagen auf, und die beiden kunstfertigen Brüder stehen höchstwahrscheinlich mit diesem Planeten in Verbindung. Die erniedrigende Heimkehr der zu Affen gewordenen Brüder in das Heim der Urmutter entspräche einer Phase, in der der Planet Mars rückläufig ist.

Die Totensprüche auf alter Mayakeramik zeigen ganz klar, dass sich die Schriftkundigen der klassischen Periode als Meister der Feder und des Pinsels ebenso hervortaten wie als Hüter des heiligen Wissens. Diejenigen Mitglieder der königlichen Familien, die sich auf Kunst und Wissenschaft verlegten, wählten sich den Affengott als ihren Schutzpatron. Betrachtet man die innige Verbindung, die zwischen sakralem Wissen und Ausübung einer Kunst besteht, so erstaunt es weiter nicht, dass das Zeichen »Affe« auch heute noch als der Tag der »Meister aller Künste« gilt. Dieser Tag ist den Taghütern und ihrer Kunst gewidmet. »Affe« ist der Tag des Handwerkers, des Bewahrers von Wissen und des Künstlers. Dieses Zeichen führt uns in Bereiche spiritueller und schöpferischer Energie, zeigt uns aber auch deren Schattenseite: den zu Übergriffen neigenden Egoismus des künstlerischen Temperaments.

Die Straße

EB

*Ein guter Mensch, sein Reichtum ist der Reichtum
der Gemeinde ... Die Dinge der Gemeinde sind dein Anliegen.*
Buch des Chilam Balam von Kaua

*Mögen wir geführt werden auf unserer Straße,
der guten Straße, der geraden Straße, der langen Straße ...*
Momostenango

 Dieses Tageszeichen, das mit seinem yukatekischen Namen *eb*, »Treppe«, heißt, ist eines der dunkelsten und am meisten missverstandenen Zeichen überhaupt. In vielen Interpretationen zum Heiligen Kalender wird ihm ein negativer, zerstörerischer Einfluss zugeschrieben. Doch nach dem *Buch des Chilam Balam von Chumayel*, einer Schöpfungsgeschichte, die um das Jahr 1562 niedergeschrieben worden sein dürfte, ergibt sich ein etwas anderes Bild. Dort lesen wir, dass am 2 *eb* Gott »die erste Leiter schuf, so dass er hinuntersteigen konnte in den Bereich zwischen Himmel und Meer«. Die Vorstellung von diesem Tageszeichen als einer Leiter oder Stiege ist schon relativ alt. Tatsächlich beschreibt diese Geschichte die ganze Welt als eine Art Leiter.

Die Leiter, von der das *Buch des Chilam Balam von Chumayel* spricht, ist ganz eindeutig die Doppelpyramide von Himmel und Erde, die in der Kosmologie der Maya eine zentrale Stellung einnimmt. Eine Leiter hinaufklettern ist gleichbedeutend mit »eine Pyramide hinaufsteigen«. Die Maya unserer Tage haben diesem Tageszeichen den Namen die »Straße des Lebens« gegeben. In der Weltanschauung eines großen Teils der amerikanischen Urbevölkerung heißt diese Straße des Lebens die »gute rote Straße«. Sie verläuft von Osten nach Westen und ist ein Sinnbild für den Pfad der spirituellen Entwicklung. Die Straße des Lebens zu gehen, bedeutet für die Maya, über die Leiter beziehungsweise die Pyramide zum Gipfel der Schöpfung, zum dreizehnten Himmel, aufzusteigen.

111

Ziehen wir auch den aztekischen Namen des Tageszeichens, *malinalli,* zu seiner Erklärung heran, erschließt sich uns eine weitere Bedeutungsebene. *Malinalli* bezeichnet zwar auch eine bestimmte Sorte von Gras, weshalb der Name dieses Tageszeichens gewöhnlich mit »Gras« übersetzt wird, im engeren Sinn ist damit aber der »Tau des Himmels« beziehungsweise der »Blitz im Blut« gemeint, die Energie, die alle Erscheinungsformen des Lebens durchströmt (siehe Kapitel 2). Somit ist dieses Tageszeichen ein Symbol für die Lebensenergie, die uns auf der Straße des Lebens vorantreibt, wie auch für die Straße selbst.

Warum wird dann so viel Negatives mit diesem Zeichen verbunden? Der Grund hierfür liegt meines Erachtens in einem Missverständnis. In einem alten *Buch der Tage,* das der spanische Priester Bernardino de Sahagún nach Ausführungen von aztekischen Adligen niederschrieb, wird der Tag 1 *eb* (1 *malinalli* in Nahuatl) als »Tag der wilden Tiere, Schrecken« bezeichnet. Sahagún bezieht diese Charakterisierung nun auf die gesamte 13-Tages-Periode, die mit diesem Tag beginnt und nicht nur auf das Tageszeichen *eb* selbst. Vielen Wissenschaftlern ist nicht klar, dass die energetische Schwingung einer solchen Periode nicht von deren erstem Tag, sondern von den Tagen in der Mitte des Zyklus geprägt wird. Die mittleren Tage dieses Zyklus sind 7 Feuerstein und 8 Sturm, die eher schwierig sind, aber die Tage 7 und 8 Straße sind der Höhepunkt dieser Periode. Diese werden sowohl von Sahagún als auch von den modernen Taghütern der Chichicastenango als günstig bezeichnet.

Nicht gerade erleichtert wird die Sache zudem dadurch, dass einigen alten Chroniken zufolge an einem 1 *eb* eine Frau namens Malinche beziehungsweise Doña Marina geboren wurde. (»Malinche« ist vermutlich eine spanische Verbalhornung von *ce malinalli,* was im Nahuatl einfach 1 *eb* bedeutet.) Diese Frau war ihrer Geburt nach eine Prinzessin, wuchs aber als Sklavin auf, die dem sexuellen Vergnügen des aztekischen Adels zu dienen hatte. Nach der Ankunft der Spanier übergab man sie dem Eroberer Cortez als Geschenk. Getrieben vom Hass auf ihre früheren aztekischen Herren, stellte sie sich ganz in den Dienst Cortez'. Ihr verdankte er die Unterwerfung des Reiches Montezumas. Sie war seine Übersetzerin, Geliebte, Spionin und vermutlich auch seine Hauptstrategin, wenn es um die Psychologie der Urbevölkerung ging. Darum war sie für einige »La Chingada«, die große Hure, die ihr Volk an die Spanier verriet. Aber sie wurde auch, fast könnte man es einen Treppenwitz der Geschichte nennen, die Mutter aller Mestizen, da sie von Cortez ein Kind bekam. Dies ist die erste bekannte Verbindung zwischen Azteken und Spaniern. Doña Marina ist also in Personalunion die große Mutter des mexikanischen Volkes und die große Hure!

Der Mais

BEN

[Dies] ist der Name des Tages des eigenen Schicksals.
Chichicastenango

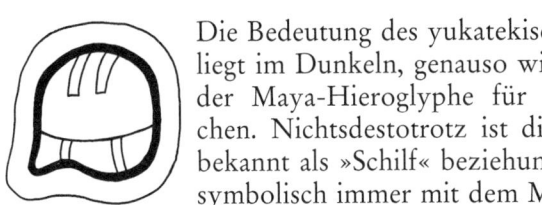 Die Bedeutung des yukatekischen Wortes *ben* liegt im Dunkeln, genauso wie die Bedeutung der Maya-Hieroglyphe für dieses Tageszeichen. Nichtsdestotrotz ist dieser Tag – auch bekannt als »Schilf« beziehungsweise »Rohr«, symbolisch immer mit dem Mais verbunden – einer der wichtigsten Tage im ganzen Zyklus. Die Azteken zählten ihn zu ihren Jahresträgern, und es existiert eine Prophezeiung des Inhalts, dass der göttliche König Quetzalcoatl, Gefiederte Schlange, im Jahr 1 Rohr zu den Menschen wiederkehren werde. Dem Jahr 1 Rohr entspricht im gregorianischen Kalender das Jahr 1519, das Jahr, in dem Cortez in Mexiko landete. Der Herrscher Montezuma glaubte damals, dass sich mit der Ankunft von Cortez diese alte Prophezeiung erfüllte. Diese Fehlinterpretation der Geschehnisse seitens des aztekischen Herrschers war einer der Hauptgründe für den Untergang des alten Mexiko.

Wir sind Quetzalcoatl bereits in seiner Gestalt als Gott des Windes begegnet (siehe bei Wind). Er ist eine der ältesten Gottheiten Mexikos, sein Abbild schmückt zahlreiche Tempel in Teotihuacán, das seine Blütezeit in der Zeit zwischen Christi Geburt und 800 n. Chr. erlebte. Quetzalcoatl könnte ein weitere Manifestation von Gefiederter Schlange sein, der universellen

Gottheit, die in ganz Mittelamerika bekannt war und in der Mythologie der Maya eine so zentrale Rolle spielt.

Am bekanntesten ist Quetzalcoatl jedoch als großer Priesterkönig der »historischen« Tolteken. Der Legende nach war er ein spiritueller Führer, der im Jahre 935 n. Chr. geboren wurde. 987 erlebte er eine Art Transfiguration. (Man beachte, dass diese beiden Jahreszahlen genau einen Zeitraum von 52 Jahren einschließen, also einen vollständigen Kalenderzyklus.) Als Herrscher über die Toltekenstadt Tula schaffte er das Menschenopfer ab und verfügte, dass man den Göttern von nun an durch Blumen, Gesang und Meditation huldigen solle. Die Priester von Tezcatlipoca, des Gottes des rauchenden Spiegels, widersetzten sich ihm. Sie »zeigten ihm sein Gesicht im Spiegel«, was bedeutet, dass sie ihm seine dunkle Seite, seinen Schatten, vorführten, jene Urkraft, deren Symbol Tezcatlipoca ist, und deren Vorhandensein wir nur dann erkennen, wenn wir in dessen Spiegel des Selbst blicken. Schließlich gelang es jenen Priestern, Quetzalcoatl zum Inzest mit seiner Schwester zu verleiten. In Ungnade gefallen, verließ der Prophet sein Volk und machte sich auf den Weg an die Golfküste. Über sein weiteres Schicksal widersprechen sich die Geschichten. In einer Version verbrannte er sich selbst auf einem Scheiterhaufen und erstand als der Morgenstern, als Planet Venus also, wieder auf. In dieser Form ist er als Ce Acatl, 1 Rohr, bekannt. Einer anderen Version zufolge segelte er auf einem Floß aus Schlangen ostwärts, nachdem er das Versprechen abgegeben hatte, eines Tages zurückzukehren. Diese Variante des Mythos war es, die sich Montezuma so nachhaltig eingeprägt hatte.

Falls er wirklich im Jahre 987 in See stach, wohin führte ihn dann sein Reise? Interessanterweise berichten die von den Maya verfassten *Bücher des Chilam Balam* von der Ankunft eines Priesterkönigs mit Namen Kukulcan (Gefiederte Schlange) in ebendiesem Jahr 987 n. Chr. Die Bücher berichten weiter, dass er sein Königreich in der Stadt Chichen Itzá in Yucatán errichtete und 999 starb.

Es heißt, Quetzalcoatl habe in der Stadt Tula eine Säule errichtet, die man »Ort des Schilfrohrs« nannte. Diese Säule ist mit Sicherheit ein Abbild des Weltenbaums und steht für den Mittelpunkt des Universums. Ergänzend sei hier vermerkt, dass auch noch bei einigen anderen Mayastämmen der Tag des Maises symbolisch mit einer Art »Amtszepter« verbunden ist, das vom Dorfführer, dem Alcalden, als Zeichen der Macht durch das Dorf getragen wird. Auch die in die Höhe wachsenden Maisstängel stehen symbolisch für die zentrale Säule, den kosmischen Weltenbaum, der die Quelle aller inneren Macht und Autorität ist.

Unser Sinn für Autorität und innere Macht kann auch als bewegender Faktor in unserem Schicksal gelten. Dieser Tag steht damit auch für das eigene Schicksal, wie es im *nagual* verkörpert ist (siehe Kapitel 4). Leidet jemand unter einer Krankheit, unter dem Verlust seiner persönlichen Kraft, wird der Mayaschamane sein Heilritual am Tag 8 Mais beginnen, der bekannt ist als Tag der »Anrufung des Schicksalstieres«. Das Ritual dient dem Zweck, den *nagual* beziehungsweise das Krafttier des Erkrankten herbeizurufen, damit es dessen Gesundheit wieder herstellt.

Der Jaguar

IX

Ix ist der Name für das Gedenken an die Welt.
Chichicastenango

Den meisten modernen Taghütern in der Welt der Maya ist dieses Zeichen als »Jaguar« bekannt. Gemeinsam mit »Adler« und »Schlange« stellt diese nachtjagende Dschungelkatze eines der wichtigsten Totemtiere in den Mythologien des alten Mexiko und Zentralamerika dar. Der Jaguar ist die Verkörperung des Herrn der Erde. Die Dunkelheit ist sein Revier.

In den Mythen Mesoamerikas ist die Bahn, die die Sonne täglich beschreibt, eine zentrale Metapher. Sie ist das Sinnbild für die niemals endende Reise des menschlichen Bewusstseins und seine verschiedenen Wandlungen. Der helle Glanz der Sonne ist wie das Licht des Bewusstseins, das zu sich selbst gefunden hat. Dann versinkt sie hinter dem Horizont, so wie wir in die Schattenwelt unserer Seele hinuntersteigen müssen, um uns wie die heldenhaften Zwillingsbrüder unseren inneren Dämonen zu stellen, und verwandelt wieder aufzusteigen. Wurde die Mittagssonne mit einem Adler verglichen, der hoch oben im strahlenden Licht des Zenits schwebt, so setzte man die im Schoß der Nacht verborgene Sonne mit dem Jaguar gleich, dessen geflecktes Fell den nächtlichen Sternenhimmel repräsentiert. Die »Jaguarsonne« ist also die verborgene Sonne, die Sonne, die in Jaguargestalt durch die Unterwelt wandert.

Wie die mittelalterlichen Feudalherren, so verfügten auch die aztekischen Herrscher über »Ritterorden«, Kasten, in denen ihre heiligen Krieger organisiert waren. Der aztekische Ritterstand teilte sich in zwei Gruppen: die Adlerkrieger und die Jaguarkrieger. Die Adlerkrieger waren dem strahlenden Sonnenprinzip geweiht, der Sonne, die mittags im Zenit steht. Die Jaguarkrieger hingegen waren dem dunklen Prinzip geweiht, der Sonne, die um Mitternacht durch die Unterwelt wandert. Sie dienten als Spione und »Geheimagenten« und verrichteten ihr Werk in geschickter Lautlosigkeit.

Dieses Tageszeichen gehört in die umfangreiche Reihe der Zeichen des Heiligen Kalenders, die sich um die Erfahrung der Dunkelheit drehen. Seine Entsprechungen überschneiden sich in vielen Aspekten mit denen des Zeichens »Nacht«. Steht das Zeichen »Nacht« für die Häuser der Dunkelheit, in denen sich die heroischen Zwillinge des *Popol Vuh* ihren spirituellen Herausforderungen stellen müssen, so symbolisiert »Jaguar« den Herrn und Meister dieser dunklen Häuser. Für die heutigen Taghüter ist dieses Tageszeichen vor allem das Zeichen für Santo Mundo, die Heilige Welt, jenen »heidnischen« Erdvater, der manchmal die Gestalt des göttlichen Schelms Maximon annimmt. Bärtig und den Kopf mit einem schwarzen Schlapphut bedeckt, dicke Zigarren paffend (wie weiland die Herren der Unterwelt) und immer wieder einen kräftigen Schluck aus einer Flasche Schnaps nehmend, streift Maximon wie ein listiger alter Jaguar durch die Welt der Maya unserer Tage. Und wie es sich für einen echten Heiden gehört, liefert er ganz nebenbei ein frevelhaftes, homosexuelles Intermezzo mit dem Gekreuzigten. Er ist schlau, von keiner Moral gebremst und unsterblich. Er ist der Erdvater.

Es existieren noch weitere symbolische Gemeinsamkeiten zwischen »Jaguar« und »Nacht«. Im Glauben der heutigen Maya stehen diese beiden Tage mit Bergen und Tieren in Verbindung. Herrscher über »Nacht« ist, wie wir bereits wissen, Tepeyollotl beziehungsweise Pacal Votan, der Geist, der im Inneren der Berge wohnt und ihnen ihr *teyolia* verleiht, ihr *coyopa* oder spirituelle Kraft. Das »Herz der Berge« ist auch Herr der Tiere. Er ist eine Erdgottheit, die über die heilige Kraft der Erde und über die Tiere, die auf ihr leben, gebietet. Die Energie, die in den Bergen liegt und ihnen ihre vulkanische, transformierende Kraft gibt, ist dieselbe Kraft und Energie wie die der Unterwelt, die im Bild der Jaguarsonne dargestellt wird.

Der Adler

MEN

Das ist der Name für Glück in Geldangelegenheiten.
Chichicastenango

Der Heitere und gut Gelaunte ist dein nagual.
Buch des Chilam Balam von Kaua

 Der Adler ist eines der mächtigsten Tageszeichen, denn in ihm vereint sich die Symbolik von Sonne und Mond, yin und yang, zum Archetyp der Ganzheit. Das Schriftzeichen für »Adler« aus der klassischen Periode zeigt ein Gesicht. In den Texten der Maya wird dieses Gesicht im Allgemeinen mit dem Mond in Verbindung gebracht. Wie vielen anderen Völkern galt auch den Maya der Mond als Gottheit. Die Mondgöttin war die Erfinderin der Webkunst, Ackerbau und Geburt unterstanden ihrem Schutz.

Wie wir schon mehrfach bemerkten, haben die meisten Gottheiten des mesoamerikanischen Pantheons zwei Aspekte, zwei Gesichter. So gibt es auch eine junge Mondgöttin, die für all den Ertragsreichtum und das Versprechen der knospenden Erde steht, und eine alte Mondgöttin, welche die Weisheit des Alters verkörpert. Aus der Hieroglyphe für »Adler« blickt uns das Antlitz der alten Mondgöttin entgegen. (Der yukatekische Name für

dieses Zeichen, *men,* bedeutet wörtlich der beziehungsweise die
»Weise«.) Men ist ein auch heute noch gebräuchliches Wort, denn
es stellt den Überbegriff für alle Schamanen dar. Es bezeichnet
den »Wissenden« schlechthin. Ein Mann, der den schamanischen
Weg geht, heißt *h-men* (sprich hu-men), eine Frau wird *x-men*
(sprich schu-men) genannt. Die alte Mondgöttin ist die Urwis-
sende, die erste Weise. In Zentralmexiko war »Adlerfrau« ein
häufiger Name für die alte Mondgöttin. Sie trug einen Kopf-
schmuck aus Adlerfedern und Obsidianklingen. Name und Adlerfedern stellen sie in die Nähe des aztekischen Tageszeichens
»Adler«, das allerdings eher in Beziehung zur Sonne gesetzt
wird, während die Obsidianklingen an die Menschenopfer der
Azteken erinnern. Sonne und Mond, männlich und weiblich,
verbinden sich in diesem Zeichen zu einem einzigen Archetypus.
Wenn sich der Sonnengott am Morgen erhebt, ist er der »steigen-
de Adler«, wenn er am Abend zum Horizont herabsteigt, ist er
der »fallende Adler«. Die Mondgöttin trägt den Sonnengott in
ihrem Haar.

Bei den Azteken gab es zwei verschiedene Kriegerkasten. Die
Adlerkrieger waren die Streiter der hellen Sonne, der Sonne, die
am Tageshimmel erstrahlt. Die Jaguarkrieger hingegen waren der
mitternächtlichen Sonne geweiht. Die Kaste der Adlerkrieger
muss auf eine ältere Kriegerkaste aus toltekischer Zeit zurückgehen, deren Mitglieder in erster Linie als spirituelle Krieger angesehen wurden, die für die strenge, geradlinige Kraft der Wahrheit kämpften, für welche die Sonne steht.

Das Tageszeichen »Adler« entspricht auf körperlicher Ebene
dem rechten Arm, der die Kraft des Kriegers symbolisiert. Es
steht im Gegensatz zum Zeichen »Affe«, dem Künstler und
Trickster, der durch die linke Hand symbolisiert wird. »Adler«
ist das Zeichen des spirituellen Kriegers, dessen Herz so rein ist
wie die Sonne. Unter dem strahlenden Glanz und der Pracht der
Tagessonne liegt jedoch ein älterer, subtilerer Archetyp stiller
Weisheit: Urmutter, die Mondgöttin, die weise alte Frau.

Bei den heutigen Maya ist die alte Mondgöttin jedoch in Vergessenheit geraten. Sie nennen dieses Zeichen jetzt *tz'ikin,* was in
der Grundbedeutung »Vogel« heißt, aber meistens ist damit ein
Adler gemeint. Die Kraft der Motivation und Konzentration, die
dieses Tageszeichen zum mächtigsten aller Raubvögel in Bezug

setzte, ist im Bewusstsein der Maya immer noch lebendig. Der Adler-Geborene macht aus seinem Herzen keine Mördergrube und sagt laut und deutlich, was er will: Geld, Weisheit oder auch beides zusammen. »Adler« ist das Zeichen für die direkte Energie und den fokussierten Nutzen des Kriegers.

Der Geier

CIB

In … Cib wurde die erste Kerze gemacht, so wurde das Licht geschaffen, wo es zuvor weder Sonne noch Mond gab.
Buch des Chilam Balam von Chumayel

Ein Tag, um Vergebung zu erbitten …
Chichicastenango

 Das yukatekische Wort *cib* bedeutet wörtlich »Wachs«, und das *Buch des Chilam Balam von Chumayel* berichtet, dass Gott an diesem Tag die erste Kerze entzündete. Das erste Licht wurde erschaffen, um in die Dunkelheit zu leuchten.
Heute sind Kerzen bei den Maya ein wichtiges Requisit bei allen Ritualen, vor der Ankunft des Kolumbus waren sie jedoch völlig unbekannt. Die oben zitierte Passage aus dem *Chilam Balam von Chumayel* stammt aus der Zeit nach der spanischen Eroberung. Der Gebrauch von Kerzen stellt sicher eine Anpassung an die christliche Liturgie dar, es ist keine alte Tradition, die hier fortlebt. Die Assoziation von Wachs und dem Tageszeichen *cib* beziehungsweise »Geier« ist jedoch mit Sicherheit älter. Die Sorte Wachs, die vor Kolumbus bekannt war und mit *cib* gemeint ist, ist Bienenwachs. Die yukatekischen Maya kannten vier göttliche Gestalten, welche die vier Ecken der Welt stützten – eine weitere Abwandlung des allgegenwärtigen Motivs der vier Richtungen der Zeit. Diese vier »Stützen« wurden *Bacab* genannt und sahen aus wie riesige Bienen. Auf dem Kopf trugen sie das spiralförmig gewundene Haus der Meeresschnecke – das Ideogramm für das

119

Tageszeichen *cib*. Dieses Schneckenhaus symbolisiert mit seiner Spiralform Aufstieg und Wiedergeburt. Gleich den Spiralmustern der Hopi und Anasazi erzählt es die Geschichte des Aufstiegs aus einer früheren Welt, darüber hinaus ist es ein Zeichen für den Kreislauf von Tod und Wiedergeburt, der sich auf ewig in der menschlichen Seele abspielt.

Die Schnecke steht auch in Beziehung zur Unterwelt, dem Ort, von dem die Menschheit zuletzt aufstieg, und zu dem wir wieder zurückkehren müssen, wenn wir durch den Prozess von Tod und Wiedergeburt gehen. Die Maya glauben, dass die Geister der Verstorbenen manchmal als Schmetterlinge oder Bienen wiederkehren. Wir könnten uns »Geier« als das Tageszeichen der Seelen der Verstorbenen vorstellen, die zu uns als Schwärme von Schmetterlingen beziehungsweise Bienen zurückkehren. Wer schon einmal in Yucatán war, wird sich sicherlich an die Schwärme von Schmetterlingen über den Friedhöfen erinnern.

Auch die Azteken kannten vier Weltenträger, die sie *tzitzimime* nannten. Diese galten als die Seelen von Frauen, die im Kindbett gestorben waren, und nun an Tagen, die nach dem Kalender als unheilvoll galten, auf die Erde herunterkamen, um Tod und Krankheit zu bringen. Daher ist es kaum überraschend, dass die Azteken dieses Tageszeichen unter die Herrschaft des Geiers stellten, der sich aus der Luft herabstürzt, um sich von Kadavern zu ernähren.

Der Geier ist ein Aasfresser und vertilgt die der Zersetzung ausgesetzten Überreste der Vergangenheit. (In den 30er-Jahren waren die Geier im mexikanischen Veracruz geschützt, weil sie höchst effektiv die Straßen sauber hielten.) Die Spiralform der Schnecke, welche die vier *Bacab* auf ihrem Kopf tragen, lässt den Schluss zu, dass dieses Tageszeichen eine ähnliche Funktion hat. Die Spirale ist ein Symbol für Wieder-Aufstieg und Wiedergeburt. Die Azteken – und vermutlich auch die Tolteken vor ihnen – legten großen Wert auf das Bekennen von Verfehlungen. Man glaubte, dass Sünden, zu denen man sich bekannt hatte, von Tlazolteotl, der Göttin der Sexualität und der Magie, »aufgefressen« wurden. Tlazolteotl hieß daher auch »Dreckfresserin«. Diese ungebärdige Göttin – sie erinnert ein wenig an die zornvollen weiblichen Gottheiten des hinduistischen und buddhistischen Tantra – war die Schutzherrin der Hexen und Zauberer. Ihre sexuelle Energie galt als ungezügelte, unkontrollierbare Kraft. (Das Tageszeichen *cib* heißt manchmal auch »Eule«, denn nach dem im Südwesten der USA verbreiteten Volksglauben nehmen Hexen oder *brujas* manchmal die Gestalt von Eulen an.) Dieser Göttin bekannten die Azteken auf dem Sterbebett ihre Sünden, ihr Karma (ihre Verunreinigungen) wurden von der Göttin verschlungen, die sie hierdurch erlöste. Die Azteken zollten so der verwandelnden Kraft der Dunkelheit ihre Anerkennung – ähnlich wie die Hindus der Göttin Durga oder Kali, die letztlich nicht als Furcht erregende Tänzerin im Schädelschmuck erscheint, sondern als schöne, göttliche Mutter des Kosmos. »Geier« ist das Tageszeichen, unter dem wir von den Resten unserer karmischen Muster gereinigt werden.

Der Weihrauch

CABAN

Weise und klug ...
Buch des Chilam Balam von Kaua

*Der Name für unsere Gedanken, unsere Art,
unser gewöhnliches Verhalten.*
Chichicastenango

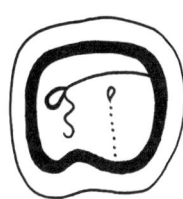 Das Thema des Aufstiegs zieht sich wie ein roter Faden durch alle mythologischen Erzählungen Mesoamerikas und des Südwesten der USA. Die Menschheit befindet sich in einem ständigen Aufstieg – vielleicht wäre der Ausdruck Evolution angebrachter – durch aufeinander folgende Welten, d. h. durch verschiedene kosmische Weltzeitalter. Das *Popol Vuh* berichtet von mehreren »Welten«, die der unseren vorausgegangen sind, und dem vergeblichen Versuch der Götter, ein Geschlecht von Menschen zu schaffen, das die heiligen Riten nicht vergessen und in Einklang mit dem gesamten Universum leben würde. Der aztekische Mythos gibt jeder dieser Welten den Namen eines Tageszeichens aus dem

Heiligen Kalender, dem er eine 4 voranstellt. Die erste Welt hieß 4 Jaguar, denn das war der Tag, an dem sie geschaffen wurde. Sie fand ihr Ende, als all ihre Bewohner von wilden Tieren verschlungen wurden. Die nächste Welt war 4 Wind – fürchterliche Stürme zerstörten sie. Die darauf folgende Welt war 4 Sturm – sie verbrannte in einem Feuerregen. 4 Wasser versank in einer Sintflut. Dann wurde die Welt geschaffen, in der wir jetzt noch leben: 4 Erdbeben, ihr entspricht das *caban* genannte Tageszeichen der Maya. Sie wird zu einem unbestimmten Zeitpunkt in der Zukunft durch gewaltige Erdbeben zerstört werden. (Manche datieren dieses Ereignis auf den 21. Dezember 2012, das Enddatum des Mayakalenders.)

Das aztekische Wort *ollin* heißt »Erdbeben«, bedeutet aber schlicht und einfach auch »Bewegung«. Die Azteken sahen in ihrer Sprache, dem Nahuatl, so etwas wie einen spirituellen Code. Viele mystische beziehungsweise religiöse Begriffe hatten in dieser Sprache eine geheime »innere« Bedeutung. So leiten sich beispielsweise ihre Wörter für »Leben« und »Herz« von *ollin* ab. Das »Erdbeben«, das durch das Tageszeichen *caban* symbolisiert wird, ist also nicht bloß das messbare Beben der Erdkruste, sondern eine Metapher für die Bewegung, den pulsierenden Rhythmus des Lebens.

Befragen wir ferner den Volksglauben der Maya, der sich um das Zeichen *caban* rankt, tut sich uns eine weitere Bedeutungsebene auf. Wörtlich bedeutet *caban* »Erde«, und das zugehörige Schriftzeichen zeigt eine Locke vom Haar der jungen Mondgöttin, die auch Maismutter, Erdgottheit und Schöpfergeist ist. Wieder tritt uns hier die Urmutter, die universelle Göttin des Neuanfangs, entgegen. *Caban* steht für die Schöpferkraft (die Mondgöttin beziehungsweise Urmutter), die im Schoß der Erde liegt. Die Lebenskraft, die sich in unserem Körper als *teyolia*, als im Herzen lebender »Seelenstoff«, manifestiert, soll ihren Wohnsitz in der Erde haben. Diese Kraft ist die Quelle aller Schöpfung, ihrer Aufwärtsbewegung entspricht im menschlichen Körper das Blut, das aufwärts gepumpt wird, in der Natur der Lavastrom, der bei einem Erdbeben emporgeschleudert wird.

Auf den ersten Blick könnte es so scheinen, dass die heutige Deutung dieses Tageszeichens erheblich von dem oben Gesagten abweicht. Die meisten Maya-Kalenderschamanen geben diesem

Tag den Namen »Weihrauch« und setzen ihn in Bezug zum Denken. Die Verbindung von Weihrauch und Geist ist bereits sehr alt, denn schon im *Chilam Balam von Chumayel* heißt es, dass »Weihrauch das Hirn des Himmels« sei. Wird er abgebrannt, steigt sein Rauch zum Himmel – genau so wie unsere Gedanken, wenn sie wahr und weise sind. Körperlich entspricht diesem Zeichen der Mund, aus dem unsere inspirierten Gedanken in Form unserer Rede strömen. Das gemeinsame Bild, das hinter Erdbeben, Weihrauch, Rede und Denken steht, gibt uns mehr als nur einen Hinweis auf die letztendliche Bedeutung dieses Tageszeichens: Es ist ein Symbol für die Schöpferkraft, die sich im Aufsteigen des Blutes zum Herzen und in der eruptiven Kraft eines Erdbebens ausdrückt, ein Symbol für die Kraft der Inspiration, die fruchtbare Eingebung, die alle Dinge ins Sein hebt.

Der Feuerstein

ETZNAB

Ein Heiler ... ein curandero ... und sehr tapfer.
Buch des Chilam Balam von Kaua

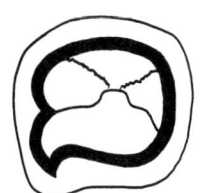 Alle Quellen sind sich einig, dass dieses Tageszeichen das Opfermesser symbolisiert, das uns mit der weniger schönen Seite der aztekischen Kultur, nämlich ihrer blutigen Leidenschaft für Menschenopfer, konfrontiert. Es ist eine traurige Tatsache, dass mehr oder weniger alle traditionellen Gesellschaften und religiösen Kulturen in irgendeiner Form Menschenopfer dargebracht haben: die Druiden in ihren heiligen Hainen, die Hindus mit der Witwenverbrennung und auch die alten Kulturen Mexikos und Perus. Im alten Mexiko scheinen Menschenopfer besonders intensiv betrieben worden zu sein, denn die uns noch erhaltenen Quellen berichten von Massenopferungen, bei denen Tausende ihr Leben lassen mussten. Allerdings trifft dies nur für die Zeit zu, in der das Aztekenreich seinen Niedergang fand. Anfangs bogen sich die Azteken in ihrem grenzenlosen Ehrgeiz die alten spirituellen Traditionen

123

Mexikos für ihre machtpolitischen Interessen zynisch zurecht und veranstalteten wahre Tötungsorgien. Doch am Ende bezahlten sie ihrerseits diese Praxis mit all dem Blut, in dem das so geschaffene Reich unterging.

Da sie im Bann des Menschenopfers standen, galt den Azteken »Feuerstein« beziehungsweise *etznab* als Glück verheißendster Tag von allen. Genau genommen ist *etznab* jedoch weniger ein Tageszeichen für Kampf und Gewalt, sondern ein Zeichen, das von menschlichem Leid und Leidensbewusstsein spricht.

Auf der Symbolebene hat das Opfermesser, das stellvertretend für dieses Tageszeichen steht, im Wesentlichen dieselbe Bedeutung wie das Schwert in anderen Religionen – das Christentum eingeschlossen (Im Sinne von: »Ich bin nicht gekommen, euch den Frieden zu bringen, sondern das Schwert.«). Das Messer teilt das menschliche Bewusstsein in den schmerzhaft erlebten Dualismus von Gut und Böse, Ja und Nein. Darum wurde »Feuerstein« einst auch in der Numerologie der Maya mit der Zwei in Verbindung gebracht. Wenn wir aus unserer ursprünglichen Einheit, unserer Bewusstheit der Ganzheit fallen, werden wir uns der Existenz von Gegensätzen bewusst – und dieser Prozess ist immer schmerzhaft. Aber wir brauchen dieses Wissen um Gegensätze, wir müssen dieses Opfer auf uns nehmen, um uns ethisch auf eine höhere Ebene zu entwickeln. Alle Religionen lehren einen paradiesischen Urzustand des ungeteilten Lebens, der verloren ging, als sich das dualistische Bewusstsein, die Unterscheidung von Gut und Böse, aus dem Mutterboden des Unbewussten löste. Wir müssen nun in einer Welt der Gegensätze agieren – diese Gegensätze sind eine notwendige Bedingung für unser Handeln.

Wir alle möchten den paradiesischen Urzustand wieder herstellen, und wenn wir unser Leben in den mühsamen Dienst der Arbeit an uns selbst stellen, wird uns das mehr oder weniger gelingen. Trotzdem werden wir in den Zustand des Verschmolzenseins nicht mehr wie in einen Mutterleib zurückkehren können. Wir leben in einer Welt der Gegensätze und haben unsere kindliche Unschuld verloren. Wenn wir zur Einheit mit dem Kosmos zurückfinden, so geschieht das nun auf einer ganz anderen Ebene. Wir sind unseren Kinderschuhen entwachsen und haben in der Welt des Ja und Nein gelebt, wo das Schwert herrscht, das den Mutterleib, in dem wir ursprünglich schlummerten, in zwei Hälften teilte. Wir können wie Buddha über alles Leiden hinausgehen, doch es wird uns immer bewusst sein, dass es existiert. Das ist die Lehre des Zeichens »Feuerstein«.

Das Messer dient dem Krieger wie dem Heiler – es ist ebenso das Werkzeug des Chirurgen wie des Kämpfers. Darum können wir im *Chilam Balam von Kaua* lesen, dass dieses Tageszeichen für den Heiler steht, den *curandero,* der mit seinem Messer den Krankheitsherd herausschneidet. Tatsächlich können wir das heilende Potenzial, über das jeder Mensch verfügt, erst dann erkennen, wenn wir uns der Dualität des menschlichen Lebens bewusst geworden sind. Das Schwert des Bewusstseins, das uns die Dualität spüren lässt, kann uns verletzen, aber es kann uns auch heilen.

Der Sturm

CAUAC

Der quetzal ist dein nagual ... sehr einfallsreich.
Buch des Chilam Balam von Kaua

Das Schriftzeichen für *cauac* zeigt ein eigenartiges grafisches Symbol, das manche Betrachter an Weintrauben erinnert. Es handelt sich hier jedoch nicht um Trauben, sondern um Wolken, die schwer vom Regen sind.

Das gleiche Motiv findet sich auch bei den Navajo und Pueblo-Indianern im Südwesten der USA, die es vermutlich von den Anasazi übernommen haben, deren Kultur stark altmexikanische Einflüsse aufweist. Hier bilden die Wolken jedoch eine Pyramide, welche die Indianer als »Wolkenterrasse« bezeichnen. Dass hier das Pyramidensymbol in Verbindung mit »Regen« erscheint, ist ein bedeutsamer Punkt. Wie wir bereits gesehen haben, ist die Pyramide ein Symbol für den Weltenberg und, im weiteren Sinn, für die Vitalkraft der Erde. Sie steht für jene Energie, die als *teyolia* bezeichnet wird und »im Herzen des Berges« schläft. Auch »Zeit« bildet eine Pyramide, die auf der Struktur des Universums aufbaut, nämlich die Pyramide der dreizehn Himmel. Dem Regen kommt in den spirituellen Traditionen Mesoamerikas und des amerikanischen Südwestens eine so zentrale Bedeutung zu, dass auch er als Pyramide dargestellt wird – ein weiteres Bild für die Lebensenergie, die dem ganzen Universum zu Grunde liegt und ihm Form gibt. Regen ist die Quelle allen Lebens.

Das Tageszeichen *muluc*, »Wasser«, steht in Analogiebeziehung zu Jade. Jade und Wasser haben die blaugrüne Farbe gemeinsam, ein Farbton, den man als gleichbedeutend mit dem Grün des Weltenbaumes sehen kann. Im Kreuz der vier Himmelsrichtungen ist Grün die Farbe des Zentrums. Tatsächlich leitet sich das Maya-Wort für Zentrum, *yaxkin*, von *yax*, »grün«, ab. Dieses Tageszeichen steht in symbolischer Beziehung zum grün gefiederten Quetzalvogel, der als der kostbarste aller Vögel gilt, so wie Jade als kostbarster Stein. Die Azteken gaben diesem Tageszeichen den Namen »Regen«, denn die befruchtende Kraft des Regens ist wesentlicher Bestandteil des »Grünen«, das zum Zentrum des Universums gehört.

Cauac ist nicht einfach nur Regen, es ist der Regensturm. Die Wolkenmassen (»Wasser« beziehungsweise muluc), die der Wind (ik) aufgetürmt hat, damit aus ihnen das Wasser strömt (»Sturm« beziehungsweise cauac), um so die Blumen (»Ahnen« oder ahau) hervorzubringen. Die Hauptgottheiten von »Sturm« sind die Regenschlangen, die ebenso über das Zeichen »Schlange« (chicchan) herrschen. Auch sie begegnen uns in ganz Mesoamerika und im amerikanischen Südwesten in vielfältiger Gestalt. Chac, der Regengott der Maya, herrscht über die rangniedrigeren *chac*, so wie Tlaloc, der Regengott des mexikanischen Hochlandes, seine Unter-Tlaloques hat. Die nämlichen Regengeister finden wir in den Mythen der Hopi und der Pueblo-Indianer als *kachinas* wieder. Die *kachinas* besitzen zwar keine Reptilien- beziehungsweise Schlangengestalt, aber ihre Beziehung zu Reptilien allgemein und besonders zu Schlangen ist trotzdem stark. Der berühmte Schlangentanz der Hopi ist im Wesentlichen ein Regentanz, denn die im Tanz auftretenden Klapperschlangen sind Boten, die den Regenkachinas mitteilen, mit welch großer Verehrung für die Geister die Hopi den Regentanz ausgeführt haben. Zum Dank dafür schicken die *kachinas* den Hopi Regen.

Blitze zucken am Himmel, wenn ein Sturm losbricht. »Schlange« steht in Verbindung mit Blitz und Regen, und dieselbe Verbindung mit Blitz finden wir auch bei »Sturm«. Dieses Tageszeichen bezeichnet jenen machtvollen Zeitraum, der überall auf der Welt gleich ist: Wolken türmen sich auf, Blitze zucken und der Regen geht nieder – ein wahrhaft schöpferischer Augenblick, der im Nachtgesang der Navajo wunderschön zum Ausdruck kommt:

Mit dem fernen Schwarz der dunklen Wolke über deinem
Kopf, komme zu uns mit Macht.

Mit dem fernen Schwarz aus Regen und Dunst über deinem
Kopf, komme zu uns mit Macht.

Mit dem Zackenblitz, der hoch über deinem Kopf zuckt,
Mit dem Regenbogen hoch über deinem Kopf,
komme zu uns mit Macht.

Die Ahnen

AHAU

Der Tag der Ahnen … Die Ahnen wissen bereits.
Momostenango

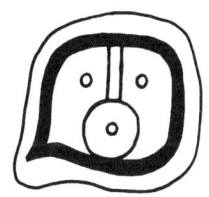

Dieses Tageszeichen, das letzte in der Runde des Heiligen Kalenders, galt den klassischen Maya als das heiligste von allen. Die Stadtstaaten der Maya wurden von mächtigen Königen, den *ahauob* (wörtlich »Herren«) regiert, die sowohl die religiöse wie die weltliche Macht innehatten. Sie waren die irdische Verkörperung von Göttern, Kanäle von Energie und Macht, Symbol für Leben und Gesundheit der Gemeinschaft. Wenn der *ahau* zur Spitze der Pyramide hinaufstieg, um dort die Rituale auszuführen, die den Fortbestand seines Reiches sicherstellten, stand er symbolisch am Gipfel des Weltenberges. Er wurde selbst zum Berg, zum Baum in der Mitte der Welt, zur Kraft beziehungsweise Energie, die alle Dinge durchdringt. Alle Religionen der Welt kennen und verwenden das Bild vom Weltenberg beziehungsweise Weltenbaum, Sinnbild für die Lebensenergie, die zusammengerollt wie eine Schlange am unteren Ende unserer Wirbelsäule schläft und von dort hinauf zu unserem Gehirn wandert, wenn wir sie erwecken. Die Fasten- und Gebetsübungen, die jedem Ritual der Maya vorangingen, dienten ohne Zweifel dem Zweck, im König diese Energie aus ihrem Schlaf zu erwecken. Der König stieg den Weltenberg beziehungsweise den Weltenbaum hinauf und machte sich so zu einem schamanistischen Kanal für die gesamte Energie, die in der Königswürde verkörpert war. Er stand in spiritueller und psychischer Verbindung mit den Ahnen, die ebenfalls als *ahauob* bezeichnet wurden – all jenen Frauen und Männern von großer spiritueller Kraft, die ihm vorausgegangen waren; Frauen und Männer, deren kollektive Energie als unterstützendes spirituelles Reservoir für das Volk galt. In gewissem Sinne war auch die Zeit ein *ahau*, ein Herr, denn jeder *katun* (Zwanzig-Jahres-Periode), der bedeutende Veränderungen in Politik und Geschichte hervorbrachte, wurde ebenfalls als *ahau* bezeichnet.

Dieses Tageszeichen steht für alles, was edel und vollendet ist, für die Welt der Ahnen, die hinter unserer gegenwärtigen Zeit steht. Es verbindet uns in einer endlosen Runde von Tagen mit der Vergangenheit. Traditionelle Maya in Guatemala, die den Kalender bewahrt haben, schmücken an diesem Tag oft die Gräber. Dadurch erneuern und verstärken sie die Verbindung mit den Geistern ihrer Ahnen. (Wie bereits erwähnt, nehmen die Ahnen oft die Gestalt von Insekten oder Schmetterlingen an – die leuchtend farbigen Schmetterlinge eben, die man auf den Friedhöfen der Maya so häufig sieht.)

Diese Art des Ahnenkultes erinnert an die Totentage, die überall in Mexiko gefeiert werden. An diesen Tagen streuen die Dorfbewohner gelbe Tagetes auf den Weg von den Gräbern ihrer Eltern und Großeltern zu ihren Häusern. Man glaubt, dass die Geister der Verstorbenen diesen Blumen zu ihren früheren Häusern folgen. Bei den Azteken hieß dieser Tag »Blume«, und es ist durchaus möglich, dass damit unter anderem auch die gelben Tagetes (gelb für die Sonne) gemeint waren, die den Ahnen den Weg zurück zu unserer Welt zeigten. Doch es gibt noch eine weitere Bedeutung: Die Maya glaubten, dass die Seelen der Ahnen als Blumen auf dem großen Weltenbaum erblühten.

Auf einer metaphorischen Ebene können wir diese Blume, die den Kalender abschließt, als Symbol für ein höheres Bewusstsein sehen, denn das Bild der Blume diente in vielen spirituellen Traditionen (hinduistisches Tantra, chinesische und abendländische Alchemie) als Sinnbild der Erleuchtung. Das individuelle Bewusstsein mit dem der Ahnen zu verbinden, ein Kontinuum zu schaffen zwischen persönlichem Bewusstsein und kollektivem Unbewussten könnte vielleicht so etwas wie eine Definition von Erleuchtung im Verständnis der Völker des alten Mesoamerika sein. Quetzalcoatl, die Gefiederte Schlange, lehrte, dass »Blumen« das beste Opfer an die Götter seien. Aztekische Dichter, die sich gegen Menschenopfer aussprachen, glaubten, dass die Blumen, von denen Quetzalcoatl sprach, Gedichte und Lieder seien, und dass das beste Opfer an die Götter aus echten Blumen sowie aus tief empfundenen, poetischen Gebeten und spirituellen Gesängen bestünde. Tatsächlich galt dieses Tageszeichen den Azteken als Zeichen der Dichter und Sänger.

Ob wir dieses Tageszeichen nun als Symbol für den König, für die Blumen, die Dichtung oder die Ahnen sehen, klar ist, dass es für den ekstatischen Prozess steht, der uns mit dem kollektiven Unbewussten verbindet und dem zyklischen Fluss der Zeit Ausdruck verleiht.

6

Die Astrologie der Maya

Die Maya-Astrologie der klassischen Periode war ein hoch komplexes System. Die Astronomen der Maya sahen in den Bewegungen der Planeten, die sie mit erstaunlicher Genauigkeit aufzeichneten, nicht nur den rhythmischen Lauf von Himmelskörpern, sondern ein Schauspiel, in dem sich die gesamte Schöpfungsgeschichte ständig von neuem am Firmament darbot.

Die Konjunktionen der Planeten* und die Zyklen des Ritualkalenders legten den Zeitpunkt für jedes größere Ereignis fest: Krönungsfeierlichkeiten, Kriege oder das rituelle Ballspiel. Eine Konjunktion von Venus und Jupiter beispielsweise galt als Sieg verheißend für Feldzüge. Die Maya glaubten, dass die Ereignisse am Himmel das Geschehen auf der Erde und das Schicksal der Menschen beeinflussen. Daher ist es gerechtfertigt, bei ihrer Sternenkunde eher von Astrologie als von Astronomie zu sprechen.

Das astrologische Wissen der klassischen Periode ist verloren gegangen. Hätte ein Astrologe in jenen Tagen ein Horoskop für ein Neugeborenes erstellt, hätte er viele Elemente zur Deutung heranziehen müssen: das Tageszeichen, die Bedeutung der 13-Tages-Periode, die Stellung der Planeten, das System der Sternzeichen der Maya (das 13 an Stelle von 12 Sternzeichen zählte) usw. Doch wie sieht es heute aus?

---

* Als Konjunktionen bezeichnet man den Abstand der Planeten von 0 Grad zueinander, d. h. bei einem Horoskop scheinen die Planeten übereinander zu liegen.

Die moderne Astrologie der Maya, die eigentlich keine »Astrologie« ist, denn sie arbeitet nicht mit den Planeten und ihren Konstellationen, fußt auf den Tageszeichen des Ritualkalenders. Martin Prechtel meint dazu: »In Guatemala begegnen dir an jeder Straßenecke Wahrsager und Astrologen. Sie verwenden alle möglichen Techniken, die allesamt nichts mit dem Kalender zu tun haben. Einige arbeiten mit zwei magnetischen Eisenstückchen, andere haben diese kleinen Vögel, die sich aus einem Haufen Samen bestimmte Körnchen herauspicken – wobei gesagt werden muss, dass diese Methode schon sehr alt ist und auf die Zeit der Kalenderentstehung zurückgeht. Die Astrologen selbst stellen von deinem Tageszeichen ausgehend verschiedene Berechnungen an und fertigen schließlich so etwas wie ein Horoskop.«

Die Methode, die ich im Folgenden beschreibe, ist unter den heutigen Maya-Astrologen sehr verbreitet. Sie wird als »Lesen des Lebensbaumes« bezeichnet. Wenn auch die Tageszeichen der vier Richtungen streng auf der überlieferten kosmischen Ausrichtung der Quiché-Schamanen beruhen und ich mich bei meiner Interpretation an die traditionellen Bedeutungen der Tageszeichen halte, kann ich keine Garantie dafür geben, dass das, was ich hier schreibe, mit dem übereinstimmt, was ein »Straßenwahrsager« in Guatemala sagen würde. Mir kam es in erster Linie darauf an zu zeigen, welche unendlichen Möglichkeiten an Kombinationen und Interpretationen die Archetypen des Ritualkalenders zulassen.

Zuerst müssen Sie Ihr Tageszeichen mit Hilfe der Kalendertabellen am Ende des Buches herausfinden. Nehmen wir beispielsweise an, Sie möchten das Tageszeichen einer Person ermitteln, die am 18. August 1961 geboren ist. Zu diesem Zweck suchen Sie zuerst das Jahr 1961 in den Tabellen des Maya-Kalenders. Nun gehen Sie die Datumsliste von oben nach unten durch und stellen fest, dass der 9. August in der Maya-Datierung 1 Feuerstein war, der 22. August 1 Affe. (Mit anderen Worten: Sie ermitteln die beiden »Eckdaten«, zwischen die der Geburtstag der Person fällt.)

Als nächstes brauchen Sie die Kalendertafel, die bereits in Kapitel 4 abgebildet ist (Abb. 7), hier nun auch auf der Seite 133 (Abbildung 10). Suchen Sie in dieser Tabelle die Spalte 1 Feuer-

Krokodil	1	8	2	9	3	10	4	11	5	12	6	13	7
Wind	2	9	3	10	4	11	5	12	6	13	7	1	8
Nacht	3	10	4	11	5	12	6	13	7	1	8	2	9
Eidechse	4	11	5	12	6	13	7	1	8	2	9	3	10
Schlange	5	12	6	13	7	1	8	2	9	3	10	4	11
Tod	6	13	7	1	8	2	9	3	10	4	11	5	12
Hirsch	7	1	8	2	9	3	10	4	11	5	12	6	13
Hase	8	2	9	3	10	4	11	5	12	6	13	7	1
Wasser	9	3	10	4	11	5	12	6	13	7	1	8	2
Hund	10	4	11	5	12	6	13	7	1	8	2	9	3
Affe	11	5	12	6	13	7	1	8	2	9	3	10	4
Straße	12	6	13	7	1	8	2	9	3	10	4	11	5
Mais	13	7	1	8	2	9	3	10	4	11	5	12	6
Jaguar	1	8	2	9	3	10	4	11	5	12	6	13	7
Adler	2	9	3	10	4	11	5	12	6	13	7	1	8
Geier	3	10	4	11	5	12	6	13	7	1	8	2	9
Weihrauch	4	11	5	12	6	13	7	1	8	2	9	3	10
Feuerstein	5	12	6	13	7	1	8	2	9	3	10	4	11
Sturm	6	13	7	1	8	2	9	3	10	4	11	5	12
Ahnen	7	1	8	2	9	3	10	4	11	5	12	6	13

Abbildung 10: Die Kalendertafel

stein und zählen Sie von hier ab weiter*: der 9. August ist also 1 Feuerstein, der 10. August 2 Sturm usw., bis Sie schließlich beim 18. August = 10 Hirsch angelangt sind. Fällt der Geburtstag auf Ende Februar oder Anfang März eines geradzahligen Jahres, müssen Sie sich vergewissern, ob es sich nicht um ein Schaltjahr handelt, denn das könnte alle Ihre Berechnungen über den Haufen werfen. (Schaltjahre sind in den Kalendertabellen im Anhang mit einem Sternchen * gekennzeichnet.)

10 Hirsch ist also das Tageszeichen für unsere am 18. August 1961 geborene Person. Dieses Tageszeichen ist das wichtigste Element in der Interpretation des Lebensbaumes, denn das Zeichen, das den Tag der Geburt beherrscht, prägt alle, die an diesem Tag geboren sind, mit seiner Energie und Kraft – oder, mit einem Maya-Ausdruck, mit seinem *nagual*.

Die Tageszeichen des Ritualkalenders haben ihre Namen von bestimmten Tieren beziehungsweise Naturkräften. Wie in Kapitel 3 erwähnt, hat ein Mensch, der unter dem Zeichen des Krokodils geboren ist, das Krokodil zum *nagual*. Ist jemand unter »Sturm« geboren, ist sein Totem eine Naturenergie – ein Wolkenbruch oder Blitzschlag. Der Tag des *tzolkin*, an dem wir geboren wurden, bestimmt den uns innewohnenden Geist, der uns führt. Der Tzolkin-Tag unserer Geburt gibt uns sein »Gesicht«.

Nachdem wir unser elementares Tageszeichen ermittelt haben, das unser Schicksal lenkt, wollen wir herausfinden, welche vier weiteren Tageszeichen unseren Lebensbaum vervollständigen. Eine Lebensbaum-Lesung beruht auf den gleichen Grundprinzipien, die wir schon bei der Betrachtung des schamanischen Weltbildes der Maya kennen gelernt haben. Unser elementares Tageszeichen ist der Mittelpunkt eines Kreuzes beziehungsweise Medizinrades oder Lebensbaumes, das insgesamt fünf Zeichen umfasst: je eines für die vier Ecken der Welt und eines für die Mitte. Das Zeichen des Tages, an dem wir geboren wurden, liegt in der Mitte.

Die folgende kleine Übung hilft uns, das dahinter liegende Konzept zu verstehen.

---

* Zählen Sie nach unten bis ans Ende der Spalte und weiter von oben nach unten in der nächsten Spalte. So folgen Sie auch immer der Reihenfolge der Zahlen 1–13.

Übung:
Der Baum des Lebens

1. In Kapitel 3 haben wir gelernt, uns an den vier Richtungen zu orientieren. Wir stellen uns wieder aufrecht hin und blicken nach Osten. Unsere Arme haben wir seitlich ausgestreckt, so dass unser Körper ein Kreuz bildet. Wir stellen uns vor, dass vor uns im Osten unsere Zukunft liegt, mit allem, was dazu gehört: unsere Kinder, all unsere Nachfahren, unsere sämtlichen zukünftigen Leben. Hinter uns im Westen sind alle unsere Vorfahren und unsere früheren Existenzen. Zu unserer Rechten, im Süden, liegen alle unsere männlichen Qualitäten sowie all die Männer, denen wir im Laufe unseres Lebens begegnen. Zu unserer Linken, also im Norden, befinden sich alle unsere weiblichen Qualitäten und alle Frauen, mit denen wir zusammentreffen.

2. Als Nächstes stellen wir uns vor, dass sich in unserem Herzzentrum, dem wahren Mittelpunkt unseres inneren Lebensbaumes, auch unser Tageszeichen befindet. (Wie beispielsweise 10 Hirsch im obigen Beispiel.)

3. Hinter uns im Westen befindet sich ein weiteres Tageszeichen, es steht für unsere Vergangenheit.

4. Vor uns im Osten liegt das Tageszeichen, das unsere Kinder und unsere Zukunft symbolisiert.

5. Zur Rechten im Süden liegt die Kraft der rechten Hand, das Tageszeichen, das die männliche beziehungsweise Yang-Energie unserer Seele repräsentiert.

6. Zur Linken im Süden liegt ein weiteres Tageszeichen, die Kraft der linken Hand. Sie stellt unsere weibliche oder Yin-Energie dar.

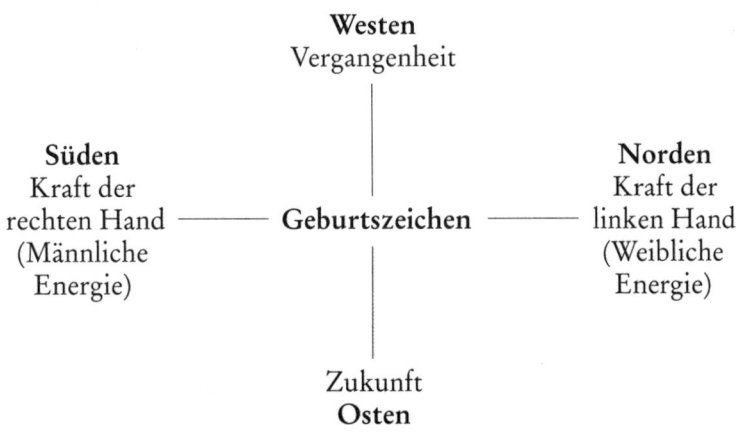

Abbildung 11: Diagramm des Lebensbaumes der Maya

Abbildung 11 zeigt den Aufbau des Lebensbaumes mit seinen einzelnen Ästen. Im nächsten Schritt müssen wir herausfinden, welche speziellen Tageszeichen nun die einzelnen Zweige unseres persönlichen Lebensbaumes besetzen.

Welche Tageszeichen in den vier Ecken der Welt um uns und unser elementares Geburtszeichen herum angesiedelt sind, ermitteln wir mit Hilfe einer Berechnung, die auf der zahlenmagischen Bedeutung der 7 und der 9 beruht. Zur Erläuterung greifen wir wieder auf unser obiges Beispiel einer Person zurück, die an 10 Hirsch geboren ist.

◎ Nun brauchen wir wieder die Kalendertafel (Abb. 7 oder 10). Wir suchen das Datum 10 Hirsch und zählen von hier aus 9 Tage zurück*. So erhalten wir das Zeichen für unsere Vergangenheit, die in der Zeichnung für den Weltenbaum über dem Geburtszeichen steht: 2 Sturm.

◎ Dann zählen wir von 10 Hirsch aus 9 Tage nach vorne und erhalten das Zeichen für unsere Zukunft, das in der Zeichnung unterhalb unseres Geburtszeichens steht**: 5 Adler.

---

* Sie zählen von 10 Hirsch = 1 die Spalte nach oben und weiter von der vorherigen Spalte wieder von unten nach oben. So verfolgen Sie die Reihenfolge der Zahlen 1–13 rückwärts.

** Sie zählen ab 10 Hirsch = 1 die Spalte nach unten.

- Als Nächstes zählen wir von 10 Hirsch aus 7 Tage zurück und kommen zum Zeichen 4 Krokodil, dem Zeichen für unsere Kraft der rechten Hand, Symbol für unsere männlichen oder Yang-Energien. (In der Abbildung links neben dem Geburtszeichen.)
- Im letzten Schritt zählen wir von 10 Hirsch aus 7 Tage nach vorne und kommen zu 3 Mais, dem symbolischen Zeichen für die Kraft unserer linken Hand und unsere weiblichen oder Yin-Energien. (In der Abbildung rechts neben dem Geburtszeichen.) Hiermit ist das Diagramm des Lebensbaumes vollständig. (Siehe Abb. 12)
- Nachdem wir unseren Lebensbaum fertig gestellt haben, können wir darangehen, ihn zu lesen, das heißt zu interpretieren. Einige grundsätzliche Anleitungen und Deutungen zu den einzelnen »Bäumen« folgen im Anschluss. Tiefer gehende Informationen aus unserem Lebensbaum können wir jedoch erhalten, wenn wir zur Deutung auch die Zahlensymbolik heranziehen.

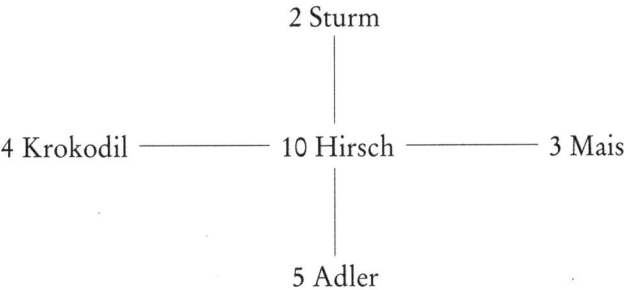

Abbildung 12: Der Lebensbaum, berechnet für den Geburtstag an 10 Hirsch.

Macht man sich einmal die Mühe zu überprüfen, wie sich die elementare Kreuzform, d. h. der individuelle Lebensbaum, eines Menschen aufbaut, der unter dem Zeichen »Hirsch« geboren ist (egal, welche Zahl dem Zeichen vorausgeht), wird man feststellen, dass der »Bauplan« immer der gleiche ist: Krokodil liegt immer rechts, Mais links usw.

Unsere Beschäftigung mit den symbolischen und mythologischen Entsprechungen des Zeichens »Hirsch« sowie seiner divinatorischen Aspekte legt die Deutung nahe, dass es sich bei der betreffenden Person um einen starken Charakter handelt, sei es auf der spirituellen als auch auf der weltlichen Ebene. Ebenso dürfte es sich bei ihr um einen eher positiv eingestellten, zuverlässigen Menschen handeln, der nicht dazu neigt, seine Kraft zu missbrauchen, da er sich mehr auf »weibliche« Intuition stützt denn auf »männliche« Durchsetzungskraft. Wie kommen wir zu dieser Deutung? Nun, »Mais« ist eine Energie, mit der sich viel leichter arbeiten lässt als mit der Energie des Krokodils, die schon mal über die Stränge schlägt, wenn man es nicht versteht, sie im Zaum zu halten. Er oder sie wird vermutlich immer wieder starke Frauen, das »Brot des Lebens«, und schöpferische, leicht bizarre Männer, die manchmal auch ein wenig verrückt oder unehrlich sein können, anziehen. Ferner zeigt uns das Diagramm, dass der »Hirsch«, der fest in der Gegenwart verankert ist, sich auf eine kraftvolle Zukunft zubewegt, wie sie sich im Bild des in den Lüften schwebenden Adlers zeigt (welches auch für die Kinder der betreffenden Person steht). »Sturm«, das Zeichen für Vergangenheit, könnte auf ein problematisches, unter Umständen stark belastendes Familienkarma hinweisen. Wenn also ein »Hirsch« daran scheitert, die gesamte Breite seines Potenzials zu leben, könnte es sein, dass der Sog aus altem Karma zu stark ist. Wie können wir aber noch Genaueres erfahren?

Die Zahlen in Verbindung mit den Tageszeichen geben unseren Interpretationen mehr Spielraum und Tiefe, da sie uns insgesamt 260 verschiedene Kombinationsmöglichkeiten an die Hand geben. Ist jemand an 10 Hirsch geboren, ist die Zahl in Verbindung mit seinem Zukunftszeichen (5 Adler) höher als die Zahl, die mit dem Zeichen der Vergangenheit verknüpft ist (2 Sturm). Das bedeutet, dass die Zukunft mehr Kraft hat als die Vergangenheit. Ist nun jemand an 8 Hirsch geboren, ist sein Zeichen für die Vergangenheit 13 Sturm, das für die Zukunft 3 Adler. In diesem Fall dürfen wir mit einigem Recht annehmen, dass sich hier Probleme aus der Vergangenheit stärker bemerkbar machen als zukünftige Tendenzen. Nach demselben Prinzip können wir auch das Maß des Gleichgewichts zwischen männlichen und weiblichen Energien untersuchen.

Der Lebensbaum nach dem astrologischen System der Maya erlaubt zwar nicht so vielschichtige Deutungen wie ein traditionell abendländisches Horoskop mit seinen zehn Planeten, zwölf Häusern und zwölf Sternzeichen, trotzdem eignet sich diese Technik für praktische Zwecke gut. Im schamanistischen Weltbild gibt es nichts ewig Festes oder Unveränderliches. Alles ist ein Werkzeug der Erkenntnis.

So könnte sich jemand, der unter dem Zeichen »Hund« geboren ist, vielleicht Sorgen machen, was seinen Lebensweg angeht. »Hund« symbolisiert sinnliche Energie, die so stark werden kann, dass sie sich nicht mehr kanalisieren lässt. Dasselbe gilt für »Eidechse«, das zugehörige Zeichen für die Energie der rechten Hand. »Feuerstein«, das entsprechende Zukunftszeichen, ist ebenfalls eine Energie, die den Betreffenden vor Probleme stellen kann, denn es braucht sehr viel Weisheit, um den Zorn und die Kampfbereitschaft dieses Zeichens in die Kraft des Heilens umzuwandeln – besonders, wenn das Zeichen für altes Karma, der tobende »Wind«, anzeigt, dass auf der seelischen Ebene noch zornbedingte »Erblasten« bestehen. Ist man also unter dem Zeichen »Hund« geboren, sollte man sich darauf konzentrieren, seine weiblichen Energien zu stärken – »Geier«, das Zeichen zur Linken, ist von gelassener Toleranz. Wenn wir uns in dieser Tugend schulen, werden uns viele Schwächen von unserer Umwelt vergeben.

An dieser Stelle möchte ich noch einmal daran erinnern, dass die Astrologie der Maya eine schamanische Technik ist. Wir sollen sie für unser Wachstum verwenden und kein Glaubenssystem daraus machen, dem wir blind folgen.

Das Krokodil

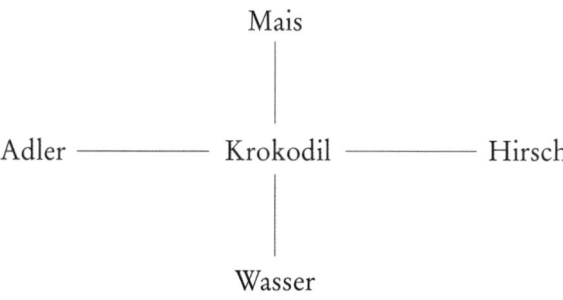

Mais
|
Adler ——————— Krokodil ——————— Hirsch
|
Wasser

Am Anfang einer Bewusstwerdungsphase ist das Ego beziehungsweise der Sinn für die eigene Individualität noch schwach entwickelt. Das ins Leben tretende neue Ich beziehungsweise bewusste Selbst hat sich noch nicht vollständig von den tiefen Gewässern des kollektiven Unbewussten abgenabelt und unterliegt daher leicht den Einflüssen der vorherrschenden Denkmuster seiner Umwelt. »Krokodil« ist das symbolische Bild für die Urenergie, welche die Wurzel aller Dinge ist. Menschen, die unter diesem Zeichen geboren wurden, haben oft das Gefühl, dass ihre Verbindung zur Welt der Träume, zu Magie und Mysterium weit stärker ausgeprägt ist als ihr Bewusstsein, ein individuelles Selbst zu sein. Orson Welles (4 Krokodil), bestens bekannt für seine filmischen Leistungen, stand darüber hinaus auch im Ruf, das zweite Gesicht zu besitzen. Die Karriere von Walt Disney (5 Krokodil) gründet gänzlich auf seinem Zugang zur Welt der Visionen und Träume. Dasselbe gilt für den geradezu surrealistischen Regisseur Federico Fellini (8 Krokodil).

Die Maya sagen, dass Krokodile »von den Jahresträgern mühelos zu beherrschen« sind. Damit ist gemeint, dass sie sehr leicht den Einflüssen des Zeitgeistes mit all seinen Sinnesreizen und der sie umgebenden Bilderflut unterliegen. Dieses vom Zeitgeist Beherrschtwerden kann sich durchaus zum Vorteil auswirken, denn dem Krokodil ist es möglich, zur Verkörperung der positiven Tendenzen zu werden, die in den jeweils vorherrschenden geistigen Strömungen angelegt sind – siehe Orson

Welles oder Walt Disney. Darum nennt das *Buch des Chilam Balam von Kaua* Krokodile den »Mais zum Brotbacken«, d. h. die innere Substanz der Materie. Krokodile sind wie ein Spiegel, der mühelos alles, was in einer Gesellschaft wertvoll ist, reflektiert. Das gilt ganz besonders, wenn sie sich auf ihre starken familiären beziehungsweise kulturellen Wurzeln besinnen, die sich im Zeichen für die Vergangenheit, »Mais«, ausdrücken. Derselbe positive Geist wird auch spürbar, wenn sie »Adler«, die Kraft ihrer rechten Hand, aufrufen, um in der Außenwelt ebenso energisch wie zielbewusst zur Sache zu gehen und ihr natürliches Gefühl für Wohlergehen und Würde zu vermehren. Das Zeichen »Hirsch«, Symbol für die Kraft ihrer linken Hand, verleiht ihnen Zugang zu einer ebenso mächtigen wie geheimnisvollen Energiequelle (die wir auch intuitiv nennen können). Im Falle von Orson Welles waren Adler und Hirsch ausgesprochen mächtig.

Genauso leicht wie Krokodile die besten Seiten einer Gesellschaft widerspiegeln können, genauso schnell können sie zur Verkörperung ihrer Nachtseite werden. Ganz im Bann der magischen Bilderwelt, die aus dem kollektiven Unbewussten auftaucht und ihr buntes Spiel entfaltet (in unserer westlich geprägten Gesellschaft sind hier Kino, Fernsehen und die Werbewelt zu nennen), driften sie nur allzu leicht in eine irreale Traumwelt ab. Ihr Zukunftszeichen »Wasser« ist dafür berüchtigt, unter ungünstigen Umständen diese Art von Verwirrung hervorzurufen. Der Milliardär Howard Hughes (3 Krokodil) verbrachte die letzten Jahre seines Lebens – völlig versunken in seine psychische Schattenwelt – damit, sich immer wieder den Film *Eisstation Zebra* anzusehen und über die Schädlichkeit von Viren und Keimen zu brüten.

Für gewöhnlich wird ein Gefühl der Hingabe an die spirituellen Dimensionen des Lebens das Krokodil davor bewahren, in die Urtiefen des Unbewussten zurückzufallen. Macht es von den starken positiven Energien zu seiner Rechten beziehungsweise Linken, also von Adler und Hirsch, rechten Gebrauch, so kann das Krokodil fähig werden, etwas von der Schönheit und dem Glanz des jenseitigen Meeres, dem Reich des Urkrokodils, in unsere Welt zu bringen. So verwirklicht es das höchste Potenzial, das im Tageszeichen Wasser angelegt ist – die Rolle des Sehers und Sängers, der die Reinheit und Klarheit des unergründlichen kosmischen Meeres widerspiegelt.

Berühmte Krokodil-Geborene:
◎ Mircea Eliade (1)
◎ Howard Hughs (3)
◎ Orson Welles (4)
◎ Walt Disney (5)
◎ Federico Fellini, Woody Allen (8)

Der Wind

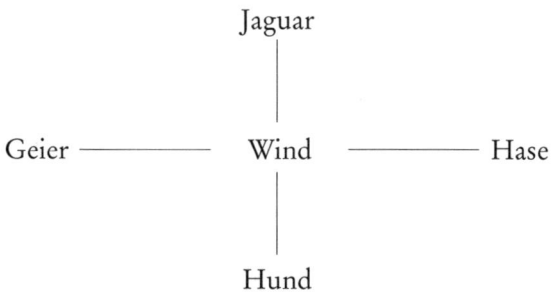

»Wind« steht für die Kraft, die das Leben schafft und die uns alle beseelt. Ein Überschuss dieser Energie jedoch kann uns überheblich und eingebildet werden lassen. Das geschieht immer dann, wenn der Einzelne sich selbst (und damit ist in diesem Fall schlicht das Ego gemeint!) als den Urheber und die Quelle aller Inspiration und der Energie sieht, die uns so reichlich durchflutet. Sieht man das eigene Ego als den Ursprung dieser vitalen Schöpferkraft, ist der Weg zu ihrem Missbrauch nicht mehr weit. Darum bringen die Kalenderschamanen dieses Tageszeichen mit Diktatoren und Despoten in Verbindung, die Lateinamerika in allen Variationen aufzuweisen hat.

Wer unter dem Zeichen des Windes geboren ist, sollte sich stets vor Augen halten, dass der »göttliche Odem«, d. h. die Lebensenergie, die ihn mit solcher Kraft erfüllt, nicht die Stärke seines Egos ist. Diese Energie ist vielmehr seine Verbindung zur Quelle allen Lebens. Wer diese Wahrheit im Herzen behält, erlangt schier unendliche Kraft, um damit zum Wohle der Welt zu wirken, denn das Energiepotenzial, auf das er zugreifen kann, ist unerschöpflich. Die tiefgründige Weisheit des »Jaguars«, des Zeichens seiner Vergangenheit, lehrt den Wind, sich seiner Verpflichtungen gegenüber der spirituellen Welt bewusst zu sein. Um diese Aufgabe erfüllen zu können, muss der Wind mehr als alles andere lernen, seinen Zorn in den Griff zu bekommen. Menschen, die unter dem Zeichen des Windes geboren sind, wüten tatsächlich oft wie ein Orkan, der alles niederreißt. An dieser Stelle sei an Elizabeth Taylor (9 Wind) erinnert, deren Wutanfälle legendär sind, oder an den geifernden amerikanischen Fernsehprediger Billy Graham (11 Wind).

Traditionelle Kalenderschamanen raten geplagten Eltern, das Mütchen ihrer jähzornigen »Wind«-Kinder nicht mit dem Rohrstock zu kühlen, sondern mit der *xibirib,* einer mimosenartigen Pflanze, die so feinfühlig ist, dass sie ihre Blätter schon bei der leisesten Berührung einrollt. So wird das sanfte, nachgiebige Wesen der Pflanze Teil des ungestüm wütenden »Wind«-Naturells.

Zum Glück sind die Zeichen für die Kraft der linken beziehungsweise rechten Hand des Wind-Geborenen von relativ friedlicher und sanfter Art. »Geier« ist gutmütig (freilich manchmal etwas faul), während »Hase« ein sinnliches Zeichen ist, das die guten Dinge dieser Welt liebt. Wind-Geborene können auf die Hilfe dieser Energien zurückgreifen, um zu lernen, die stillen, liebevollen und sanftmütigen Seiten des Lebens besser zu schätzen.

Ihr Zukunftszeichen ist der »Hund«, und dieses Symbol gibt uns einen Hinweis auf die beiden möglichen Wege, die vor dem Wind-Geborenen liegen. Folgen sie weiter ihrer Haudegen-Seite, die sich wild durchs Leben schlagen will und ihre ganze Kraft darauf verwendet, ihr kleines Ich (zumindest zeitweise) zufrieden zu stellen, dann ist die Wahrscheinlichkeit groß, dass sie die schlimmsten Eigenschaften dieses Zeichens annehmen und einen Pfad wählen, der zu einem Leben voller Ausschweifung und Konflikte führt. Aber Hund ist ebenso – wie auch Geier und Hase – ein Zeichen, das die Fähigkeit besitzt zu erkennen, welch stille, erleuchtete Freude in den kleinen Dingen des Lebens liegt und welch spirituelle Schönheit aus unseren täglichen Verrichtungen erwachsen kann. Wenn der Wind-Geborene lernt, dem Sturm in seinem Inneren Ruhe zu gebieten, so kann auch er zu jenem wärmenden Hauch werden, den ein gutes Leben verströmt.

Berühmte Wind-Geborene:
◎ Michael Jackson (4)
◎ Elizabeth Taylor, Hillary Clinton (9)
◎ Billy Graham (11)

Die Nacht

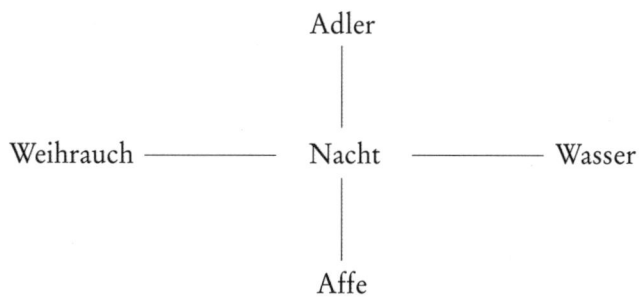

Die Maya sagen, dass »Nacht«-Geborene – unabhängig von ihrem Geschlecht – von einer gewissen femininen Weichheit sind. Wer unter diesem Zeichen geboren ist, hat einen guten Zugang sowohl zu den Yin- wie auch zu den Yang-Aspekten der Weisheit. Nacht-Geborene verstehen es bestens, sich mündlich und schriftlich auszudrücken, denn sie besitzen eine außergewöhnliche Sprachbegabung – was uns nicht weiter überrascht, ist doch ihre Kraft der rechten Hand der Weihrauch, das Zeichen des Denkers, und zur Linken steht das Wasser, das Symbol der Phantasie und der Dichtung. Jack Kerouac, der literarische Feuerkopf, das Sprachrohr der Beat-Generation, ist an 10 Nacht geboren, der Mythologe Joseph Campbell, dessen rhetorische Fähigkeiten ebenso legendär sind wie sein Fachwissen, an 2 Nacht.

Die Biographie Campbells zeigt anschaulich, dass hinter den funkelnden Sprachjuwelen und dem sanften Äußeren des typischen Nacht-Geborenen ebenso stille wie tiefe Wasser liegen. Ein Teil der Persönlichkeit von Nacht-Geborenen steht immer mit der Anderswelt in Verbindung, was nicht zu übersehen ist. Manchmal kann sich diese Fähigkeit auch negativ äußern, denn Nacht-Geborene vermögen mit der gleichen Leichtigkeit, mit der sie Worte der Weisheit und Wahrheit sprechen, ein Netz aus trügerischen Hirngespinsten zu weben. Ihre Rede kann ebenso scharf und verletzend wie heilend und inspirierend sein. Manchmal können sie auch trübsinnig und weinerlich werden. Sehr unglücklich veranlagte Nacht-Geborene verfallen mitunter der Spielsucht, andere werden kriminell, wenn sich in ihnen der scharfe Verstand des »Weihrauchs« und die Listigkeit des »Affen« zur durchtriebenen Schlauheit des professionellen Diebes vermischen. Unter diesem Zeichen findet man aber auch – mehr als in jedem anderen – die Verbindung von spiritueller Weisheit mit primitivster Sinnlichkeit. Hinter ihm steht das Zeichen »Adler«, das mit Macht nach allem verlangt, was es begehrt – seien es materielle Güter oder Weisheit. Nacht-Geborene werden zielsicher ihr »übersinnliches« Charisma einsetzen, um das zu bekommen, was sie begehren – ganz zu schweigen von der Klugheit, die als Kraft ihrer rechten Hand wirkt (Weihrauch), und der Raffinesse ihres Zukunftszeichens (Affe).

Worauf richtet sich nun das Begehren des Nacht-Geborenen? Die Entscheidung liegt bei ihm, und eines Tages muss er darüber Rechenschaft ablegen; so, wie es die heroischen Zwillingsbrüder tun mussten, als sie die Nachtphase der menschlichen Erfahrung durchschritten und in den kalten und tückischen Häusern der Unterwelt verweilten. Wenn es ihre Bestimmung ist, mit den Energien der so genannten »realen Welt« zu arbeiten, dann sind sie hierbei für gewöhnlich sehr erfolgreich, denn Nacht-Geborene haben – nach Meinung der Maya – eine Veranlagung zum Reichtum. Schließlich haben sie eine geheimnisvolle Verbindung zu der alten Erdgottheit Pacal Votan, deren kostbare Jadeschätze verborgen im Schoß der Erde liegen.

Nacht ist eines der Zeichen, die den Geborenen mit der Kraft des »Körperblitzes« versehen. Nach Auffassung der Quiché-Maya sind sie hervorragende Schamanen und Seher, wie man es von Menschen, deren spirituelle Bestimmung es ist, in die Unterwelt zu reisen, um dort nach Weisheit zu suchen, erwarten kann. – Joseph Campbell beispielsweise hat sich den Ruf erworben, ein moderner westlicher Weiser zu sein. – Besonders begabt sollen Nacht-Geborene mit der Fähigkeit zu spiritueller Dichtung und religiösem Gesang sein. Menschen, die es verstehen, die alten Liebes- und Hochzeitslieder zu singen und Gebete an die alten Geister zu verfassen. Jack Kerouac zum Beispiel verstand es, seinen Texten einen beschwörenden, fast schamanischen Ton zu verleihen. Nacht-Geborene, die nach dem Erwerb von Wissen streben und nicht nach materiellen Gütern, können sehr mächtige und ungewöhnliche übersinnliche Fähigkeiten erlangen. Wahrscheinlich entfalten sie auch einige künstlerische Talente. Dabei haben sie nicht nur Weihrauch und Wasser als mächtige Helfer zur Rechten und zur Linken, sondern sie gehen auch geradewegs auf ihr Zukunftszeichen Affe zu, den Inbegriff des vollendeten Künstlers.

Berühmte Nacht-Geborene:
◎ Joseph Campbell (2)
◎ Jack Kerouac (10)
◎ Kevin Costner (11)

Die Eidechse

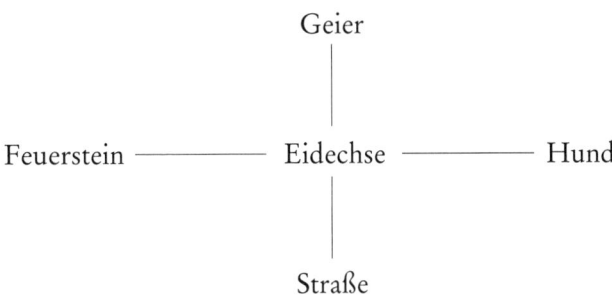

Geier

Feuerstein ——— Eidechse ——— Hund

Straße

Das *Buch des Chilam Balam von Kaua* versichert, dass unter dem Zeichen »Eidechse« Geborene sowohl Reichtum als auch Weisheit erlangen, sie zu »Meistern aller Künste« werden, und die »kostbaren Singvögel seine Vögel sind«. Eine passende Prophezeiung für alle, die an diesem Tag geboren sind, der wie kein anderer mit Fruchtbarkeit und Wachstum in Verbindung steht. Eidechsen können tatsächlich all diese Wohltaten erlangen, wenn sie darauf achten, nicht von ihrem wahren Weg abzukommen, und ihr letztendliches Ziel im Auge behalten, das sich im Tageszeichen »Straße« ausdrückt. Von einem höheren Standpunkt aus betrachtet ist die Straße des Lebens ihr Pfad, und einige Eidechsen wie beispielsweise Martin Luther King Jr. (2 Eidechse) und Henry Kissinger (9 Eidechse) haben in ihren gesellschaftlichen Aktivitäten ein entsprechend starkes Verantwortungsbewusstsein gegenüber ihrer Aufgabe gezeigt.

Im besten Fall sind Eidechsen erdverbundene Typen von guter Gesundheit, Eigenschaften, die sozusagen zum reichen Erbgut der Eidechse gehören. Die Sexualität der Eidechse dürfte ebenfalls sehr ausgeprägt sein. (Bei den Maya der klassischen Zeit war die Eidechse mit dem Süden verbunden, einer Himmelsrichtung, über die in der heutigen Zeit die bekehrte Sünderin Maria Magdalena herrscht.) Die Azteken ordneten die Eidechse der Beckenregion zu, in der die Sexualität ihren Sitz hat. Eidechsen haben oft wenig Kontrolle über ihre leidenschaftliche Seite – besonders, da ihr Vergangenheitszeichen der ebenso träge wie sinnliche Geier und die Kraft ihrer linken Hand der stark erotisch gestimmte »Hund« ist. Der Rockstar Jim Morrison (4 Eidechse) war bekannt für seine unstillbaren sexuellen Gelüste, und sogar Martin Luther King, der ja ohne Zweifel eine sehr hoch entwickelte Eidechse war, stand im Ruf, ein Frauenheld zu sein.

Die Eidechse hat wie alle anderen Tageszeichen auch ihre besonderen Stärken – selbst wenn diese eher von dieser Welt zu sein scheinen. Eidechsen sind gute Arbeiter, besonders, wenn es sich um Tätigkeiten unter freiem Himmel draußen in der Natur handelt. Sie blühen auf, wenn man ihnen einen Hammer und ein paar Nägel gibt, oder einen Garten, den sie bestellen können. Sie suchen das heilsame Licht der Sonne, das schummrige Dunkel von Nachtklubs und Bars ist ihnen fern. Eidechse ist von ihrer Anlage her ein Zeichen mit guter Gesundheit, die ja tatsächlich ein Segen ist. Eidechsen brauchen Licht, eine natürliche Umgebung und saubere Luft, um sich wirklich gesund und reich zu fühlen.

Ihre Schwächen sind so erdhaft wie ihre Stärken: Neben ihrer ausgeprägten Sinnlichkeit besteht eine gewisse Anfälligkeit, sich zu verschulden, denn sie können ihre Ausgaben oft ebenso wenig kontrollieren wie ihre sexuellen Leidenschaften. »Geier« als Symbol ihrer Vergangenheit und »Hund« als Zeichen der Kraft ihrer linken Hand machen sie in starkem Maße anfällig für eine lasche Haltung sowohl in Geldfragen als auch in sinnlichen Belangen. Manche Eidechsen gehen im Ausleben ihrer Sinnlichkeit bis an die äußersten Grenzen, so wie beispielsweise Jim Morrison, der sich selbst den »Lizard King«, also den Eidechsenkönig, nannte.

Wer unter diesem Zeichen geboren ist, wird immer eine Neigung verspüren, Beziehungen zu mehreren Partnern aufzunehmen oder seinem Partner untreu zu werden. Ein solches Verhalten kann wenig heilsam sein und die Eidechse unter Umständen sogar in Schwierigkeiten bringen, da es die nicht ungefährliche Energie der rechten Hand, den »Feuerstein«, aktiviert, was zu ernsthaften Konflikten führen kann. Gelingt es ihr, ihre überbordenden Vitalkräfte zu kanalisieren und produktiv zu nützen, dann erlebt sie, wie sich die Prophezeiungen des *Chilam Balam* an ihr bewahrheiten: Sie wird Meister in dem Fach, das sie gewählt hat, erlangt Reichtum und Wohlstand, und die »kostbaren Singvögel« werden für sie singen. Gibt sie jedoch stets ihren sinnlichen Neigungen nach, wird sie immer in Schulden beziehungsweise in anderen Schwierigkeiten stecken.

Berühmte Eidechsen-Geborene:
- ◎ Martin Luther King Jr. (2)
- ◎ Königin Elizabeth II (3)
- ◎ Jim Morrison (4)
- ◎ Bill Cosby (8)
- ◎ Henry Kissinger (9)
- ◎ Israel Regardie (11)

Die Schlange

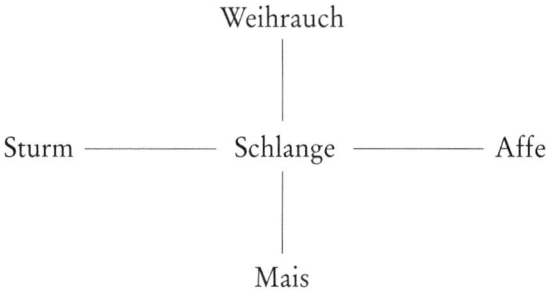

Die Quiché-Maya glauben, dass Menschen, die unter dem Zeichen »Schlange« geboren sind, über außergewöhnliche Kräfte verfügen. Besonders sollen sie im Besitz von *coyopa,* dem »Körperblitz« sein. Schlange ist einer der Tage, an denen Kalenderschamanen gewöhnlich geboren werden. Tatsächlich werden Schlangen oft »Spirituelle« beziehungsweise Medien. Unter allen Kalenderschamanen, die sich auf den Ritualkalender verstehen, sind sie die mächtigsten und meistgefürchteten.

Dies unterstreicht die Ambivalenz, die in der Kraft der Schlange liegt und in allen, die unter diesem Zeichen geboren wurden. Schlangen besitzen eine Energie, die einen ebenso stark magischen wie sexuellen Charakter hat. Clint Eastwood (9 Schlange) und Marilyn Monroe (5 Schlange) sind gute Bespiele für Schlangen. Schlangen können unter die Oberfläche der Dinge sehen, ins dunkle Herz der Wirklichkeit. Sie haben eine Verbindung zu der Kraft, die in vielen Kulturen als die »Weisheit der Schlange« bezeichnet wird. Die Kraft der Erkenntnis und das tief schürfende Denken des »Weihrauch« (ihr Vergangenheitszeichen) sowie die Schlauheit des »Affen« (ihre Kraft der linken Hand) sind zu einer subtilen, bewussten Weisheit herangereift. Diese Weisheit steht außerhalb der Moral, sie ist weder gut noch böse. Es ist eine Weisheit jenseits von Gegensätzen, die alles auf den einen gemeinsamen Seinsgrund zurückführt.

Ist die spirituelle Seite nicht entwickelt, kann es geschehen, dass sich die Schlangenweisheit der dunklen Seite zuwendet. Hinduistische Lehrer werden nicht müde, darauf hinzuweisen, dass die *kundalini*-Kraft schöpferisch und zerstörend wirken kann. Die schwer lastende Energie von »Sturm«, dem Zeichen für die Kraft ihrer rechten Hand, kann einen Wutausbruch der Schlange zu einem schrecklichen Schauspiel werden lassen. Andererseits können sie in abgrundtiefe Verzweiflung stürzen. Man kann also gut verstehen, dass die »Schlange« wegen ihrer Weisheit geachtet und wegen ihrer angeborenen magischen Kräfte gefürchtet wird. Ihre Lebensenergie ist unmittelbar mit Sexualität verbunden, daher können Schlangen leicht Opfer ihrer Leidenschaften werden, wenn die Begierde ihre Handlungen diktiert. Im Fall von Marilyn Monroe war die Projektion der Schlangenkraft so stark, dass sie davon überwältigt wurde. Eine weitere Gefahr, die auf die Schlange lauert, ist, dass sie (wie dies bei den von den Maya so gefürchteten Medien vorkommt) ihren Scharfblick und ihre Einsicht missbraucht, um ihr Ego aufzuwerten, statt sich geistig weiterzuentwickeln.

Die Hauptaufgabe der Schlange ist, ihre inneren Kräfte kontrollieren zu lernen. Sie hat einen natürlichen Zugang zu allen yogischen und magischen Techniken, die sie weiter kultivieren sollte, so dass sie den »Körper-Blitz« unter die Kontrolle ihres Bewusstseins bringt. Gewöhnlich gelingt es der Schlange, diese Kontrolle zu entwickeln – wenn nicht durch spirituelle Praxis, dann durch ein ausgeglichenes und mitfühlendes Leben. Denn schließlich ist ihr Zukunftszeichen, die Verwirklichung, der sie zustreben, der »Mais«, eines der positivsten und erfüllendsten Zeichen überhaupt. Mais ist der »Stab des Lebens«. Das Tageszeichen Mais gibt ein Gefühl der Verantwortung für die eigene Familie und die Gemeinschaft, in der man lebt. Mais zeichnet den Weg vor, den die erwachte Schlange gehen soll – auch wenn sie vielleicht ein Mechaniker und kein Magier ist. Mitgefühl ist der Schlüssel, welcher der Schlange, die um tiefere Wahrheiten weiß, die Tore zu einem sanfteren und sinnvolleren Leben aufschließt.

Berühmte Schlangen-Geborene:
◎ Marilyn Monroe (5)
◎ Clint Eastwood (9)
◎ Nancy Kerrigan (11)

Der Tod

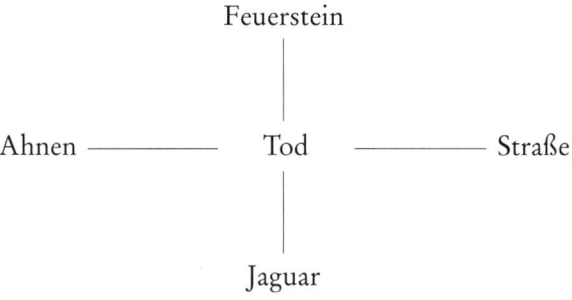

Wer unter dem Zeichen »Tod« geboren wurde, kann sich in der Tat glücklich schätzen, denn es ist eines der günstigsten im ganzen Kalender. Tod-Geborene teilen viele Gemeinsamkeiten mit den »Nacht«-Geborenen, da beide Zeichen mit der unteren Welt in Verbindung stehen. Für die Maya ist die Unterwelt *santo mundo*, die heilige Welt, die unterirdische Quelle, der alle Energie und alles Wachstum entspringt. Sie gilt nicht als Ort des Schreckens und der Qual wie die christliche Hölle. Wer unter dem Tageszeichen Tod geboren ist, kann alle Segnungen, die *santo mundo* geben kann, erfahren. Tod ist auch eines der großen

Arkana im Tarot, der passendere Name für diese Karte wäre allerdings »Transformation« beziehungsweise »Wandlung«. In ähnlicher Weise muss man auch dieses Tageszeichen verstehen. Hier, im Reich der Herren des Todes, erfuhren die Zwillingshelden des *Popol Vuh* ihre kosmische Verwandlung und wurden unter die Sterne versetzt – sie wurden von Menschen zu Göttern. Das Potenzial zu dieser Wandlung liegt in jedem Menschen. Diese spirituelle Transformation steht auch im Mittelpunkt der Mythologie Mesoamerikas und aller Wahrsagekünste. Tod-Geborene erleben Zeiten der Transformation als eher harmonischen Prozess, der dauerhafte Ergebnisse zeitigt.

Tod-Geborene sollen eine gewisse Sanftheit besitzen. Männer, die unter diesem Zeichen geboren wurden, zeigen gewisse feminine Eigenschaften, was sich für sie sehr positiv auswirken kann. So war das knabenhafte Äußere des Beatle Paul McCartney (3 Tod) sicher kein Nachteil auf seinem Weg zu Starruhm. Die Weichheit der »Tod«-Geborenen hat etwas Magnetisches, das Wohlstand anzieht – schließlich ist *santo mundo* die Quelle allen Reichtums, und es heißt, dass alle, die unter diesem Zeichen geboren sind, Reichtum erlangen. Wie die Nacht soll auch der Tod die Geborenen mit überdurchschnittlichen sprachlichen Talenten ausstatten – sie sind oft gute Geschichtenerzähler, Schriftsteller und Redner. Im Gegensatz zu den Nacht-Geborenen laufen sie jedoch weit weniger Gefahr, sich in den Untiefen der seelischen Unterwelt zu verlieren. Ein kurzer Blick in die Prominentenliste des Showbusiness zeigt uns, dass viele der Größen, die sich in diesem Geschäft erfolgreich und dauerhaft behaupten konnten, unter dem Zeichen Tod geboren wurden, so beispielsweise Paul McCartney, Jane Fonda (1 Tod) und Candice Bergen (6 Tod). Auch wenn der konfliktträchtige »Feuerstein« über ihre Vergangenheit herrscht, stören dessen karmische Ausläufer kaum ihr jetziges Leben. Die Kraft ihren linken Hand, »Straße«, versieht sie mit einem intuitiven Verständnis dafür, was richtig und angemessen ist. Ihr Zukunftszeichen ist der ebenso weise wie wohlhabende »Jaguar«, die Verkörperung von *santo mundo*. Kein Wunder also, wenn sie im Laufe ihres Lebens häufig zu Reichtum gelangen!

Doch umgibt die Geborenen dieses Zeichens oft eine gewisse Aura des Unheimlichen. Das mag daran liegen, dass sie ihre eigentliche Identität aus dem Ort der Seelen schöpfen, dem Ort, an dem die Ahnen verweilen. Dieses Zeichen stellt die Kraft ihrer rechten Hand. Die männliche Seite der Tod-Geborenen steht der Welt der Träume näher als der Logik. Der schwedische Regisseur Ingmar Bergman (12 Tod) zum Beispiel ist einer der großen Erforscher unserer Zeit, der sich mit den Träumen und dunklen Visionen auseinander gesetzt hat, die an diesem kollektiven Ort der Seelen verwahrt sind. Tod-Geborene verfügen oft über paranormale Gaben einschließlich eines beträchtlichen Maßes an *coyopa*, dem »Körper-Blitz«. Die Quiché-Maya sagen, dass sie sich gut zu Schamanen eignen. In der stark traditionsgebundenen Gesellschaft Guatemalas betätigen sich Kalenderschamanen dieses Zeichens als »Hochzeitssprecher«. Sie setzen ihre sprachlichen Talente also auch für die Zwecke der Ehestiftung ein. Ebenso klug wie romantisch veranlagt, sind sie unverbesserliche »Kuppler«, die sich stets in das Gefühlsleben ihrer Freunde einschalten.

Berühmte Tod-Geborene:
- ◎ George Bush, Jane Fonda (1)
- ◎ Paul McCartney (3)
- ◎ Candice Bergen (6)
- ◎ Ingmar Bergman (12)

Der Hirsch

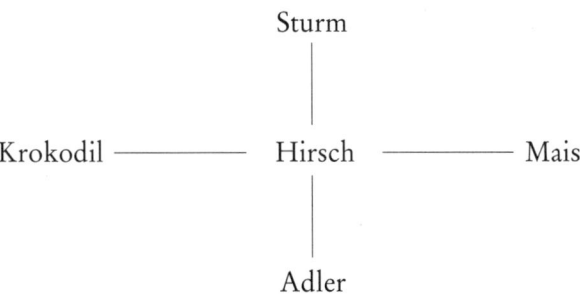

Sturm

Krokodil ——————— Hirsch ——————— Mais

Adler

»Hirsch«-Geborene haben einen besonderen Sinn für die Heiligkeit des Lebens und besitzen die Fähigkeit, diese auch zum Ausdruck zu bringen. Das kann allerdings manchmal mit solcher Vehemenz geschehen, dass man glauben könnte, man habe es mit einem brausenden Güterzug zu tun.

An dieser Stelle sei daran erinnert, dass Hirsch einer der vier Jahresträger ist. Zwei dieser Jahresträger, Weihrauch und Straße, gelten als sanft, während Wind und Hirsch ihrer Natur nach stark und energisch sind.

Die meisten Hirsch-Geborenen bringen ihre Kraft sehr unmittelbar und energisch zum Ausdruck und haben nicht die geringste Ähnlichkeit mit dem Klischee des sanften und scheuen Rehs. Sie sind mehr wie der stolze Hirsch, der »König des Waldes«. Sie neigen dazu, die Führung zu übernehmen. Ihre Kraft ist sowohl spiritueller wie weltlicher Natur. (Dieser Tag untersteht nämlich den Erdgottheiten.) In der Gesellschaft Guatemalas werden Hirsch-Geborene oft sehr mächtige Schamanen beziehungsweise nehmen eine soziale Führungsrolle ein. Letztere Möglichkeit steht den Hirsch-Geborenen auch in unserer Gesellschaft zur Verfügung. Eines der Oberhäupter der großen Weltreligionen, Papst Johannes Paul II., ist ein Hirsch (10 Hirsch). Obwohl viele Katholiken in ihm eine bedeutende Führungspersönlichkeit sehen (eine Rolle, die dem Hirsch auf den Leib geschnitten ist), hält eine große Schar Gläubiger (vor allem Frauen) entgegen, dass sie den Papst für mehr als nur ein bisschen autoritär halten – auch das ein typischer Charakterzug von Hirsch.

Das zentrale Lebensthema für einen Hirsch ist wahrscheinlich der Gebrauch von Macht. Da »Sturm« ihr Vergangenheitszeichen ist, könnte es sein, dass Hirsche eine schwierige Kindheit hatten oder aus zerrütteten Familienverhältnissen stammen. Wenn sie immer noch von der Vergangenheit überschattet werden, bedeutet dies, dass die Kraft ihrer rechten Hand, das wilde und unbezähmbare »Krokodil«, zu starken Einfluss auf sie hat. Die Geborenen stehen dann unter dem inneren Zwang, nur um der persönlichen Macht willen Einfluss und Kontrolle über andere zu erlangen. Ihr Zukunftszeichen, »Adler«, ist ein Hinweis auf Weisheit und Erfolg im Leben; und lassen sie sich von der Kraft ihrer linken Hand leiten, dem Glück bringenden Zeichen »Mais«, werden sie sowohl an Weisheit als auch an Macht zunehmen.

Wie kann sich nun der Hirsch vom Mais führen lassen? Mais steht für eine natürliche, wohlwollende Autorität in Familie beziehungsweise Gesellschaft. Im Denken der Maya (und das gilt für alle Stammesgesellschaften) ist die Ausübung von Macht dann gut, wenn sie das Wohl aller im Auge hat. Hirsch-Geborene sollten es sich zur Gewohnheit machen, ihre Motive zu hinterfragen: »Nutze ich meine Möglichkeiten wirklich zum Wohle anderer, oder geht es mir nur um meinen persönlichen Vorteil?«

Hirsche sind zu spiritueller Führerschaft genauso oft berufen wie zu eher weltlichen Belangen. Bei einigen Stämmen Guatemalas gilt 8 Hirsch als höchster Festtag. An diesem Tag werden die neuen Schamanen initiiert. Einer der bekanntesten Schamanen in der westlichen Welt wurde unter diesem Zeichen geboren – Carlos Castaneda (3 Hirsch). Taucht dieses Zeichen in einer Wahrsagung auf, kann dies ein Hinweis darauf sein, dass ein Schamane eine Rolle spielen wird beziehungsweise – in nicht-schamanistischen Gesellschaften – ein Mensch, der über außergewöhnliche Gaben verfügt. Dieses Zeichen gilt als mit einer enormen Menge »Körper-Blitz« gesegnet. Wenn ein Hirsch die Vermutung hegt, dass er ungewöhnliche Talente und Fähigkeiten besitzt, so hat er damit meistens Recht. Doch muss er diese Fähigkeiten, wie alle Aspekte der Hirsch-Kraft, mit Vorsicht einsetzen.

Berühmte Hirsch-Geborene:
- ◎ Carlos Castaneda (3)
- ◎ Prinz Charles (4)
- ◎ Allen Ginsberg (7)
- ◎ Papst Johannes Paul II. (10)

Der Hase

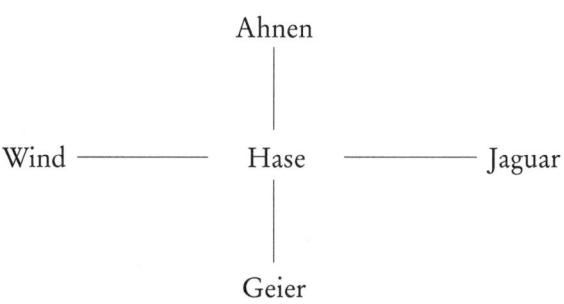

Ahnen

Wind ——————— Hase ——————— Jaguar

Geier

Wer unter dem Zeichen des »Hasen« geboren wurde, dem soll ein glückliches Leben bestimmt sein, denn dieses Tageszeichen wird als sehr positiv angesehen. Die Urbevölkerung Mesoamerikas erblickte, wenn sie den Mond betrachtete, dort einen »Hasen im Mond« (wie die Chinesen) und nicht, wie wir, einen »Mann«. Tatsächlich könnte man die Mondhasen der Chinesen und Maya für Verwandte halten, denn den Menschen, die im chinesischen Jahr des Hasen geboren sind, werden ähnliche Eigenschaften zugeschrieben wie denjenigen, die unter dem Tageszeichen »Hase« der Maya geboren wurden. Die Hase-Geborenen fühlen sich in der »realen« Welt sicher und geborgen, und sie erlangen ohne große Mühe Erfolg. Die Quiché-Maya sagen, dass Hasen die grüne Hand und eine besondere Begabung für die Landwirtschaft besitzen. Die Maya sehen im Zeichen Hase in erster Linie das Symbol der Ernte. Die Fähigkeit des Hasen, Überfluss zu schaffen, ist auch nicht weiter erstaunlich, denn es ist auch das Zeichen für das »Grünen« und »Reifen« der Erde. Bei Stadtbewohnern, die dem westlichen Kulturkreis angehören, mag sich diese grüne Hand als glückliches Händchen in Geldfragen zeigen, besonders da die Kraft der linken Hand der »Jaguar« ist, ein sehr mächtiges Geldzeichen. Jaguar ist ein schwer greifbares, magisches und verführerisches Zeichen, und die Kraft der linken Hand arbeitet über die Intuition und das Unbewusste. Das Geschick des Hasen, Geld und die guten Dinge des Lebens anzusammeln, ist eher eine angeborene Begabung als eine mühsam erworbene Fertigkeit.

Man glaubt, dass auch Hasen die Gabe des »Körper-Blitz« in nicht unerheblichem Maße besitzen, da ihr Vergangenheitszeichen »Ahnen« ist, das Zeichen für spirituelle Kommunikation. Bei Hasen, die nicht über paranormale Fähigkeiten verfügen, macht sich der Einfluss des Zeichens Ahnen in Form starker Familienbande bemerkbar: Ihre Bindungen an Familie, kulturelles Umfeld und Tradition sind sehr ausgeprägt. Ist das Zeichen Ahnen mit einer sehr hohen Zahl verbunden, kann es sein, dass Hasen hier zu viel Energie binden. Zum Glück schafft die Kraft der rechten Hand, »Wind«, hier den nötigen Ausgleich, da sie ihnen ein starkes Gefühl von Individualität verleiht, mit dessen Hilfe sie sich aus dem Griff der Vergangenheit lösen können.

Hase ist ein ebenso produktives wie sinnliches Zeichen. Überbordende Sinnlichkeit kann den Hasen in die Drogen- beziehungsweise Alkoholabhängigkeit führen. Bei den Azteken waren besonders die unter 2 Hase Geborenen berüchtigt für ihren Alkoholkonsum. Es gab sogar eine Redensart, die von der Alkoholkrankheit eines Menschen als von dessen »Hasen« sprach – so wie wir von einem Betrunkenen sagen, er »habe einen Affen«. Elvis Presley (2 Hase) und Jimi Hendrix (9 Hase) waren der Inbegriff für die Großzügigkeit des Hasen, könnten aber ebenso für dessen Neigung zum Drogenmissbrauch stehen. Der Hase muss lernen, seine Energien in produktive Tätigkeiten zu lenken, auch wenn er mit Narkotika keine Probleme hat. Langeweile, Überdruss oder einfach ein gewisses Maß an Unterbeschäftigung öffnen leicht den Weg in den Drogenkonsum. Ihr Zukunftszeichen, »Geier«, ist ebenfalls sehr lasch und allen Arten von Vergnügungen sehr zugetan. Dies verstärkt noch die ohnehin schon vorhandene Neigung, Luxusgüter anzusammeln. (Man denke an die Cadillac-Sammlung von Elvis Presley!) Und da Geier ihr Zukunftszeichen ist, ist es so gut wie sicher, dass Hasen auch bekommen, was sie haben möchten. Hasen müssen sich davor hüten, »zu viel des Guten« haben zu wollen, denn Trägheit und Unersättlichkeit können schnell dazu führen, dass der gewonnene Reichtum wieder verloren geht.

Eine der positiven Tugenden von Geier ist die Kraft der Vergebung beziehungsweise Gnade. Da der Hase ein gutes Herz hat und von freundlichem Wesen ist, verzeiht man ihm gern, wenn er über die Stränge schlägt. Am Ende seines Weges wartet auf den Hasen die Vergebung der Götter und Ahnengeister, d. h. die Tiefen seiner eigenen Seele.

Berühmte Hase-Geborene:
- ◎ Elvis Presley (2)
- ◎ Jimi Hendrix (9)
- ◎ Toni Morrison (12)
- ◎ David Carradine (13)

Das Wasser

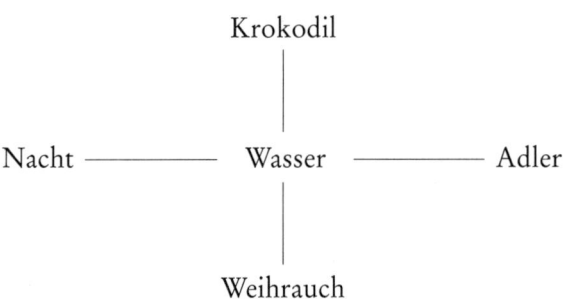

Die Kalenderschamanen der Maya sehen in »Wasser« ein sehr schwieriges Geburtszeichen. Auf Menschen, die an diesem Tag geboren wurden, lastet aller Wahrscheinlichkeit nach eine schwere Schuld gegenüber *santo mundo,* der heiligen Erde, die sie noch abbezahlen müssen. Mit von östlicher Philosophie beeinflussten Worten würde man sagen, dass sie mit einem schweren Karma auf diese Welt gekommen sind.

Einige Wasser-Geborene (natürlich nicht alle) müssen sich mit Gesundheitsproblemen herumschlagen. Die Maya sind der Ansicht, dass diese Menschen anfällig sind für die unterschiedlichsten chronischen Erkrankungen und sie ständig Hilfe von Heilern und Kalenderschamanen benötigen, um ein normales Leben führen zu können. Oprah Winfrey (8 Wasser), die einen lebenslangen Kampf gegen ihr Übergewicht geführt hat, ist jedoch ein anschauliches Beispiel dafür, dass Wasser-Geborene keineswegs machtlose Opfer ihres Schicksals sind, sondern sogar ihre Schwierigkeiten höchst erfolgreich überwinden können.

Gesundheitsprobleme sind jedoch nur ein Aspekt dieses Zeichens, ebenso wie Sexualität nur ein Aspekt des Sternzeichens Skorpion ist. Wasser-Geborene wie Mick Jagger (3 Wasser) oder John Lennon (10 Wasser) waren nie kränklich, auch wenn John Lennon sicher ein großes Maß an problematischem Karma zu tragen hatte. Krankheit ist nicht die einzige karmische Belastung, die den Wasser-Geborenen treffen kann. Der amerikanische Präsident Bill Clinton (5 Wasser) beispielsweise sah sich ab dem Zeitpunkt seines Einzugs in das Weiße Haus mit einem Bombardement schlechter Presse konfrontiert.

Auf einer tieferen Ebene betrachtet haben Wasser-Geborene als Vergangenheitszeichen das »Krokodil«, das für eine Phase im Lebenszyklus steht, in der sich das Bewusstsein noch nicht vollständig von den Urkräften des Unbewussten, der Unterwelt des *santo mundo,* gelöst hat. Das Bewusstsein ist noch nicht gefestigt und daher anfällig für den Sog des Unbewussten. Die Wasser, in denen die Geborenen dieses Zeichens versinken, sind häufig die Wasser ihrer Vergangenheit.

Das Bewusstsein, das sich aus der urzeitlichen Unterwelt löst, ist ebenso kostbar wie zerbrechlich. Das Schriftzeichen der Maya für dieses Tageszeichen zeigt entweder einen Wassertropfen oder einen Jadering – beides galt als höchst wertvoll. Wasser steht für das Gefühl des Wunders, das ein Neugeborenes angesichts dieser noch unbekannten, magischen Welt empfindet. Wasser-Geborene haben manchmal etwas Tastendes, Fragiles an sich, doch verfügen sie über großartige künstlerische Visionen. Ein Blick auf unsere Liste mit berühmten Wasser-Geborenen zeigt einen unerwartet hohen Anteil an Rockstars – Mick Jagger, John Lennon und Madonna (4 Wasser) sind alle unter diesem Zeichen geboren.

Wasser wird von starken und Glück bringenden Tageszeichen unterstützt. »Nacht«, die Kraft ihrer rechten Hand, schenkt ihnen reiches Wissen über die Anderswelt und erlaubt ihnen, die tiefen Wasser der Seele mit überragender Intuition zu befahren. Nun ist es jedoch die Kraft der linken Hand, die für die Intuition steht. Hier finden wir den »Adler«, der lauthals verlangt, was er haben will – und es oft bekommt.

Wenn auch der Weg, der vor dem Wasser-Geborenen liegt, oftmals beschwerlich ist, und ihm ein scharfer Wind entgegen weht, so deutet doch alles auf ein glückliches Ende der Reise, denn sein Zukunftszeichen ist »Weihrauch«, das Symbol für den Denker. Verwenden sie ihre Intuition, um sicher alle gefährlichen Klippen auf ihrem Weg zu umschiffen, werden Wasser-Geborene ihren Verstand ebenso schärfen wie ihr Unterscheidungsvermögen. Ihr Geist wird zu einem kraftvollen Instrument, um ihre Ziele zu verwirklichen.

Berühmte Wasser-Geborene:
- ◎ Mick Jagger (3)
- ◎ Madonna (4)
- ◎ Präsident Bill Clinton (8)
- ◎ Oprah Winfrey (8)
- ◎ John Lennon (10)

Der Hund

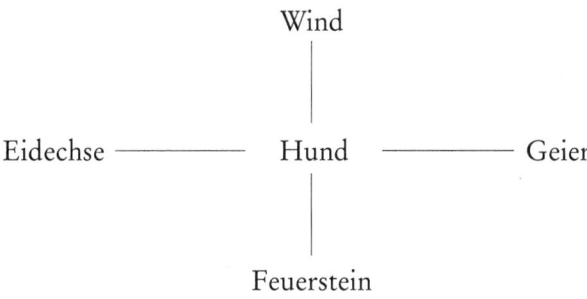

Wind
|
Eidechse ———— Hund ———— Geier
|
Feuerstein

Von allen Tageszeichen hat »Hund« wahrscheinlich den fragwürdigsten Ruf. Die Hund-Geborenen, so heißt es, seien total auf Sex fixiert. Manchmal wird es sogar das Zeichen der »Wüstlinge und Ehebrecher« genannt.

Wenn man einmal einen Hund einige Zeit lang beobachtet, gewinnt man ein gewisses Verständnis, warum Hund-Geborene als eher triebgesteuert gelten.

Der Hund ist ein Geschöpf, dessen sinnliche Instinkte sich in jeder Hinsicht frei äußern. Der Überlieferung zufolge gilt dies auch für die Menschen, die unter der Regentschaft dieses Tageszeichens geboren werden. Natürlich fühlen sich auch andere Tageszeichen zu sinnlichen Genüssen hingezogen; was den Hund in dieser Hinsicht jedoch von den anderen Zeichen unterscheidet, ist die Tatsache, dass der lebenslustige, sinnenfrohe Hund von zwei ebensolchen Zeichen flankiert wird: von der lustbetonten »Eidechse«, der Kraft der rechten Hand, und vom sinnlichen und etwas trägen »Geier«, der Kraft der linken Hand. Die Lebens- und Sinnenfreude des Hundes ufert also nach allen Seiten hin aus.

Mit Sinnlichkeit ist auch eine Neigung zur Welt der Sinne und die sich daraus ergebende Vertrautheit mit ihr gemeint. Das *Buch des Chilam Balam von Kaua* spricht von den Hund-Geborenen als den »Geschmückten, den Unbeschwerten«. Der Hund besitzt die Fähigkeit, sich mit all dem zu umgeben, was sein Herz begehrt. Der Countrysänger Willie Nelson (8 Hund) führte ein so behagliches und luxuriöses Leben, dass er gegen seinen Willen in das Visier der Steuerfahndung geriet.

Im schlimmsten Fall ist der ungezügelte Hang zu Luxus Ausdruck des egoistischen Bedürfnisses des Hundes, sich alles einzuverleiben, was ihm unterkommt. Das Vergangenheitszeichen des Hundes ist der schnell aufbrausende »Wind«, und die selbstsüchtigen Tendenzen des Windes in Verbindung mit dem Traum des Hundes vom schönen Leben können sich schnell zu einem Bild unstillbarer Habgier vereinen. Unter Umständen findet er sich auch in allerlei Streitigkeiten wieder, was durch das Zukunftszeichen »Feuerstein« angedeutet wird.

Betrachtet man den Lebensbaum des Hundes und die ihn bildenden Tageszeichen nur oberflächlich, könnte man den voreiligen Schluss ziehen, dass der Betreffende ein hoffnungsloser Fall ist. Ist er wirklich zu nichts anderem in der Lage als von einer sinnlichen Erregung zur nächsten zu stürzen, immer auf der Jagd nach mehr? (Sicher gibt es Hunde, die sich kein schöneres Leben vorstellen können.) Viele Hunde werden von ständigen Selbstzweifeln gequält. Nun ist aber Zweifel – eine der negativen Bedeutungen des Zeichens, wenn es bei einer Divination erscheint – das Gegenteil von Gewissheit oder Glauben. Diese Gegensatzspannung von Glauben und Zweifel erschließt uns eine der positivsten Seiten dieses Zeichens.

Die Mythologie der Maya und Azteken berichtet, dass der Hund die Seelen der Verstorbenen durch die Unterwelt geleitete und ihren Weg mit einer Fackel erhellte. Auf der ganzen Welt gilt der Hund als Inbegriff der bedingungslosen Treue und des bedingungslosen Vertrauens. Wann immer wir durch die Finsternis unserer seelischen Unterwelt reisen, gehen wir einen Weg, auf dem uns Logik und Vernunft nicht helfen können. Das einzige Licht, das uns auf diesem Weg voranleuchtet, ist das unerschütterliche Vertrauen, dass wir uns wie die Sonne am Morgen eines Tages wieder aus der Dunkelheit unserer Krise erheben werden. Der Hund besitzt die Gabe des gläubigen Vertrauens, das ist sein größter Trumpf. Dieses Zeichen lebt sehr nah an seinen Instinkten. Die unterbewusste Kraft, die ihm seine starke Sinnlichkeit verleiht, ist dieselbe Kraft, die auch sein stärkstes menschliches Potenzial darstellt: das unerschütterliche Vertrauen, auch schwerste Zeiten durchzustehen.

Berühmte Hund-Geborene:
◉ Robert Bly (2)
◉ Willie Nelson (8)

Der Affe

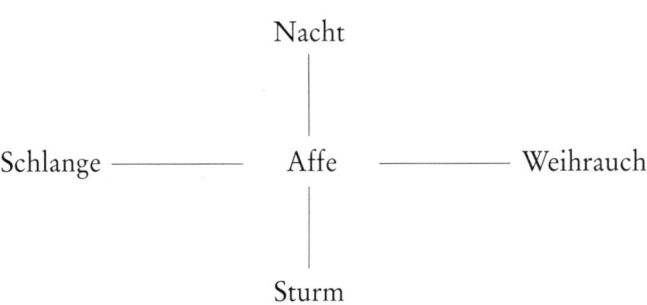

Nacht

Schlange —————— Affe —————— Weihrauch

Sturm

»Affe« ist eines der günstigsten Zeichen überhaupt. Die Geborenen gelten in jeder Hinsicht als Glückskinder, ob es sich nun um Ehe, Kinder, Geschäft oder Finanzen handelt. Ronald Reagan (1 Affe) brachte es mit seiner Friede-Freude-Eierkuchen-Mentalität und dem für dieses Zeichen typischen Dusel vom Leinwandhelden zum Präsident der USA. Den typischen Affe-Geborenen fällt der Sieg einfach in den Schoß.

Auch die Mühe des Lernens bleibt den Affen vielfach erspart, weil sie manche Dinge einfach spontan wissen. So heißt es bei den Maya, dass man Affen gar nicht in der Kunst des Kalenders unterweisen müsse, da sie das Wissen schon besäßen und daher keine Ausbildung bräuchten. (Was nicht wundernimmt, da das Zeichen ihrer Vergangenheit die mystische »Nacht« ist.) Insofern ähneln Affe-Geborene ihren mythischen Affen-Vorfahren Eins-Batz und Eins-Chouen, zwei Figuren des *Popol Vuh*, die als »große Wissende« und als Urheber der schönen Künste beschrieben werden. Affen sind die geborenen Künstler, die geschickten Handwerker dieser Welt. Sie verfügen oft über die besten Seiten der so genannten Künstlerpersönlichkeit – sie sind freundlich und aufgrund ihrer vitalen Lebendigkeit allseits beliebt. Jedoch kennt man auch die Egozentrik des Künstlers.

163

Eins-Batz und Eins-Chouen wurden derart eingebildet, dass sie darüber völlig die Verantwortung für ihre Brüder, die Zwillingshelden, vergaßen. Tatsächlich verhielten sie sich ihren Brüdern gegenüber dermaßen grausam, dass die Götter sie schließlich zur Strafe passenderweise in schnatternde Affen verwandelten.

Ihr Stolz auf die eigene Begabung und die in bestimmter Hinsicht privilegierte Stellung sowie ihr völliges Aufgehen in der schöpferischen Arbeit lassen Affe-Geborene leicht blind für die Bedürfnisse anderer werden. Das kann sogar so weit gehen, dass sie Menschen gegenüber, denen kreatives Feuer fehlt, absichtlich verletzend sind. Egoismus ist die Schattenseite des glücklichsten aller Zeichen.

Wenn auch manche Affen – wie Ronald Reagan, Dustin Hoffman (9 Affe) und Barbra Streisand (13 Affe) – wahre Bilderbuchkarrieren hingelegt haben und ihnen alles zu glücken scheint, was sie anpacken, so darf man doch nicht übersehen, dass der Lebensbaum des Affen einige problematische Zeichen aufweist, deren Einfluss sich immer wieder bemerkbar macht. Ihr Vergangenheitszeichen ist die »Nacht«, und Affe-Geborene kommen mit dem tiefen Wissen und der Weisheit der Anderswelt auf diese Erde. Diese Kraft kann zum Guten wie zum Bösen verwendet werden, und Affe-Geborene haben bei aller angeborenen Klugheit manchmal Schwierigkeiten, die beiden Pole auseinander zu halten. Charles Manson (10 Affe) besaß das Wissen der Nacht im Übermaß. Er verwandte die magische, sexuelle Kraft der rechten Hand, »Schlange«, und das strategische Talent der Kraft der linken Hand, »Weihrauch«, dazu, um einen wilden »Sturm« der Zerstörung (das Zukunftzeichen) über die Welt zu bringen. Patricia Hearst (4 Affe), Tochter und Erbin eines großen Zeitungsverlegers, löste einen ähnlichen Sturm mit ihrem Ausflug in die dunkle Welt (Nacht) der terroristischen Symbionese Liberation Army aus. Dieser von Gewalt und Sex (Schlange) bestimmte Abschnitt ihres Lebens beschäftigte das Denken der breiten Öffentlichkeit Amerikas Mitte der 70er-Jahre sehr stark. Obwohl sie wegen Bankraubs zu einer längeren Gefängnisstrafe verurteilt wurde, kam sie mit dem typischen Glück des Affen schon bald wieder frei. Mit der Geschicklichkeit des Tricksters, wie sie in dieser Ausprägung nur ein Affe-Geborener besitzen kann, landete sie beim Film und übernahm gelegentlich kleinere Rollen in Produktionen des ebenso exzentrischen wie heftig umstrittenen Regisseurs John Waters. Affen fallen immer auf die Füße.

Berühmte Affe-Geborene:
◎ Ronald Reagan (19)
◎ Patty Hearst (4)
◎ Jacques Cousteau (8)
◎ Dustin Hoffman (9)
◎ Charles Manson (10)
◎ Barbra Streisand (13)

Die Straße

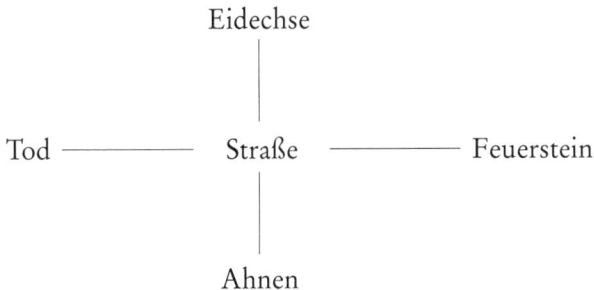

Dieses Tageszeichen steht für die unter vielen Namen bekannte heilige Spirale des Lebens: die klassischen Maya nannten sie *itz*, den »Tau des Himmels«, die Azteken *malinalli* (was gleichzeitig auch ihr Name für dieses Zeichen ist), und die heutigen Kalenderschamanen sprechen vom »Blitz im Blut«. Gemeint ist die Bahn der Energie, die vom Himmel herab- und unsere Wirbelsäule hinunterführt, und dann wieder über denselben inneren Weltenbaum von der Erde aus nach oben steigt. Dieser Weg, den die Energie nimmt, ist die »Straße« des Lebens.

Die Geborenen dieses Zeichens verfügen ganz ohne Zweifel über ein besonderes Maß an Kraft. Warum aber finden wir dann unter diesem Zeichen so wenige Berühmtheiten?

Das liegt daran, dass die Kraft, die den Straße-Geborenen mitgegeben wurde, im Stillen wirkt. Sie sind meist derart damit beschäftigt, für das Gemeinwohl zu wirken, dass sie gar nicht auf die Idee kommen, das Rampenlicht der Öffentlichkeit zu suchen. Ihr Zukunftszeichen ist »Ahnen«, und daher gilt ihr Hauptinteresse all den Menschen, die nach ihnen kommen werden – sie arbeiten, wie es ein altes indianisches Sprichwort ausdrückt, »für das Wohl von sieben Generationen«. Viele, wenn nicht die meisten Straße-Geborenen führen ein stilles Leben im Dienst am anderen.

Wer unter diesem Zeichen geboren ist, dessen Leben ist von Natur aus spirituell ausgerichtet. Seine Aufgabe ist, diesen Weg in Schönheit und innerem Gleichmaß zu beschreiten. In Guatemala sagt man, dass Straße-Geborene bei allem, was die Gesundheit angeht, begünstigt sind. Dies liegt wohl daran, dass die Lebenskraft sie mit Macht durchfließt. Da sie dazu berufen sind, auf der Straße des Lebens zu gehen, gelten sie für alle Arten der schamanischen Arbeit als besonders geeignet. Was auch einleuchtend ist, da dieses Tageszeichen ein Symbol für den »Blitz im Blut« ist, das Hauptwerkzeug eines Schamanen. Männliche Straße-Geborene sollen erstklassige Kalenderschamanen mit einer angeborenen Begabung für Rituale sein – was nicht erstaunt, ist doch das der Anderswelt verbundene Zeichen »Tod« (Transformation) die Kraft ihrer rechten Hand. Weibliche Straße-Geborene werden oft Hebammen – auch das liegt nahe, denn »Feuerstein«, das Symbol für das Messer des Chirurgen, ist das Zeichen der Kraft ihrer linken Hand. In unserer westlichen Gesellschaft hilft diese Energie Frauen, geschickte Ärztinnen oder Heilerinnen zu werden.

In der einen oder anderen Form sind Straße-Geborene immer damit beschäftigt, der Gesellschaft, in der sie leben, spirituelle Dienste zu leisten. Manchmal trifft man auch auf Straße-Geborene wie den *Playboy*-Herausgeber Hugh Hefner (4 Straße), der unter dem starken Einfluss seines Vergangenheitszeichens, der sinnlichen »Eidechse«, steht. Repräsentativer für den Wanderer auf der Straße des Lebens ist jedoch die berühmte Anthropologin Margaret Mead (3 Straße), deren Forschungen wichtige Fragen darüber aufwarfen, was Gesundsein im gesellschaftlichen Zusammenhang eigentlich bedeutet. Ihre Forschungen zum Sexualverhalten (Eidechse) traditioneller Gesellschaften wirkten auf manche ihrer Zeitgenossen höchst schockierend. Ihre Beschäftigung mit Kulturen, die noch nach schamanistischen Prinzipien organisiert waren (»Tod« als Kraft der rechten Hand), führten sie zur Auseinandersetzung mit Fragen nach der Bedeutung der menschlichen Existenz als solcher. Das umfangreiche Werk, das sie hinterlassen hat, dürfte auch noch in »sieben Generationen« Spuren hinterlassen (»Ahnen« als Zukunftszeichen).

Berühmte Straße-Geborene:
◎ Margaret Mead (3)
◎ Hugh Hefner (4)
◎ H. Ross Perot (10)

Der Mais

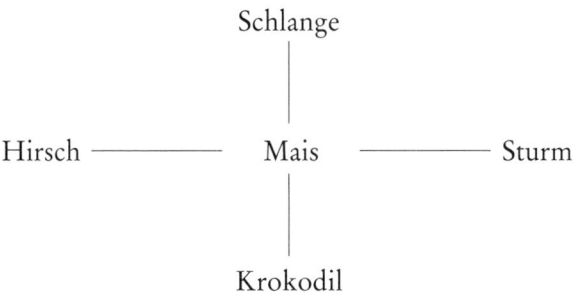

Unter dem Zeichen »Mais« geboren zu werden ist ein wahrer Glücksfall. In der Mythologie des alten Mexiko ist Mais auch das Zeichen des Lichtbringers Gefiederte Schlange und an diesem Mais-Tag steigen die Götter zur Erde herab.

Die Geborenen sind von großer Schaffenskraft. In ihrem sozialen Umfeld nehmen sie eine Führungsposition ein, auch sind sie ebenso weise wie glückliche Eltern. Das *Buch des Chilam Balam von Kaua* versichert, dass Mais-Geborene für gewöhnlich reich mit Kindern gesegnet sind. Unter Umständen übernehmen sie auch die Elternrolle im größeren Kreis der Familie beziehungsweise in ihrem sozialen Verband. Sie sind so etwas wie der Amtsstab des Priesters (eines der Hauptsymbole dieses Zeichens), die tragende Achse der Welt. Sigmund Freud und C. G. Jung, zwei Väter der modernen Psychologie und in gewisser Weise geistige Säulen unserer Kultur, wurden beide an 10 Mais geboren.

Gewöhnlich sind Mais-Geborene fürsorgliche, erdverbundene Pragmatiker. Sie sind gut situiert und schätzen ein geregeltes Leben. Das macht sie vielleicht etwas konservativ und behäbig – schließlich sehen sie keine Notwendigkeit, das Nest zu beschmutzen, in dem sie so behaglich sitzen. Auf unserer Prominentenliste finden sich nur wenige Mais-Geborene, denn Mais ist ein stilles Zeichen, das nicht ans Licht der Öffentlichkeit drängt.

Aber auch das vom Glück begünstigte Tageszeichen hat seine problematischen Seiten: Der Lebensbaum der Mais-Geborenen hält einige Prüfungen bereit, denen sie sich stellen müssen. Das Vergangenheitszeichen »Schlange« legt die Vermutung nahe, dass die Mais-Geborenen ein großes Maß an schwierigem Karma, das durch sexuelles Verhalten bedingt ist, mit in diese Welt bringen. Freud widmete sein ganzes Lebens der Erforschung von ins Unterbewusste verdrängten sexuellen Komplexen. Das Zeichen der Kraft der linken Hand, »Sturm«, dürfte für einigen emotionalen Aufruhr sorgen, der in erster Linie mit Frauen zusammenhängt – Jung zog beispielsweise sehr attraktive Frauen in sein Leben, wie es sich für das Zeichen Sturm gehört, doch seine außerehelichen Aktivitäten stellten eine beträchtliche Belastung für sein Familienleben dar. Das Zeichen der Kraft der rechten Hand, »Hirsch«, verleiht Stärke und innere Kraft. »Krokodil«, das Zukunftszeichen, ist ein Hinweis darauf, dass sich die Mais-Geborenen im Laufe ihrer Weiterentwicklung immer größeren Herausforderungen stellen müssen – Problemen wie psychischen Störungen, Verwirrungszuständen oder Zorn. Krokodil kann auch ein Hinweis auf die Kinder der Geborenen sein. Sowohl Freud als auch Jung hatten Töchter, die in die Fußstapfen ihrer Väter traten. Jungs Tochter Greta ging den für das Krokodil typischen mystischen Weg und wurde Astrologin.

Das *Buch des Chilam Balan von Kaua* führt auch an, dass Kinder manchmal überhaupt der einzige Reichtum eines Mais-

Geborenen sind, dass sie nur über sehr bescheidene Mittel verfügen oder regelrecht arm sind. Diana Ross (13) und O. J. Simpson (4) haben sich aus ärmlichen Verhältnissen zu Reichtum und Überfluss emporgearbeitet. Mia Farrow (8 Mais) hingegen ist zwar ein reicher Kindersegen beschert, Sturm und das sexuell gefärbte Karma von Schlange brachten ihr aber einiges Leid, als ihr Mann Woody Allen, ein Krokodil, wegen sexueller Belästigung ihrer gemeinsamen Adoptivkinder angeklagt wurde.

Trotz der manchmal extremen Höhen und Tiefen in ihrem Leben sind Mais-Geborene von einer Spiritualität, die über den engen Rahmen konventioneller Religiosität hinausgeht. Es ist eines der günstigen Zeichen für künftige Kalenderschamanen.

Berühmte Mais-Geborene:
◉ O. J. Simpson (4)
◉ Mia Farrow (8)
◉ Sigmund Freud, C. G. Jung (10)
◉ Diana Ross (13)

Der Jaguar

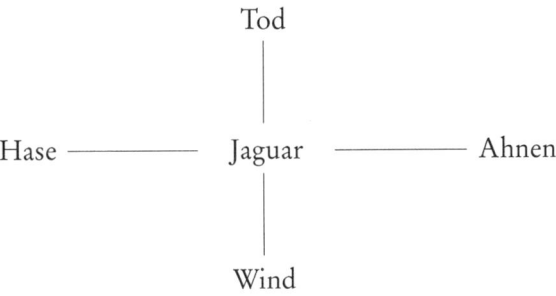

Die Maya der klassischen Periode sahen im »Jaguar« ein Symbol für den nächtlichen Himmel. Wenn der Sonnenadler unter den Horizont tauchte und das Reich der Unterwelt durchwanderte, tat er das in Gestalt des Jaguars. Heute gilt das Tageszeichen Jaguar als das Zeichen der alten Unterweltgottheit, die allgemein unter dem Namen des Erdvaters *santo mundo* oder *Maximon* bekannt ist.

Von Jaguar-Geborenen geht die gleiche ungreifbare, »jenseitige« Faszination aus wie von Nacht, Tod und Ahnen, den anderen Unterweltzeichen. Jaguare haben »Tod« als Vergangenheitszeichen, »Ahnen« ist die Kraft ihrer linken Hand. Daher kann man mit Fug und Recht behaupten, dass die Zeit, die sie am Ort der Seelen verbracht haben, immer noch ihr Wesen bestimmt, wenn sie aus der Anderswelt auftauchen. Vor diesem Hintergrund ist es nicht weiter erstaunlich, dass der frühere US-Präsident Richard Nixon (2 Jaguar) den Spitznamen »Tricky Dick« hatte. Als würdiger Repräsentant der »Unterwelt« lavierte er sich grinsend durch alle Skandale, um danach gestärkt wieder an die Öffentlichkeit zu treten. Der Jaguar sieht sich jedoch immer wieder mit den Herausforderungen von »Wind«, seinem Zukunftszeichen, konfrontiert, das für allerlei Konflikte und Auseinandersetzungen sorgt. Nixon mag zwar einige Male den Maschen des Gesetzes entronnen sein, aber in dem Sturm, den er mit der Watergate-Affäre auslöste, erlitt auch er endgültig Schiffbruch. Auch der aus bescheidenen Verhältnissen stammende Lech Walesa (3 Jaguar) besaß ein ausreichendes Maß an Jaguar-Schlauheit, um den finsteren Nachstellungen selbst so gerissener Jäger, wie KGB-Agenten es sind, immer einen Schritt voraus zu sein.

Die Kalenderschamanen unserer Tage sagen, dass Jaguar-Geborene wahrscheinlich reich werden. Für die Maya bedeutet Reichtum Besitz von Gold, Silber und Getreide – alles Dinge, die entweder in der Erde wachsen oder in ihr gefunden werden. Da Jaguar ein Unterweltzeichen und daher eng mit *santo mundo* verbunden ist, scheint es nur logisch, dass der Erwerb von Reichtum sozusagen eine »Nebenwirkung« dieses Tageszeichens ist. In der griechisch-römischen Mythologie gibt es eine Parallele: Pluto, der Angst einflößende Unterweltgott, war gleichzeitig auch der Gott des Wohlstands, denn die Quelle allen Reichtums (d.h. Gold, Silber und Edelmetalle) liegt in der Erde verborgen. Daraus leitet sich auch der Begriff »Plutokrat« ab. Er bezeichnet einen Menschen, der seinen Reichtum benutzt, um politischen Einfluss auszuüben. Jaguar-Geborene sind die Plutokraten der Maya.

Der Reichtum, der dem Jaguar zufällt, hat jedoch auch seinen Preis. Es heißt, dass die unter diesem Zeichen Geborenen für alle möglichen Krankheiten anfällig sein sollen. Der Grund dafür ist im transformierenden Potenzial von *santo mundo*, der Unterwelt zu suchen, die den Jaguar zur Verwandlung und steten Arbeit an sich selbst drängt. Nun haben wir Menschen aber starke Widerstände gegen alle Arten von Veränderung, und dieser Konflikt äußert sich in einer Krankheit.

Die Lösung für dieses Problem liegt auf der Hand: Wir müssen die Veränderung akzeptieren und uns dem inneren Wandlungsprozess öffnen. Tatsächlich findet man viele Jaguar-Geborene, die genau zu diesem Zweck entsprechende Workshops besuchen und spirituelle Techniken praktizieren, die diesen Wandlungsprozess unterstützen sollen. Genau diesen Weg sollte jeder Jaguar-Geborene einschlagen. Wenn der Jaguar die Notwendigkeit der inneren Wandlung erkennt und akzeptiert, kann er ein sehr mächtiger Schamane werden. Unter den Quiché-Maya gilt ein solcher Mensch als würdiger Kandidat, um in das altehrwürdige Wissen des Ritualkalenders eingewiesen zu werden. Wie dem auch sei, der Jaguar, der die gerissene Schläue der nächtlichen Unterwelt in wahre Magie und Weisheit transformiert, kann, unabhängig von seinem kulturellen Hintergrund, eine sehr hohe Entwicklungsstufe erreichen.

Berühmte Jaguar-Geborene:
◎ Richard Nixon (2)
◎ Lech Walesa (3)
◎ Arnold Schwarzenegger (12)

Der Adler

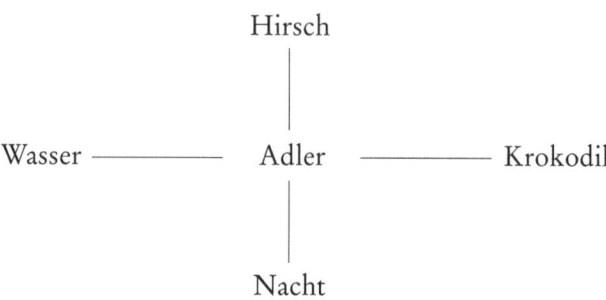

Hirsch

Wasser ——————— Adler ——————— Krokodil

Nacht

Der »Adler« besitzt eine besondere Kraft, die sowohl der spirituellen als auch der materiellen Welt angehört. Wer unter diesem Tageszeichen geboren ist, der stoße, so heißt es, wie ein Adler laute Schreie aus, um damit vom Erdvater *santo mundo* Wohlstand, Macht und die Gaben des Geistes zu fordern. Gewöhnlich werden die Wünsche des Adlers auch erfüllt, denn sein Geist ist stark und sein Einsatz hoch. Der US-Präsident John F. Kennedy beispielsweise war ein Adler.

Adler ist ein Zeichen von Leidenschaft und Begehren. AdlerGeborene erwarten das Beste vom Leben und möchten sich aus der Menge herausheben. Ein großer Teil ihres leidenschaftlichen Lebensdurstes richtet sich auf die materiellen Dinge des Daseins, weshalb es auch heißt, dass sie es zu Reichtum bringen. Wenn Adler zu Vermögen kommen, so verdanken sie das weniger irgendwelchen glücklichen Zufällen, sondern allein ihren persönlichen Fähigkeiten. Sie geben sehr bestimmte und dynamische Geschäftsleute ab.

Das Zeichen Adler hat jedoch auch eine spirituelle Dimension. Im Glauben der Völker Altmexikos galt der Adler als Symbol der Tagessonne (im Gegensatz zum Jaguar, dem Totem der Nacht). Adler symbolisiert das Licht des bewussten Denkens, während die nächtlichen Zeichen wie Jaguar oder Tod für intuitive Eingebungen stehen. Alles in allem könnte man sagen, dass der Adler, zumindest potenziell, der Magier des Lichts ist. So wie sich der Adler zum Gipfel des Weltenberges aufschwingen kann, so vermag er auch zur höchsten Ebene des Bewusstseins aufzusteigen. Der Adler ist auf der ganzen Welt das Totemtier der Schamanen, denn man glaubt, dass diesem Zeichen der »Körperblitz« zu eigen ist. Die Quiché-Maya sagen, dass Adler-Geborene alle Anlagen besitzen, um sich sowohl als Schamanen oder religiöse Lehrer hervorzutun als auch in Wirtschaft und Gesellschaft eine hervorragende Position einzunehmen.

Adler ist ein Symbol für Ganzheit und Vollständigkeit und steht für das Streben nach Vollkommenheit in allen Bereichen der menschlichen Existenz. Um zu diesen Höhen aufzusteigen, muss der Adler in der Mitte seines Seins zentriert bleiben. Betrachtet man die zentrale Achse seines Lebensbaumes, findet man »Hirsch« als Vergangenheitszeichen und »Nacht« als Zukunftszeichen. Beide Zeichen stehen für Weisheit, Kraft, Geschicklichkeit und den »Blitz im Blut«. »Wasser« und »Krokodil« sind die Zeichen für die Kraft der rechten beziehungsweise der linken Hand. Beides sind sehr unruhige Zeichen, und wenn der Adler vom geraden Weg abweicht und seine eigentliche Motivation und die Realisierung aus dem Auge verliert, weil er sich zu sehr auf seine männlichen beziehungsweise weiblichen Polaritäten einlässt, so sind Schwierigkeiten vorprogrammiert. Kennedy war bekannt für seine zahlreichen Affären (die wilde und unbezähmbare Seite des Krokodils) und litt darüber hinaus an der Addisonschen Krankheit (die Anfälligkeit des Wassers für Krankheiten). Der Beatle Ringo Starr (7 Adler) musste wegen seiner Alkoholsucht (ein Problem, an dem sowohl Krokodil als auch Adler beteiligt sind) eine Entziehungskur machen.

Adler-Geborene sollten daher lernen, ihre wahren Herzensziele zu erkennen, und diese Ziele bewusst und konzentriert anstreben. Wenn sie ihre ungebärdigen Emotionen in den Griff bekommen, können sie zum Licht vollendeter Weisheit aufsteigen.

Berühmte Adler-Geborene:
◎ John F. Kennedy (4)
◎ Ringo Starr (7)

Der Geier

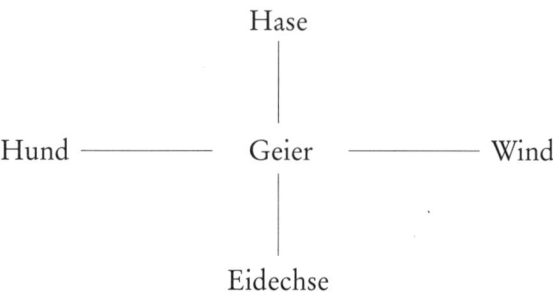

Hase

Hund ——————— Geier ——————— Wind

Eidechse

»Geier«-Geborene besitzen in hohem Maße Sinnlichkeit. Sie haben eine starke innere Verbindung zur Erde und zu der vitalen Lebenskraft, die aus der Unterwelt aufsteigt. Dieser spezielle »Draht« macht sie offen und empfänglich für die »Welt des Fleisches«. Ihr Vergangenheitszeichen ist der fruchtbare und unmäßige »Hase«, der sexuell aktive »Hund« ist die Kraft ihrer rechten Hand. Und welches Zeichen steht am Ende ihres Weges? »Eidechse«, die Verkörperung der Sinnlichkeit schlechthin!

Trotz so vieler Versuchungen sieht man den Geier-Geborenen so manches nach – behaupten zumindest die Kalenderschamanen. Es sei daran erinnert, dass Geier im Wesentlichen ein Zeichen ist, das für die Reinigung von altem Karma steht; eine Reinigung, wie sie durch den aasfressenden Geier symbolisiert wird, sowie von den »herabsteigenden Göttinnen«, die man diesem Tag in der klassischen Periode zuordnete. In gewisser Hinsicht handelte es sich bei diesen Göttinnen um die Geister der Verstorbenen, die zurückkamen, um ihre fehlgeleitete Nachkommenschaft wieder zur Räson zu bringen, indem sie ihr zeitweise die Hölle heiß machten. Momente von Leid und Verzweiflung reinigen unsere Seele – sie erneuern unser Leben und lassen uns mitfühlender werden. Dies drückt sich auch in einem anderen Symbol dieses Zeichens aus, nämlich der Votivkerze, die unsere »Sünden wegbrennt«. Sprechen Kalenderschamanen von Sünden, beziehen sie sich in erster Linie auf »fleischliche Verfehlungen« und hier wiederum solche sexueller Natur.

Der Geier nimmt auch in der Folklore der modernen Maya-völker eine zentrale Rolle ein. Normalerweise wird er als langsamer, gelassener Vogel dargestellt. Andere Tiere gehen ihm aus dem Weg, weil er nach Aas riecht und etwas beschränkt wirkt. Trotzdem ist er ein nützliches Tier und auf seine, sagen wir gemütliche Art, kein übler Bursche. Die Maya erzählen sich viele Geschichten über ihn, in denen er übers Ohr gehauen wird, aber oft ist er derjenige, der zuletzt lacht. Er ist keineswegs so dumm, wie es den Anschein haben mag. Man sagt, dass sich Geier-Geborene ähnlich wie ihr Totemtier gewöhnlich leichtfertig verhalten, aber irgendwie doch immer Glück haben.

Ihrer Elternrolle kommen Geier manchmal nur ungenügend nach. Zwar verhalten sie sich ihren Kindern gegenüber liebevoll, aber sie lassen ihnen zu viel durchgehen und sind sich des Ausmaßes ihrer Verantwortung nicht voll bewusst. Auch sind sie nicht unbedingt die treuesten Ehepartner. Die wild bewegte Ehechronik des Rockstars Bob Dylan (3 Geier) ist hierfür ein gutes Beispiel, auch wenn Dylan mit dem für dieses Zeichen typischen Glück niemals die Quittung für sein Verhalten erhielt. Vielleicht wird durch diese Erfahrungen sein Karma aufgebraucht. Im Leben Dylans nimmt jedoch die Kraft seiner linken Hand, »Wind«, eine stärkere Rolle als üblich ein. Die mit Wind verbundene Zahl ist 9, was auf Konflikte und wütende Szenen hindeutet, besonders im »weiblichen« Bereich der Ehe.

Geier sind von einer gewissen gutmütigen Trägheit, die ebenso charmant wie ärgerlich sein kann. Trotz all ihrer Schwächen und mangelnden Motivation können es Geier geschäftlich weit bringen. Sie sammeln ein Vermögen an, und ihren Familien geht es normalerweise gut. Ihr Karma wird gereinigt und in Ordnung gebracht, während sie auf der Straße ihres Alltagslebens dahin ziehen. Am Ende ihres Weges liegt die »Eidechse«, was bedeutet, dass sie ihren Lohn, die Befriedigung ihrer einfachen Freuden und Wünsche, in der materiellen Welt und ihren Vergnügungen finden.

Berühmte Geier-Geborene:
◎ Bob Dylan (3)
◎ Robert Redford (5)

Der Weihrauch

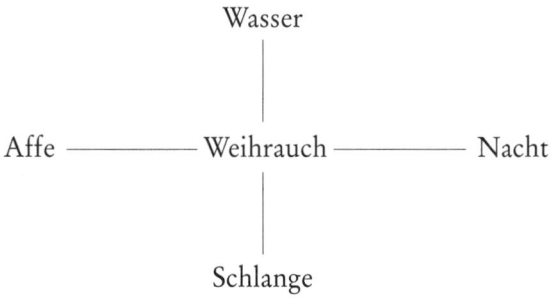

Wasser

Affe ——————— Weihrauch ——————— Nacht

Schlange

Die Maya unserer Tage verbinden dieses Tageszeichen mit dem Bild des Denkers, auch in der Wahrsagung bezieht sich der Großteil der zugeordneten Bedeutungen auf den Prozess des Denkens. »Weihrauch«-Geborene sind aber nicht nur Kopfmenschen, sie handeln auch aktiv. Ihre nachdenkliche Seite, symbolisiert durch das Zeichen »Nacht«, zeigt sich in ihrer Kraft der linken Hand. Ihre aktive Seite, symbolisiert durch den »Affen«, äußert sich in der energischeren Kraft der rechten Hand. Aus ihren Gedanken erwachsen Taten, ihre Handlungen wiederum lösen einen Prozess des Nachdenkens aus – eine endlose Spirale.

Weihrauch-Geborene haben unabhängig von ihrem Geschlecht eine ausgeprägte männliche »Note«. Selbst Shirley Temple (8 Weihrauch) wurde von ihren Eltern so erzogen, als sollte sie US-Botschafterin werden. Die Maya halten – wie viele andere Völker auch – das Denken für eine im Wesentlichen männliche Funktion. In der chinesischen Philosophie würde man von einer Yang-Aktivität sprechen. Der Gedanke ist der Vater der Tat. Weihrauch-Geborene sind Tatmenschen, und oft erreichen sie Führungsstellungen. Ihre Fähigkeit zu zielgerichtetem Handeln funktioniert sowohl auf der spirituellen wie auf der weltlichen Ebene. Weihrauch gilt als günstiges Zeichen für Schamanen und Taghüter.

Doch die Eingebungen der Weihrauch-Geborenen können ebenso unzuverlässig sein wie produktiv. Weihrauch ist einer der Jahresträger und kann zwischendurch recht launisch reagieren.

Man weiß vorher nie so genau, ob der jüngste Einfall, der da gerade dem nimmermüden Hirn des Weihrauch-Geborenen entsprungen ist, die ultimative Lösung eines Menschheitsproblems ist oder vielleicht doch bloß eine Seifenblase. Die Gedanken der Weihrauch-Geborenen fahren gern Achterbahn. Am eindrucksvollsten zeigt sich das an der Gestalt von Timothy Leary (11 Weihrauch), in dessen ursprünglicher Tätigkeit als Harvard-Psychologe sich die intellektuellen Kapazitäten dieses Zeichens zeigen. In seiner späteren Rolle als kulturkritischer LSD-Guru beschwor er die Vision einer ebenso intellektuellen wie utopischen Traumwelt, die eine ganze Generation in ihren Bann zog. Nach seiner Entlassung aus dem Gefängnis startete er eine neue Karriere als New-Age-Philosoph. Die impulsiv-sprunghafte Weihrauch-Welt der Ideen hatte ihn wieder!

Weihrauch-Geborene können ebenso diskussionsfreudig oder wirr wie visionär und meditativ sein. Die kluge »Schlange«, die oft gescheiter ist, als ihr gut tut, ist das Zeichen am Ende ihrer Straße. Unsere Gedanken sind Funken von Energie, die aus der Erde stoben. Daher galt den Völkern Altmexikos Weihrauch als Zeichen des Erdbebens. Erdbeben kommen ebenso unerwartet wie Eingebungen. Die unstete Seite dieses Zeichens macht sich vor allem dann bemerkbar, wenn das Zeichen für das Karma der Vergangenheit, »Wasser«, sehr mächtig ist.

Weihrauch-Geborene sollten lernen, ihre beachtlichen geistigen Kräfte auf ein klar definiertes Ziel zu richten, um sich nicht zu verzetteln und ihre Energie völlig aufzubrauchen. In Anbetracht ihrer magischen und spirituellen Anlagen sollten sie sich der Meditation widmen, denn sie kann ihnen helfen, diese Fähigkeiten zu entwickeln. Die Maya nannten den Weihrauch auch die »Intelligenz des Himmels«.

Berühmte Weihrauch-Geborene:
◎ Hank Williams (5)
◎ Shirley Temple-Black (8)
◎ Timothy Leary (11)

Der Feuerstein

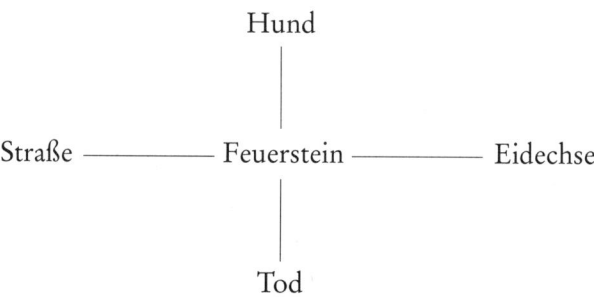

Hund

Straße ——————— Feuerstein ——————— Eidechse

Tod

Um sich des Dualismus der Erscheinungen bewusst zu werden ist es nötig, die ganze Welt als Schlachtfeld zu sehen. Wir schlagen uns auf eine der Seiten und werden Handelnde in einem Konflikt, werden Krieger und Kreuzritter. Das leidvolle Bewusstsein der Gegensatzspannung kann »Feuerstein« zu einem schwierigen Geburtszeichen machen. Die Geborenen haben gewöhnlich eine ausgeprägte Schwarzweiß-Sicht der Welt. Ihr angeborener Kampfgeist (1 Feuerstein war der Festtag des aztekischen Kriegsgottes) treibt sie zum Handeln an und lässt sie Partei ergreifen. Feuerstein-Geborene finden sich oft in vorderster Front einer Schlacht – oder Schlägerei. Auf der körperlichen Ebene wird diesem Tageszeichen (wie auch dem Zeichen Weihrauch) der Mund zugeordnet. Dies mag ein Hinweis darauf sein, dass alles, was wir sagen, seiner Natur nach dualistisch ist. Unsere Worte können inspirieren (Weihrauch) oder Streit stiften (Feuerstein).

Die Maya sagen, dass Feuerstein-Geborene streitlustig sind und gern widersprechen, was letztendlich auch bedeutet, dass sie Gegensätze zu ernst nehmen. Wenn sie sich vollständig in ihre Vorlieben und Abneigungen verbeißen, dann kämpfen sie schon beim geringsten Anlass wütend um ihr Recht. Das kann so weit gehen, dass sie auch vor Lügen und Verleumdung nicht zurückschrecken, wenn sie damit ihr Ziel erreichen können.

Präsident Lyndon B. Johnson (5 Feuerstein) führte den Vietnamkrieg mit der typischen Verbissenheit des Feuersteins – sei-

ne Tiraden waren ebenso flammend wie seine Politik der ver-
brannten Erde. Und nur ein Feuerstein wie Senator Jesse Helms
(8 Feuerstein) konnte sich zu derartig wütenden Attacken gegen
Präsident Bill Clinton hinreißen lassen, dass man mit Fug und
Recht von Morddrohungen sprechen kann. Häufiger als man
glauben möchte, wird der Feuerstein-Geborene übrigens selbst
zum Opfer seines streitsüchtigen Naturells.

Im *Buch des Chilam Balam von Kaua* lesen wir jedoch, dass
die Fähigkeit zu heilen mit diesem Zeichen verbunden ist. Es bezeichnet die Feuerstein-Geborenen als »Heiler«. Es gehört zur
inneren Doppelnatur dieses Zeichens, dass die Geborenen auch
große Heiler werden können. Das Messer in der Hand des Mör-
ders kann Leben vernichten, in der Hand des Arztes kann es heilen, und das Wissen um einen Konflikt kann ebenso den Wunsch
nach tiefer Harmonie entstehen lassen.

»Harmonie« ist überhaupt das Schlüsselwort. Wenn Feuersteine schon kämpfen wollen, dann sollten sie um innere Harmonie und Ausgeglichenheit kämpfen. Sie sollten ihre Gabe der
Unterscheidung als Werkzeug verwenden, um aus dem Gefängnis von Illusion und Täuschung auszubrechen, und nicht als
Waffe in wilden, aufreibenden Feldzügen gebrauchen. Wenn
ihnen das gelingt, wandeln sie sich vom Störenfried wirklich
zum Heiler der Gesellschaft. Dazu müssen sie sich allerdings
nach vorne orientieren, die verwandelnde Kraft des »Todes«,
ihres Zukunftszeichens, anrufen und sich weniger auf den nicht
unproblematischen »Hund« stützen, das Zeichen für ihr Karma
aus früherem Leben. Hilfe erhalten sie hierbei auch von der
Kraft ihrer rechten Hand, der »Straße«.

Weibliche Feuersteine sind oft ausgesprochen schön. Jacqueline Kennedy Onassis, Goldie Hawn und Sophia Loren wurden
alle unter diesem Zeichen geboren (1, 7 und 9 Feuerstein). Alle
sahen sich aber in ihrem Leben bisweilen gezwungen, das scharfe Schwert der Wahrheit zu führen, denn sie alle wurden mit
Streit und Auseinandersetzungen konfrontiert – manchmal in
schier unglaublichem Ausmaß.

Berühmte Feuerstein-Geborene:
◎ Jacqueline Kennedy Onassis (1)
◎ Paul Simon (2)

◎ Lyndon Baines Johnson (5)
◎ Goldie Hawn (7)
◎ Marcel Marceau, George Harrison,
US-Senator Jesse Helms (8)
◎ Sophia Loren (9)

Der Sturm

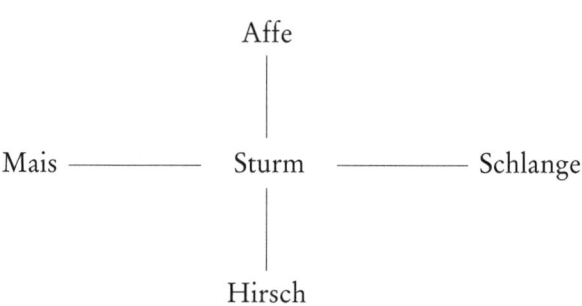

Wer unter diesem Zeichen geboren ist, hat oft den Eindruck, seinem Namen alle Ehre zu machen, da er von den Stürmen des Lebens stark durchgebeutelt wird. Die Kalenderschamanen sagen, dass »Sturm«-Geborene oft vom Zeichen Ahnen mit Aufruhr und Ärger heimgesucht werden. Damit wollen sie sagen, dass die Sturm-Geborenen eine Menge alten Karmas mit in dieses Leben bringen, das sie durcharbeiten müssen. Ein größeres Maß an Leid und Kummer ist daher vorgezeichnet. Trotz dieser belastenden karmischen Bezüge ist das Verhältnis zu ihren näheren Vorfahren stark vom Glück begünstigt, was sich in ihrem Vergangenheitszeichen »Affe« ausdrückt. Viele der berühmten Sturm-Geborenen auf unserer Liste mussten mit schweren karmischen Belastungen fertig werden. Lady Di (1 Sturm) durchlebte eine lange und schwere emotionale Krise, die auch auf das britische Königshaus einwirkte. Yoko Ono (2 Sturm), die lange Zeit als die eigentlich Schuldige an der Trennung der Beatles galt, musste mit ansehen, wie ihr Mann vor ihren Augen erschossen wurde.

Ihr »Geschick«, immer wieder mitten in die heftigsten Auseinandersetzungen zu geraten, ist eigentlich ein schlechter Scherz des Schicksals, denn im Grunde sind Sturm-Geborene empfindsame und mitleidsvolle Wesen. Das *Buch des Chilam Balam von Kaua* nennt sie »sehr phantasievoll« und »großherzig«. Ihr einfühlsames Naturell macht sie zu Künstlern und Dienern der Menschheit. An dieser Stelle sei auch erwähnt, dass einer der mit diesem Zeichen verbundenen Wahrsagesprüche »ein Tisch, gedeckt für die Götter« lautet. Damit wird auf den Tisch mit Opfergaben angespielt, den die Kalenderschamanen den Göttern als Symbol für ihre dienende Hingabe bereiten. Sturm-Geborene können von der Last ihres Karmas erlöst werden, wenn sie sich dem Dienst an einer höheren Sache widmen.

Ihre Feinfühligkeit ist der Grund, dass sie nur ein relativ dünnes Fell haben, und so ist es kein Wunder, dass sie den Stürmen ziemlich schutzlos ausgeliefert sind. Das sanfte und nachgiebige Wasser ist Teil ihres Wesens, es ist der Grund für ihr starkes Mitgefühl, aber auch für ihren Kummer und ihre Schwierigkeiten. Ihr weiches Herz ist nicht immer sofort zu sehen, denn sie verstecken es unter der harten Schale der »Schlange«, der Kraft ihrer linken Hand. Yoko Ono und Marlene Dietrich (5 Sturm) sind eher bekannt für ihre scharfe Zunge als für ihre Sanftmut. Lady Diana hingegen machte während der emotionalen Belastungen, denen sie ausgesetzt war, aus ihrer Trauer und Verzweiflung kein Geheimnis, was zur Natur dieses Zeichens besser passt.

Die hochgradige Empfindsamkeit der Sturm-Geborenen führt manchmal zur Krankheit: Wie die Wasser-Geborenen sind auch sie oft sehr fragil. Das *Buch des Chilam Balam von Kaua* sagt, dass Sturm-Geborene leicht krank werden, wenn ein neues Jahr beginnt. Sie sollten sich vor Erkältung und Grippe hüten, die immer dann drohen, wenn der Winter zu Ende geht. Auf der nördlichen Halbkugel ist das etwa Ende Februar, Anfang März der Fall. Das ist der Zeitraum, in dem das Neujahr nach dem Mayakalender beginnt und der Jahresträger seine Last auf die Schulter nimmt.

Allen karmischen Belastungen zum Trotz gehen die Sturm-Geborenen einer glücklichen und dauerhaften Lösung ihrer Probleme entgegen. Ihr Zukunftszeichen ist der mächtige magische »Hirsch«, Symbol für den Mut und die Kraft, die sie erlangen, wenn sie »den Tisch für die Götter bereiten« und sich dem selbstlosen Dienst an einer höheren Sache widmen.

Berühmte Sturm-Geborene:
- ◉ Lady Diana (1)
- ◉ Little Richard, Yoko Ono (2)
- ◉ Manley Palmer Hall (3)
- ◉ Marlene Dietrich (5)

Die Ahnen

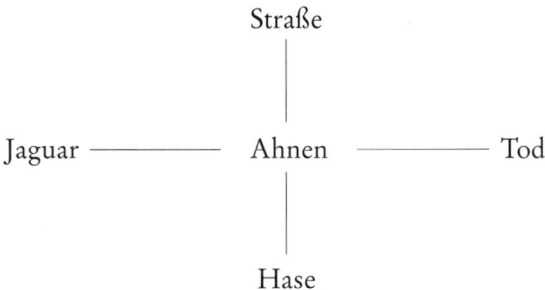

In Anbetracht der zentralen Bedeutung dieses Tageszeichens ist man versucht zu glauben, dass das Schicksal all denen, die an diesem Tag geboren sind, eine strahlende Zukunft ohne eine dunkle Wolke zugedacht hat. Nun ist aber der Charakter der »Ahnen«-Geborenen sehr vielschichtig. Sahagún berichtet, dass die Azteken Ahnen als das Zeichen der Dichter und Sänger, der Tänzer und Künstler ansahen. Diesem Zeichen kann auch ein leichter Hauch von Müßiggang anhaften, denn, so Sahagún, die Ahnen-Geborenen verlieren sich leicht in sinnlichen Vergnügungen.

Die Berufung zum Künstler oder Dichter war nach aztekischer Auffassung in erster Linie ein spiritueller Ruf – Gedichte und Lieder zu verfassen galt als »Blumenopfer« an die Götter. Auch heute fühlen viele Künstler eine innere Verbundenheit mit einer höheren Macht, und man wird in Künstlerkreisen selten jemanden finden, der von sich behauptet, überzeugter Atheist und ohne Bindung an eine irgendwie geartete geheime Kraft hinter den Dingen zu sein. Die Symbolsprache des Zeichens »Ahnen« offenbart uns, dass diese numinose Schöpferkraft ihre Wurzeln im kollektiven Unbewussten hat, das uns mit allen, die vor uns gelebt haben, in ununterbrochener Kontinuität verbindet.

Der kollektive Geist kann uns Erleuchtung bringen, uns aber auch in eine Welt der Täuschung und Illusion hinabziehen, wie wir schon bei der Besprechung des Zeichens Krokodil festgestellt haben. Auch die Ahnen-Geborenen laufen Gefahr, in den magischen Bann dieses Tiefensogs zu geraten und Opfer jener Täuschungen zu werden, die laut C. G. Jung typisch für diejenigen sind, die sich allzu unbedacht in die Tiefen des kollektiven Unbewussten vorwagen, ohne einen festen Halt in der gewöhnlichen Alltagswelt zu haben. Die Kalenderschamanen sagen, dass Ahnen-Geborene zwar mediale Anlagen besitzen und mit den Geistern der Verstorbenen sprechen können, dass dieser Kontakt mit der Welt der Ahnen jedoch zu eng, zu unmittelbar und daher gefährlich ist. Dieses vollständige Versinken im Reich kollektiver Träume und Visionen ist die große Gefahr, die in diesem Zeichen liegt. Es gibt wohl kein besseres Beispiel für diese schwierige Beziehung mit der Welt der Toten als die Biografie von Elisabeth Kübler-Ross (8 Ahnen). Die Schweizer Psychologin ist eine Vorreiterin der Hospizbewegung, die sich für ein bewusstes und würdiges Sterben einsetzt. Sie büßte einen Großteil ihres Vermögens und ihres guten Rufes ein, als sie sich in Südkalifornien mit einigen zwielichtigen »Trance-Medien« einließ, die vorgaben, mit den Seelen Verstorbener in Kontakt treten zu können.

Wenn es den Ahnen-Geborenen gelingt, ihre starke Sinnlichkeit und ihre Neigung zu schädlichen Formen des Mystizismus in den Griff zu bekommen, bestehen gute Chancen, dass sie zu Wohlstand und Weisheit gelangen, und ihr künstlerischer Kontakt mit der Anderswelt sie bereichert, statt sie ins Unglück stürzt. Ihr Lebensbaum jedenfalls hält Anlagen bereit, die sie benötigen, um dieses Gleichgewicht zu erlangen. Ihr Vergangenheitszeichen »Straße« gibt ihnen die nötige Kraft, und sie bringen ein starkes und positives Karma mit. »Jaguar« zur Rechten und »Tod« zur Linken verleihen ihnen die besten Aspekte ihres aus der Anderswelt gebrachten Erbes. Ihr Zukunftszeichen wird beherrscht vom fruchtbaren und Glück verheißenden »Hasen«, der sie mit dem Versprechen von wahrem Erfolg und Lebensfreude ruft.

Berühmte Ahnen-Geborene:
- ◉ Tonya Harding (3)
- ◉ Bruce Springsteen (5)
- ◉ Elisabeth Kübler-Ross (8)

7

Die Wahrsagekunst der Maya

Der Ritualkalender hatte seit jeher die Doppelfunktion, die Zeit zu messen und der Voraussage der Zukunft zu dienen. Bei den heutigen Maya ist Letzteres, das Erforschen der Zukunft, wohl der hauptsächliche Verwendungszweck des Heiligen Kalenders. Martin Prechtel vertritt die Auffassung, dass man unter keinen Umständen versuchen sollte, mit Hilfe des Heiligen Kalenders in der Zukunft lesen zu wollen, wenn man nicht die entsprechenden Einweihungen bekommen hat. Der Groll der Götter trifft die, die ihre Nase allzu vorwitzig in ihre Geheimnisse stecken. Nichtsdestotrotz wurde über die Divinationstechniken, die auf dem Kalendersystem der Maya aufbauen, schon mehrfach geschrieben. Diese Bücher sind für jeden interessierten Leser problemlos zugänglich. Die amerikanische Anthropologin Ruth Bunzel zeichnete 1930 eine dieser Techniken in Chichicastenango auf[36], und zwei ihrer Fachkollegen, Dennis und Barbara Tedlock, gingen in den 70er-Jahren bei einem Kalenderdeuter namens Andres Xiloj in die Lehre.[37] Welchen Sinn sollte es also haben, eine Sache geheim halten zu wollen, die längst kein Geheimnis mehr ist?

Eine Warnung an den Leser scheint mir aber an dieser Stelle trotzdem angebracht: Das Wahrsagen nach dem Heiligen Kalender ist kein amüsanter Partygag und sollte auch nicht so gehandhabt werden. Die im Folgenden erläuterte Methode verzichtet auf die Beschreibung der meisten magischen und rituellen Handlungen, die mit der traditionellen Technik des Wahrsagens ei-

185

gentlich verbunden sind. Übrig bleibt die Essenz einer Methode, die sich genauso gut auf jede andere Form des Orakelschlagens anwenden lässt, ob es sich nun um das Tarot, die *Runen* oder den Kalender der Maya handelt. Leser, die mit den Werken von Bunzel oder der Tedlocks vertraut sind, möchte ich an dieser Stelle eindringlich bitten, von den dort beschriebenen Gebeten, Kerzenopfern und Räucherungen, die in Guatemala den äußeren Rahmen eines Wahrsagerituals bilden, keinen Gebrauch zu machen. Auf keinen Fall sollte man die Tagesnamen auf Maya (und im Besonderen Quiché-Maya) aussprechen oder versuchen, das »Licht des Blutes« zu wecken, wie es in Guatemala bei schamanischen Wahrsageritualen oft geschieht. Die Technik der Divination, die die Tedlocks kennen gelernt haben, ist stark ritualisiert, und die meisten Wahrsager verwenden sehr viel formlosere Methoden. So können sich Gebete und Rituale sowie Anzahl der benötigten Wahrsagesamen von Sitzung zu Sitzung stark unterscheiden, das kommt ganz auf den Fragesteller und sein Problem an. Man sollte sich also nicht darauf versteifen, dass die hier gezeigte Technik der Zukunftsbefragung die einzig wahre und richtige ist. Wandeln Sie die Methoden ab und machen Sie Ihre eigenen Erfahrungen.

Das Wahrsageritual und seine Durchführung

Als Erstes brauchen Sie einen Beutel mit Wahrsagesamen. Der Wahrsagebeutel ist im Grunde das Gleiche wie ein Medizinbeutel oder die Art von Säckchen, in denen man seine Runensteine aufbewahrt. Medizinbeutel bekommt man in vielen Esoterikläden, aber im Grunde tut es jeder Leder- oder Stoffbeutel. Die besten Beutel sind natürlich die, die man selbst gemacht hat.

Haben Sie dann Ihren Beutel gefunden, müssen Sie sich nach den geeigneten Wahrsagesamen umsehen. In Guatemala verwenden die Schamanen meistens die Samen vom *ceiba*- beziehungsweise *tz'ite*-Baum, dem mythologischen Weltenbaum der Maya. Martin Prechtel verwendet Bohnen – welche Art von Bohnen das ist, kann ich nicht sagen. Sein Kommentar: »Die Dinger sind ziemlich giftig. Sie nur aus meinem Wahrsagebeutel zu nehmen kostet mich schon viel Kraft.« Vermutlich will er damit sagen, dass sich die zum Wahrsagen verwendeten Bohnen beziehungsweise Samen mit magischen Kräften aufladen, die sie unter Umständen »problematisch« machen – Energien, die von den Sturmgöttern und Geistern, die über die Divination wachen, aber vielleicht auch aus den Krankheiten und Problemen der Ratsuchenden (oder aus einer Mischung aus allem!) stammen können. Auch hier ist es das Beste, nicht mit Situationen zu experimentieren, an denen Energien beteiligt sind, die wir nicht oder nicht gut genug kennen, um sie kontrollieren zu können. Wahrsagen im weitesten Sinne ist auf vielen Ebenen möglich. Es ist nicht nötig, dass wir uns auf Energien einlassen, die unser seelisches beziehungsweise geistiges Gleichgewicht gefährden können, um zum Beispiel sinnvoll mit dem *I Ging* zu arbeiten. Auch hier kommen wir ohne die traditionellen chinesischen Gebete aus, und an Stelle der klassischen Schafgarbenstängel können wir irgendwelche Münzen verwenden. Es spricht also nichts dagegen, dass Sie in den nächsten Supermarkt gehen und sich dort eine Packung Popcornmais als Füllung für Ihren Medizinbeutel kaufen. Es ist sogar so, dass heutzutage die meisten »Wahrsager-Lehrlinge« in Guatemala Maiskörner verwenden, und wahrscheinlich haben auch die Wahrsagepriester präkolumbischer Zeit mit Maiskörnern gearbeitet.

Wie viele Körner oder Samen gehören nun in einen Wahrsagebeutel? Das ist letztlich eine Frage des persönlichen Geschmacks. Eine geeignete Anzahl wäre 260, da das der Zahl der Tage im Heiligen Kalender entspricht. In Momostenango jedoch gilt ein Beutel, der mit 150 Samenkörnern gefüllt ist, als »Norm«. Viele Maya-Schamanen geben zusätzlich noch Kristalle oder andere magische Steine in ihren Beutel. Sind diese Steine nicht zu groß, kann man sie unter die Samen mischen und sie bei der Wahrsagung zusammen mit den Samen verwenden. Es ist bei vielen Kalenderschamanen jedoch gängiger Brauch, dass sie ihre Steine bzw. Kristalle zu bestimmten Mustern auf dem Wahrsagetisch kombinieren, bevor sie mit ihrer Arbeit beginnen. Bei der Auswahl Ihrer Kristalle beziehungsweise Edelsteine sollten Sie sich von Ihrer Intuition führen lassen, so wie es die Maya auch tun. Verwenden Sie die Steine, zu denen Sie eine innere Verwandtschaft spüren.

Nachdem Sie nun so viel Sorgfalt darauf verwendet haben, um Ihren Beutel, die Samen und Edelsteine auszuwählen, sollten Sie diese Dinge auch an einem besonderen Ort aufbewahren. Sie sind das Werkzeug, mit dessen Hilfe wir in der Zukunft lesen wollen, und daher sollten Sie sie mit gebührendem Respekt behandeln.

Bei einer Wahrsagung sitzen sich Wahrsager und Fragesteller an einem Tisch gegenüber. Traditionelle Wahrsager haben hierfür oft einen eigenen Tisch, der nur diesem speziellen Zweck dient. Sie können jede Art von Tisch verwenden: den Küchentisch, den Couchtisch im Wohnzimmer, oder wenn Sie außer Haus sind, um eine Wahrsagung durchzuführen, alles, was sich als Tisch zweckentfremden lässt.

Ihre erste rituelle Handlung besteht darin, den Tisch zu bereiten. Das kann in einer schlichten Handlung geschehen oder mit der Zeremonie, die Sie für nötig halten. Die meisten Wahrsager benützen ein Stück Stoff, um darauf ihre Samen auszulegen. Kleine Deckchen oder Tücher mit indianischen Motiven eignen sich wunderbar für unseren Wahrsagetisch, aber Sie sind natürlich völlig frei, das zu verwenden, was Ihnen am besten gefällt. Haben Sie Ihr magisches Tischtuch ausgebreitet, könnten Sie noch ein paar Kerzen aufstellen und sie anzünden. Als Nächstes schütten Sie Ihre Maiskörner auf das Tischtuch und schieben sie zu einem kleinen Häufchen zusammen. Eine andere Möglichkeit wäre, sie in eine Schüssel zu füllen, dann sind sie bequemer zu fassen.

Wenn Sie Steine und Kristalle einbeziehen möchten, ordnen Sie sie auf dem Tisch an. Viele Maya-Wahrsager legen ein Kristallmuster rund um den Platz, an dem sie wahrsagen. Manchmal folgen diese Legemuster streng vorgegebenen traditionellen Regeln, wie zum Beispiel in der stark traditionsbewussten Momostenango-Gemeinde, in der die Tedlocks ihre Ausbildung erhielten. Diese Legemuster variieren von Dorf zu Dorf und von Schamane zu Schamane, also richten Sie sich am besten nach Ihrem Gefühl. Ob Sie nun nur zwei oder drei Steine verwenden oder deren zehn, liegt ganz bei Ihnen. Legen Sie die Steine vor sich oder neben sich, und bilden Sie ein Muster, das Ihnen sinnvoll scheint. Ich platziere meine Steine gewöhnlich ins linke obere Eck des Tisches: meinen großen Visionskristall in die Mitte, vier Steine außen herum als Symbol für *santo mundo* und die vier Himmelsrichtungen.

Traditionelle Schamanen beginnen ein Wahrsageritual gewöhnlich mit einem Gebet, das sich an die Trinität des Maya-
Pantheon, den Jahresregenten, die vier Himmelsrichtungen und
eine erkleckliche Anzahl von Heiligen und Geistern richtet. Große Mengen Weihrauch werden verbrannt, um die Ahnen herbeizurufen und böse Geister zu bannen. Was diesen Bereich des
Rituals angeht, sollten Sie sich besser *nicht* an die Tradition halten. Vor allem sollte man die Finger davon lassen, die Ahnen
anzurufen oder die Geister, die über den Heiligen Kalender wachen. Auch sollten Sie die Tagesnamen nicht mit ihrem Maya-
Namen anrufen – das wäre gleichbedeutend mit einer direkten
Ansprache der Götter. Wenn Sie den Wunsch haben, Ihre Sitzung
mit einem Gebet einzuleiten, dann sprechen Sie einige Worte, die
Ihnen spontan aus dem Herzen kommen und bleiben Sie dabei
eher allgemein.

Nun lassen Sie den Ratsuchenden seine Frage formulieren.
Nachdem er sie ausgesprochen hat, nehmen Sie eine Hand voll
Samen aus der Schüssel beziehungsweise aus dem Haufen, den
Sie auf Ihrem magischen Tischtuch ausgebreitet haben. Wenn Sie
nach den Samen fassen, sollten Sie im Geist offen und empfäng-
lich sein, leer von irgendwelchen Vorstellungen. Kommentieren
Sie gedanklich nicht, was Sie gerade tun, sondern fassen Sie in die
Samen und greifen einige heraus.

Die Samen, die Sie herausgenommen haben, legen Sie vor sich
auf den Tisch, zählen jeweils vier Körner ab und legen sie zu
einem kleinen Häufchen. Diesen Vorgang wiederholen Sie, bis
Sie eine Reihe von vier oder fünf solcher Vierergruppen erhalten.
Ist die erste Reihe komplett, beginnen Sie darunter eine neue
Reihe. Das machen Sie so lange, bis alle Samenkörner verbraucht
sind. Wenn Sie fertig sind, erhalten Sie ein Legemuster, das in
etwa so aussehen sollte wie in Abbildung 14.

Wenn Sie nun das Legemuster untersuchen, ist es wichtig zu
sehen, wie sich die letzte Gruppe zusammensetzt. Die letzte
Gruppe von Samen kann uns subtile Hinweise auf die weiteren
Ergebnisse unserer Wahrsagung geben.

◎ Besteht das letzte Häufchen in der untersten Reihe aus exakt
   vier Körnern, wird unsere Wahrsagung klare und eindeutige
   Ergebnisse liefern.

- ◎ Finden sich im letzten Häufchen nur zwei Körner, ist das ebenfalls ein gutes Zeichen und ein Hinweis auf relativ klare Resultate.
- ◎ Bleiben drei Körner übrig, ist das Ergebnis unserer Divination eher unzuverlässig.
- ◎ Bleibt gar nur ein Korn übrig, kann man davon ausgehen, dass das Ergebnis wenig aufschlussreich sein wird. Ein traditioneller Schamane würde in solch einem Fall den Vorgang abbrechen und das Ritual zu einem anderen Zeitpunkt wiederholen.

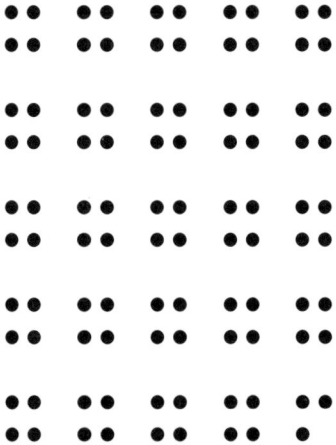

Abbildung 14: Das Legemuster der Wahrsagesamen

Ausgehend vom ersten Häufchen von vier Körnern zählen Sie nun die Tage des *tzolkin* ab, wobei jede Vierergruppe als eigener Tag gilt. Barbara Tedlock schreibt in ihrem Buch, dass man mit der Zählung der Tage an dem Tag beginnen sollte, an dem man die Divination durchführt, aber Martin Prechtel ist hier anderer Ansicht. Er meint, man sollte diese Art der Zählung nur verwenden, wenn es um eine Antwort auf eine konkrete Frage geht. Das deckt sich auch mit den Ausführungen von Ruth Bunzel. Sie berichtet, dass in den 30er-Jahren die Quiché-Schamanen in Chichicastenango bei Wahrsagungen über die Ursachen einer Krankheit oft von dem Tag aus zählten, an dem der Ratsuchende erkrankte. Martin vertritt die Auffassung, dass man die Zählung mit dem

Tageszeichen beginnen sollte, unter dem der Frager geboren wurde. Meiner Erfahrung nach ist das tatsächlich die beste Methode, um für jemand anderen den Kalender zu lesen – vor allem dann, wenn man über die allgemeinen Lebensumstände des Fragenden Aufschlüsse bekommen möchte. Lesen Sie also für jemanden den Kalender, der an 3 Weihrauch geboren ist, heißt das erste Häufchen in unserem Muster 3 Weihrauch und Sie zählen dann entsprechend weiter bis zum Ende.

Zählen Sie also die einzelnen Häufchen der Reihe nach ab, wie sie im *tzolkin* erscheinen. Die Wahrsager der Quiché zählen sehr schnell und rhythmisch, es hört sich fast so an, als würden sie singen. Das laute Aussprechen der heiligen Namen überträgt ein großes Maß an magischer Kraft. Wie bereits gesagt, ist dieser Weg für uns kaum gangbar und auch nicht im Geringsten ratsam. Wenn Sie mit der Reihenfolge der Tage nicht ganz vertraut sind, nehmen Sie zur Erleichterung eine Kalendertafel zu Hilfe. Wenn Sie beim letzten Häufchen angelangt sind, notieren Sie sich den Tag und die zugehörige Zahl. Beiden kommt eine spezielle divinatorische Bedeutung zu, auf die wir später noch eingehen werden.

In Abbildung 15 auf Seite 192 sehen Sie das Legemuster für eine Person, deren Geburtstag auf 3 Weihrauch fällt. Wir zählen also vom ersten Häufchen, das dem Datum 3 Weihrauch entspricht, bis zum letzten Häufchen in unserer Serie und erhalten als Ergebnis 1 Krokodil.*

Taucht bei einer Divination das Zeichen Krokodil auf, gibt es Anzeichen, dass einige rätselhafte Umstände mit im Spiel sind. Worin sie genau bestehen, ist unklar, da das letzte Häufchen nur aus drei Samenkörnern besteht, was auf ein nicht hundertprozentig eindeutiges Ergebnis schließen lässt. Betrachten wir die divinatorischen Bedeutungen des Zeichens Krokodil, auf die ich in diesem Kapitel noch eingehen werde, dürfen wir vermuten, dass dieses Geheimnis mit einem Feind zu tun hat oder mit einer psychischen oder mystischen Erfahrung, die den Ratsuchenden verunsichert und vielleicht sogar an seiner geistigen Gesundheit

---

* Zählen Sie dabei in der Kalendertafel ab 3 Weihrauch die Spalte nach unten, beginnen Sie oben in der nächsten Spalte, bis Sie im Anschluss an die letzte Spalte wieder oben in der ersten Spalte anlangen.

•• ••	•• ••	•• ••	•• ••	•• ••
3 Weihrauch	4 Feuerstein	5 Sturm	6 Ahnen	7 Krokodil
•• ••	•• ••	•• ••	•• ••	•• ••
8 Wind	9 Nacht	10 Eidechse	11 Schlange	12 Tod
•• ••	•• ••	•• ••	•• ••	•• ••
13 Hirsch	1 Hase	2 Wasser	3 Hund	4 Affe
•• ••	•• ••	•• ••	•• ••	•• ••
5 Straße	6 Mais	7 Jaguar	8 Adler	9 Geier
•• ••	•• ••	•• ••	•• ••	•• •
10 Weihrauch	11 Feuerstein	12 Sturm	13 Ahnen	1 Krokodil

Abbildung 15: Das Lesen der Tage: Erste Zählung

zweifeln lässt. Wie wir aus der Zahl 1 sehen können, der niedrigst möglichen Zahl, ist die Situation nicht wirklich gefährlich. Wert und Bedeutung der Zahlen wurden in Kapitel 4 bereits näher beschrieben, ihre Charakteristiken seien an dieser Stelle jedoch noch einmal kurz wiederholt:

◎ Die Zahlen von 1 bis 4 gelten als eher schwach. Ist die Natur des Tageszeichens positiv, schwächt eine niedrige Zahl sein positives Potenzial. Handelt es sich um ein eher problematisches Tageszeichen, wird sein negatives Potenzial ebenfalls geschwächt.

◎ Die mittleren Zahlen 5 bis 9 gelten als ausgewogen und sind die harmonischsten Werte, die man beim Auszählen der Samen erhalten kann. Unterstützende Tageszeichen wirken in Verbindung mit diesen Zahlen noch günstiger, weil sie die guten Seiten in Balance halten. Herausfordernde, eher problematische Zeichen zeigen in Verbindung mit diesen Zahlen ihre besten Seiten.

◉ Die Zahlen 10 bis 13 werden als *zu* stark betrachtet. Sie zeigen einen Überschuss an Energie beim betreffenden Zeichen an, was es unter Umständen sehr schwer zu handhaben macht, wenn seine Grundnatur selbst schon eher problematisch ist. Manchmal kann eine zu hohe Zahl auch die Energie eines im Grunde positiven Zeichens verfälschen, da sie uns »zu viel des Guten tun« lässt. Andererseits kann sie einfach auch nur ein Hinweis darauf sein, dass ein größeres Maß dieser positiven Energie verfügbar ist. Genauere Einzelheiten zu den Tageszeichen finden Sie unter dem Punkt »Divinatorische Entsprechungen« am Ende dieses Kapitels.

Wir haben also 1 Krokodil als Ergebnis unserer Befragung erhalten. Nun werden jedoch Tageszeichen oft paarweise gelesen. Liest man immer zwei Zeichen zusammen, erhält man ein genaueres Bild und die Aussage wird »runder«. Es gibt zwei verschiedene Möglichkeiten, dieses zweite Zeichen zu ermitteln:

◉ Die einfachste Methode ist, die beiden letzten Tageszeichen im Legemuster zu einem Paar zusammenzufassen. In unserem obigen Beispiel wäre 13 Ahnen der Partner zu 1 Krokodil. Lesen wir die divinatorischen Entsprechungen zu Ahnen nach, könnten wir annehmen, dass eine sehr mächtige Gestalt, jemand, der magische Fähigkeiten besitzt, mit im Spiel ist. Das Wissen und die Weisheit dieses Menschen bringt den Rat Suchenden aus dem Gleichgewicht, er fühlt sich leicht »daneben«. Dieser Jemand hat den Geist des Rat Suchenden mit der Frage nach den Geheimnissen des Lebens konfrontiert. Die ganze Situation ist aber keinesfalls bedrohlich, denn das Zeichen Krokodil, das uns durchaus schwierigen Erfahrungen aussetzen kann, ist in diesem Fall mit der (niedrigst möglichen) Zahl 1 verbunden, was bedeutet, dass hier im Grunde kein echtes Problem besteht.

Nun sprechen Orakel bekanntlich durch Symbole, und Symbole sind ihrer Natur nach nun einmal sehr offen und bieten Raum für sehr unterschiedliche Deutungen. So kann der Frager jemand sein, der noch nie in seinem Leben mit Menschen, die einen spirituellen Weg gehen und über entsprechende Kräfte verfügen, Kontakt hatte. Dann sollten wir auch die Möglichkeit in Erwägung ziehen, dass das Zeichen Ahnen in diesem Fall auf die häusliche Situation des Ratsuchenden hinweist, und ihn irgendetwas in seinem familiären Umfeld »verrückt« macht.

◎ Die zweite Möglichkeit, das »Zwillingszeichen« zu einem bestimmten Tageszeichen zu ermitteln, ist die Methode, die die Tedlocks in Momostenango gelernt haben. Das Endergebnis sehen Sie in Abbildung 16.

●● ●●	●● ●●	●● ●●	●● ●●	●● ●●
3 Weihrauch	4 Feuerstein	5 Sturm	6 Ahnen	7 Krokodil
2 Wind	3 Nacht	4 Eidechse	5 Schlange	6 Tod

●● ●●	●● ●●	●● ●●	●● ●●	●● ●●
8 Wind	9 Nacht	10 Eidechse	11 Schlange	12 Tod
7 Hirsch	8 Hase	9 Wasser	10 Hund	11 Affe

●● ●●	●● ●●	●● ●●	●● ●●	●● ●●
13 Hirsch	1 Hase	2 Wasser	3 Hund	4 Affe
12 Straße	13 Mais	1 Jaguar	2 Adler	3 Geier

●● ●●	●● ●●	●● ●●	●● ●●	●● ●●
5 Straße	6 Mais	7 Jaguar	8 Adler	9 Geier
4 Weihrauch	5 Feuerstein	6 Sturm	7 Ahnen	8 Krokodil

●● ●●	●● ●●	●● ●●	●● ●●	●● ●
10 Weihrauch	11 Feuerstein	12 Sturm	13 Ahnen	1 Krokodil
9 Wind	10 Nacht	11 Eidechse	12 Schlange	13 Tod

Abbildung 16: Das Lesen der Tage: Zweite Zählung

Sind wir beim letzten Häufchen unseres Legemusters angelangt, in unserem Beispiel also 1 Krokodil, setzen wir die Zählung der Tage entsprechend ihrer Reihenfolge im Kalender einfach fort (beim ersten Zeichen in der obersten Reihe), und schreiben die nächsten Zeichen unter die vorher ermittelten. In unserem Beispiel erhält das Anfangszeichen 3 Weihrauch nun als zweiten Wert 2 Wind. Somit erhalten wir für unser letztes Zeichen, 1 Krokodil, wenn wir die Reihen noch einmal ganz durchgegangen sind, das Zeichen 13 Tod. Auch diesem zweiten Zeichen kommt ein gewisses Gewicht zu.

Um zu einer vollständigen Interpretation zu gelangen, kombinieren wir die Bedeutungen der beiden Zeichen. Der Erläuterung zur divinatorischen Bedeutung des Zeichens »Tod« entnehmen wir, dass es ein sehr günstiges Zeichen ist. Wenn der Fragende vielleicht bezüglich einer bevorstehenden Heirat oder einer aufkeimenden Romanze etwas aus dem Häuschen ist, würde sich in diesem Fall alles zum Besten entwickeln, da Tod ein durch und durch positives Zeichen ist. Deuten wir das Zeichen auf einer mehr spirituellen beziehungsweise mythischen Ebene, wie sie in Kapitel 5 angesprochen wurde, könnte man vermuten, dass der Fragende eine Krise durchmacht, die durch einen spirituellen Verwandlungsprozess in seinem Unterbewusstsein ausgelöst wurde.

Maya-Schamanen verwickeln ihre Klienten gewöhnlich in ein Gespräch, während sie eine Wahrsagung durchführen. Mit ihren Fragen sondieren sie die möglichen Deutungsebenen, die im einzelnen Orakel liegen. In der oben beschriebenen Situation könnte man zum Beispiel folgende Frage stellen: Haben Sie jemand kennen gelernt, der Ihnen sympathisch ist? Sind Sie sich Ihrer Gefühle nicht ganz sicher?

Oft genügt es nicht, die Samen nur einmal zu legen; das werden Sie schnell feststellen, wenn Sie ein Gespür für das Orakel entwickelt haben und beginnen, die Zusammenhänge zwischen der Person des Fragenden und der Antwort zu ergründen. Um unser obiges Beispiel weiterzuspinnen, könnten Sie durch vorsichtiges Fragen und unter Zuhilfenahme der verschiedenen Bedeutungen des Zeichens herausfinden, dass unser Klient, in diesem Fall eine Frau, sich in einen ebenso gut aussehenden wie wohlhabenden Mann verliebt hat. Nun wird auch die Bedeutung der Zahl 13 klar – die Tatsache, dass das Zeichen mit der höchsten möglichen Zahl verbunden ist, ist ein Hinweis, dass alles für den guten Ausgang dieser Herzensangelegenheit spricht. Woher also diese Unruhe, wie sie durch das Zeichen Krokodil angedeutet wird? Hat sie vielleicht den Verdacht, dass sich jener Mann neben ihr noch mit anderen Frauen trifft?

Nehmen wir an, davor hat diese Frau wirklich Angst. Ob der fragliche Mann nun tatsächlich in fremden Revieren wildert oder nicht, geht aus unserer ersten Legung nicht hervor – da Tod stärker ist als Krokodil, könnte es sein, dass ihr Verdacht zu Unrecht besteht. Die Antwort ist jedoch nicht eindeutig, da wir in unserem letzten Häufchen eine ungerade Anzahl von Samen haben. Daher füllen wir unsere Samen wieder zurück in unsere Schüssel und legen sie so oft wieder aus, bis wir die Frage und alles, was mit der Situation zusammenhängt, eindeutig geklärt haben. Wir sollten eine Frage erst dann als vollständig beantwortet betrachten, wenn uns die Zeichen des Kalenders einen klaren Hinweis gegeben haben, wie wir mit der Situation umgehen sollen.

Wenn wir die Divination abgeschlossen haben, beenden wir die Sitzung mit einem Gebet, mit dem wir uns bei der höheren Macht für ihre Hilfe bedanken.

Die Bedeutungen der Tageszeichen für die Wahrsagung

In Maya-Gemeinschaften nehmen Wahrsagungen oft magische Dimensionen an. Kommt ein Ratsuchender mit seiner Frage zum Wahrsager, mag sich die Antwort aus den alltäglichen Lebensumständen des Betreffenden ergeben, so könnte er zum Beispiel mit seiner Ehefrau oder den Nachbarn Streit haben. Doch es ist genauso gut möglich, dass der Ursprung seiner Schwierigkeiten in »übernatürlichen« Ursachen zu suchen ist. Vielleicht gibt es Disharmonien im Verhältnis des Fragenden mit dem Geist eines Ahnen, oder jemand hat den Betreffenden mit einem Zauber belegt. Um festzustellen, ob solche »übernatürlichen« Einflüsse vorliegen, wird der Wahrsager, der gleichzeitig auch Schamane ist, sich einer Technik bedienen, die als die »Sprache des Blutes« bekannt ist: Wenn er die Samen des heiligen *tz'ite* abzählt, kann es sein, dass sein Finger auf magische Weise von einem ganz bestimmten Samenhäufchen angezogen wird. Das »Körperlicht« tritt in Aktion und bringt das Blut des Wahrsagers »zum Sprechen«, das heißt, seine Hand oder auch sein Oberschenkel beginnen zu zittern. Dann wird der Wahrsager auszählen, welches Tageszeichen dem Samenhäufchen zugeordnet ist, von dem seine Hand angezogen wurde, denn dieses Zeichen enthält eine ganz bestimmte spirituelle Botschaft für den Ratsuchenden; eine Botschaft, die das Ergebnis der übrigen Wahrsagung bestätigt oder stützt, doch es ist nicht unwahrscheinlich, dass sich auch ganz neue (und meist magische) Dimensionen auftun.

Wenn die Wurzeln für das Problem des Ratsuchenden in der spirituellen Welt liegen, werden »normale« Lösungsversuche versagen. Spirituelle Probleme verlangen nach spirituellen Lösungen. An diesem Punkt wird der Wahrsager zum Schamanen, der dem Ratsuchenden eine »Kur« aus bestimmten Gebeten und Ritualen »verschreibt«, die er ausführen soll.

Aus dem eben Gesagten sollte hervorgehen, dass es auch innere, »geheime« Belehrungen über die Bedeutung der Tageszeichen gibt. Hier ist allerdings nicht der geeignete Rahmen, um auf diese Zusammenhänge einzugehen. Direkt mit dem »Körperlicht« zu arbeiten kann sehr gefährlich werden, und wir sollten uns nur unter der Anleitung eines befähigten Lehrers auf diesen Weg begeben. Die hier beschriebenen Techniken und Bedeutungen sind für die meisten Zwecke völlig ausreichend, denn sie funktionieren nach denselben universellen Prinzipien wie alle Orakel und Wahrsagetechniken, sei es nun der Heilige Kalender, das *I Ging* oder das Tarot. Wenn wir in dieser Haltung an den Heiligen Kalender herangehen, erhalten wir ebenso verlässliche und weise Resultate wie bei den anderen genannten Orakeln auch.

In einem früheren Kapitel wurden bereits die symbolischen beziehungsweise mythologischen Entsprechungen der einzelnen Tageszeichen erläutert. Diese symbolischen Entsprechungen sollten wir immer im Hinterkopf haben, wenn wir eine Wahrsagung durchführen. In der Divination fällt den Tageszeichen jedoch noch eine spezielle Bedeutung zu, und die Kunst des geschickten Kalenderschamanen besteht darin, diese eher »weltliche« Bedeutungsebene mit den spirituellen Dimensionen des Zeichens in Einklang zu bringen.

Ein Beispiel aus dem Tarot soll das Gesagte deutlicher machen: Auf der Symbolebene ist die Karte »Der Narr« ein sehr vielschichtiges Bild für Befreiung, Erleuchtung und »göttliches Chaos«. Wird diese Karte aktuell in einer Sitzung gezogen, so kann sie entweder auf eine kosmische Erfahrung des Freiseins hinweisen oder auf eine ebenso überstürzte wie unkluge Handlung. Der Tarotleger muss intuitiv zur Wahrheit vordringen und aus allen möglichen Interpretationen eine sinnvolle Deutung herauskristallisieren. Analog verhält es sich mit dem Heiligen Kalender. Wie jedes Orakel äußert er sich zu den alltäglichen Ereignissen in unserem Leben ebenso wie zu der hinter diesen Vorgängen verborgenen, tieferen spirituellen Bedeutung. Das nun Folgende ist ein Abriss der divinatorischen Bedeutungsschichten, die die Kalenderschamanen der Maya gewöhnlich mit den einzelnen Tageszeichen verbinden.

DAS KROKODIL

Schlüsselbegriffe: Alles Verborgene und Geheime, Mysteriöse; geistige Störungen, Wahnvorstellungen; das große Geheimnis, das die Verstorbenen zur Vision oder in den Wahnsinn treibt.

Erscheint »Krokodil« als Ergebnis einer Frage bezüglich Heirat oder Liebe, kann es ein Hinweis sein, dass man im Begriff ist, eine Beziehung mit jemandem einzugehen, der einen »verrückt macht«, jemandem, der einem allerlei Kopfschmerzen und Unruhe beschert. Handelt es sich um eine Reise, dann wird das die Art von Urlaub, bei der alles schief geht: Das Gepäck geht verloren, verpasste Flüge etc. Geht es um Geschäftliches, ist Krokodil ein Hinweis dafür, dass die ganze Sache die Mühe nicht wert ist, die sie verursacht. Bei einer Frage bezüglich Gesundheit könnte Krokodil ein Anzeichen dafür sein, dass man auf die negative Energie von jemandem reagiert, der einem die Krankheit an den Hals wünscht. Ist Krokodil mit einer niedrigen Zahl verbunden (1 bis 4), dann ist die Krankheit nicht ernst. Tatsächlich ist Krokodil nur im Zusammenhang mit spirituellen Fragen ein günstiges Zeichen, denn hier kann es bedeuten, dass man tiefer in die Geheimnisse des Lebens eintaucht. Nichtsdestotrotz sollte man auf der Hut sein, denn die Wasser des Lebens sind ebenso tief wie dunkel!

DER WIND

Schlüsselbegriffe: Rohe Kraft; äußert sich als Zorn, Wildheit, Gewalt, Raserei, Wutanfall; ein Feind; die zerstörerischen Kräfte des Universums.

In geschäftlichen Belangen bedeutet dieses Zeichen: Vorsicht! Auf diesem Gebiet bedeutet »Wind« nichts anderes als Ärger pur, und dasselbe gilt auch für Reisen aller Art. Kommt dieses Zeichen als Antwort auf eine Frage bezüglich Liebe oder Ehe, könnte sich das Objekt der Begierde letzten Endes als Feind erweisen. Die fragliche Person ist wahrscheinlich zu heftig und eigensinnig, um ein wirklicher Partner zu sein, mit dem man eine gleichberechtigte Beziehung aufbauen kann. Auf der gesundheitlichen Ebene könnte Wind bedeuten, dass man unter den negativen Auswirkungen des eigenen Zorns oder zorniger Attacken anderer zu leiden hat. Erhält man als Resultat der Befragung 9 Wind, so bedeutet das, dass man sich in irgendeiner Form gegen den Geist des Universums selbst, wie er sich im Ahnen-Konzept der Maya ausdrückt, vergangen hat. Vermutlich liegt der Grund hierfür in einem zornvollen Verhalten. In diesem Fall sollte man ein Sühneritual durchführen.

DIE NACHT

Schlüsselbegriffe: Dämmerung, Dunkelheit; was verschlossen war, wird geöffnet; Verleumdung; Lügen, Betrug.

Erscheint »Nacht« in Verbindung mit einer niedrigen Zahl, ist das ein günstiges Zeichen. Das Gewicht liegt auf den positiven Aspekten des Tageszeichens. In den Bereichen Erfolg, Beziehungen und Reisen kann man Nacht in Verbindung mit den Zahlen 1 bis 9 als günstiges Resultat ansehen. In Verbindung mit den Zahlen 10 bis 13 wirkt das Zeichen »zu stark«, und die trügerische, unterweltliche Seite der Nacht tritt hervor – dieses Resultat muss als im Wesentlichen negativ gewertet werden, als Hinweis auf Lügen, Täuschungsmanöver und unerwartete Schwierigkeiten. Bei Fragen, die die Gesundheit betreffen, ist

Nacht wie die beiden vorhergehenden Zeichen ein möglicher Hinweis darauf, dass das gesundheitliche Problem auf den negativen Einfluss einer anderen Person zurückzuführen ist.

DIE EIDECHSE

Schlüsselbegriffe: Schulden begleichen; sexuelle Begierden.

Erhalten wir als Resultat einer Befragung das Zeichen »Eidechse«, dann heißt das, dass man jemandem etwas schuldet, dass ein »Schuldenberg auf einem lastet«. Diese Schuld kann gegenüber einem anderen Menschen bestehen, aber auch gegenüber dem eigenen höheren Selbst. So oder so, in beiden Fällen muss man sich um eine Wiedergutmachung bemühen. Steht eine niedrige Zahl beim Zeichen, also beispielsweise 2 Eidechse, ist unsere »Schuld« nicht so schwerwiegend und liegt nur relativ kurze Zeit zurück. Ist das Ergebnis 12 oder 13 Eidechse, kann es sich um alte karmische Schulden mit den entsprechenden Folgen handeln. Auch müssen wir die starke sexuelle Komponente des Zeichens im Auge behalten. In Bezug auf Liebe oder Beziehungen bedeutet Eidechse, dass heftigste Leidenschaften am Werk sind.

DIE SCHLANGE

Schlüsselbegriffe: Ein Feind; Zauber, Hexerei; Krankheit; der eiserne Besen der *curandera* (d. h. Heilung).

»Vorsicht, Feind!«, könnte als Motto über dem Resultat einer Befragung stehen, bei der als letzter Tag »Schlange« erscheint. Im Bereich Liebe und Beziehung könnte der Mensch, den man liebt, insgeheim gegen einen arbeiten. Ähnliches gilt für den geschäftlichen Bereich. Geht es um Fragen bezüglich Gesundheit oder Krankheit, so glauben die Maya, dass hier die gleiche Dynamik am Wirken ist, der Kranke also von dritter Seite verhext wurde. Diese Aussage lässt sich allerdings nur beschränkt auf den westlichen Kulturkreis anwenden und sollte vor dem Hintergrund der Maya-Gesellschaft gesehen werden. Erscheint auf eine Frage die Gesundheit betreffend das Zeichen Schlange, sollte man das als Warnung verstehen und einen Arzt aufsuchen. In Verbindung mit anderen stark positiv geladenen Tageszeichen ist Schlange ein Indiz dafür, dass eine Heilung stattfindet, denn Schlange ist das Zeichen der Heiler und *curanderos.*

DER TOD

Schlüsselbegriffe: Endgültige Auflösung aller polaren Gegensätze; Heirat (und die weibliche Seite des Lebens im Allgemeinen); Bitte um das Gute, Bitte um Vergebung; die Ahnen.

»Tod« als Resultat einer Divination ist ein rundum positives Zeichen. Gesundheit, Geschäfte, Reisen und vor allem Herzensangelegenheiten – alle Bereiche profitieren davon. In Verbindung mit einer niedrigen Zahl ist die positive Wirkung zwar abgeschwächt, aber das Ergebnis ist trotzdem als günstig zu werten. In Verbindung mit einer hohen Zahl kann man von einer echten Glückssträhne sprechen: Der Kranke wird gesund, Reisen und Geschäftsabschlüsse bringen beste Resultate, Ehe und Beziehungen stehen unter einem guten Stern. Soll die Wahrsagung einen Hinweis auf eine bestimmte Person erbringen, so liegt die Vermutung nahe, dass sie weiblichen Geschlechts ist, wenn das Zeichen Tod erscheint.

DER HIRSCH

Schlüsselbegriffe: Ein Priester oder Schamane; Menschen mit großer innerer Kraft; andere mit der eigenen Energie »überfahren«; Divination.

Erscheint das Tageszeichen »Hirsch« als Ergebnis der Befragung, dann ist er in den meisten Fällen ein Hinweis auf eine ganz bestimmte reale Person, meistens einen Mensch mit großer spiritueller oder »weltlicher« Kraft. Dabei kann es sich um einen Lehrer oder Guru handeln, einen Heiler oder einfach um einen Menschen, der ein starkes inneres Feuer besitzt. Da Hirsch sowohl weltliche wie überweltliche Macht bedeutet, kann die betreffende Person auch ein Politiker, ein Bankier oder irgendeine Führungskraft sein. Wie auch immer, der Betreffende besitzt alle Voraussetzungen, um einen großen, ja überwältigenden Einfluss auszuüben. Ob sich sein Einfluss positiv oder negativ auswirkt, hängt von der Natur der übrigen Tageszeichen ab, die zusammen mit Hirsch als Resultat der Befragung erscheinen. Ergibt sich kein Hinweis auf die Beteiligung einer dritten Person, ist der Frager selbst derjenige, der Macht und Einfluss ausübt.

DER HASE

Schlüsselbegriffe: Wiedergeburt, Regeneration, Reife, Ernte, Fülle.

»Hase« ist im Allgemeinen als positives Resultat jeder Befragung zu werten. In Herzensangelegenheiten ist das Zeichen ein Hinweis darauf, dass die Beziehung jetzt »reif« ist und möglicherweise zur Eheschließung führt. Erscheint Hase als Antwort auf Fragen, die den Geschäftsbereich betreffen, bedeutet das gewöhnlich, dass die Angelegenheit vor ihrem Abschluss steht. Das Geschäft ist unter Dach und Fach und kann besiegelt werden, besonders wenn neben Hase noch Adler erscheint, der immer ein Hinweis auf Geld ist.

DAS WASSER

Schlüsselbegriffe: Karmische Schulden abtragen; Leiden; Krankheit.

»Wasser« als Resultat einer Befragung ist in erster Linie ein Hinweis auf karmische Schulden, die abgetragen werden müssen. Das kann bedeuten, dass der Ratsuchende konkret jemand anderem Geld oder eine Gegenleistung schuldet, es kann aber auch heißen, dass der Betreffende gegen den Weg der Ahnen (d. h. gegen die sozialen und geistigen Werte der Gesellschaft, in der er lebt) verstoßen hat, und sich daher in geeigneter Weise ent-schulden muss. Ist der Fragende im Augenblick krank, dann bedeutet das Zeichen Wasser, dass gegenüber einem Einzelnen oder der Gemeinschaft als Ganzes eine Schuld besteht, die dieses Leiden ausgelöst hat. Die Schwere der Schuld drückt sich in der Höhe der Zahl aus – niedrige Zahlen weisen auf eher geringfügige Verfehlungen hin, während höhere Zahlen auf eine alte oder karmische Schuld deuten.

DER HUND

Schlüsselbegriffe: Sexualität, geheime sexuelle Beziehungen; häusliche Streitigkeiten; Ungewissheit.

Taucht »Hund« als Resultat einer Befragung auf, ist das meist ein Hinweis darauf, dass es in dieser Angelegenheit eine sexuelle Komponente gibt. Das trifft vor allem auf die mittleren und hohen Zahlen zu (6 bis 13). Geht es um Beziehungsfragen, kann das in vielen Fällen bedeuten, dass der Partner des Ratsuchenden fremdgeht. Will der Fragende wissen, ob er eine bestimmte Beziehung eingehen oder heiraten soll, sollte das Zeichen Hund als negatives Vorzeichen gesehen werden. 9 Hund auf eine Frage bezüglich einer Krankheit gilt als Hinweis darauf, dass übermäßiger Sinnengenuss (beziehungsweise die innere Unruhe, die dadurch ausgelöst wird) die eigentliche Ursache des Problems ist. In Verbindung mit niedrigen Zahlen oder als Ergebnis von Befragungen, die nicht mit dem Bereich Sexualität in Berührung kommen, bedeutet Hund, dass der Frager unentschlossen ist. Weitere Resultate in der Befragung können einen Hinweis auf die Ursachen dieser Unentschlossenheit geben; das Auftauchen von Hund in Verbindung mit einer niedrigen Zahl ist jedoch ein Indiz, dass die Unsicherheit und Ungewissheit in erster Linie im Bewusstsein des Fragenden besteht.

DER AFFE

Schlüsselbegriffe: Den Lebensfaden spinnen; die guten Dinge des Lebens hervorbringen; Heirat; Divination; lebendige Vergangenheit.

Liebe, Geld oder Reisen – die Antwort des »Affen« auf alle Fragen zu diesen Themen ist ein uneingeschränktes »Ja«. Und je höher die Zahl, desto günstiger die Prognosen. Affe ist der Faden in der Hand des Webers. Damit ist gemeint, dass alles, was wir uns wünschen, sei es Liebe oder Geld, wie auf einem Webstuhl zu einem wunderbaren Bildteppich verknüpft wird. Sogar in Zeiten von Krankheit bringt Affe ein glückliches Licht – die Krankheit entspringt lediglich einem Mangel an Harmonie mit dem inneren Selbst. Außer in sehr schwerwiegenden Fällen kann sie mit Hilfe innerer Arbeit erleichtert werden.

DIE STRASSE

Schlüsselbegriffe: Die Straße des Lebens, Glück, eigene Bestimmung.

Erscheint »Straße« als Ergebnis der Befragung, dann ist das ein Hinweis darauf, wie es um unsere Wanderung auf der Straße des Lebens bestellt ist. Manchmal kann eine Warnung ausgesprochen sein, beispielsweise wenn Straße und Krokodil hintereinander in einer Serie erscheinen. Dann ist man »vom Weg abgekommen«. Wenn man ernsthaft in Schwierigkeiten ist, bedeutet das Erscheinen von Straße, dass man nur um Vergebung bitten muss, und einem diese gewährt wird. Taucht bei einer Befragung wiederholt das Zeichen Straße oder in Verbindung mit dem Zeichen Hirsch auf, dann ist anzunehmen, dass der Fragende zu einem spirituellen Weg berufen ist.

DER MAIS

Schlüsselbegriffe: Spirituelle Bestimmung, Totemtier; Haus und Familie (hier vor allem die väterliche Seite); die männliche Seite des Lebens im Allgemeinen.

»Mais« hat wie Straße eine starke Verbindung mit der eigenen spirituellen Bestimmung. Erscheint dieses Zeichen massiv, kann das bedeuten, dass das Schicksal diesen Menschen zu einer besonderen Aufgabe ruft, zu einer Art Quantensprung in seiner inneren beziehungsweise auch äußeren Entwicklung. Wird Mais als Antwort auf eine Frage nach den Ursachen einer Krankheit gegeben, dann sind diese vermutlich darin zu suchen, dass es der Betreffende versäumt hat, seiner Bestimmung gerecht zu werden. Nun muss er versuchen, diese Bestimmung mit Achtsamkeit herauszufinden. In einem anderen Zusammenhang kann Mais ein Signal für den Wahrsager sein, die Antwort innerhalb der Familie zu suchen. Hierzu muss er die weiteren Ergebnisse der Befragung sorgfältig untersuchen, um herauszufinden, ob die Familie die Ursache oder die Lösung des Problems ist.

DER JAGUAR

Schlüsselbegriffe: Erdvater als universale Schöpferkraft; Erde beziehungsweise Welt im Allgemeinen; Besitz; Heilen.

»Jaguar« ist ein höchst günstiges Resultat, vor allem wenn es sich um Fragen handelt, die mit Grunderwerb oder Hauskauf zu tun haben. Erscheinen neben Jaguar jedoch ungünstige Zeichen, oder ist die mit ihm verbundene Zahl sehr hoch, kann mit dem Land oder dem Gebäude ein Problem verbunden sein. In diesem Zusammenhang bedeutet das, dass der Frager *santo mundo,* der heiligen Erde, nicht den gebührenden Dank abgestattet hat – in irgendeiner Weise ist er aus der Harmonie mit der Natur gefallen. Auch das Problem Krankheit berührt diesen Bereich des Dankes, den wir dem Geist der Erde schulden. Erscheint als Resultat der Befragung Jaguar in Verbindung mit einer niedrigen Zahl, ist das ein Hinweis, dass die Erkrankung nicht gefährlich ist und sich der Patient bald erholen wird. Höhere Zahlen sind ein Indiz, dass der Kranke nicht in Harmonie mit der Natur ist und sich in einer geeigneten Form, zum Beispiel durch Darbringen einer Opfergabe, »entsühnen« muss, um mit *santo mundo* wieder ins Gleichgewicht zu kommen.

DER ADLER

Schlüsselbegriffe: Glück in materiellen Angelegenheiten; mit der machtvollen Stimme des Adlers seine Wünsche einfordern.

Erscheint »Adler« als Resultat einer Befragung, so ist das ein sehr günstiges Zeichen. Bei Fragen, die mit Reisen oder geschäftlichen Angelegenheiten zusammenhängen, ist Adler ein Hinweis, dass die Resultate sehr zufrieden stellend sein werden – je höher die Zahl, desto besser das Ergebnis. In anderen Zusammenhängen ist

Adler ein Indiz dafür, dass Grundbesitz oder Geld eine Rolle spielt, und dass dem Fragenden dergleichen Segnungen zufallen werden. Adler hat aber auch eine spirituelle Dimension. Dieses Zeichen könnte bedeuten, dass die Seele des Ratsuchenden laut wie ein Adler nach Weisheit ruft.

DER GEIER

Schlüsselbegriffe: Verzeihen; Familie; die Kraft der Vergebung (vor allem in Familienangelegenheiten).

»Geier« ist im Allgemeinen als günstiges Resultat einer Wahrsagung zu sehen. Um welches Problem es sich auch handelt, man darf bald auf Gnade und Vergebung hoffen. Die Kraft von Mitgefühl und Nachsicht ist stark, wenn dieses Tageszeichen erscheint. Handelt es sich um Fragen bezüglich Geschäft, Finanzen oder Reisen, darf man unter dem Zeichen Geier auf gutes Gelingen hoffen; und auch hier gilt: je höher die Zahl, desto erfolgreicher das Unternehmen. Bei Fragen, die den Beziehungssektor betreffen, ist Geier ein Indiz dafür, dass der Partner beziehungsweise eventuelle künftige Ehepartner des Ratsuchenden bald »zur Familie gehören« werden. Fragt man nach Krankheit, so macht Geier dafür die Beziehungen des Ratsuchenden zu seiner Familie verantwortlich. In diesem Fall ist irgendwie die Harmonie gestört und muss wieder hergestellt werden, damit langfristig Heilung und völlige Gesundheit möglich sind.

DER WEIHRAUCH

Schlüsselbegriffe: Die eigenen Gedanken und Gewohnheiten (gute und schädliche); die zwiespältige Natur des menschlichen Geistes; das Denken im Allgemeinen; Meditation, das Für und Wider, Lösung, Schlussfolgerung, Sorge.

»Weihrauch« ist ein sehr wankelmütiges Tageszeichen. Die genaue Deutung hängt von den anderen Zeichen ab, die man zusätzlich in der Deutung erhält. Weihrauch allein bedeutet lediglich, dass man den eigenen Verstand gebrauchen soll. Welcher Bereich genau mit Mitteln des Denkens durchleuchtet werden soll, ergibt sich aus der Betrachtung der übrigen Zeichen, die man im selben Legevorgang erhalten hat. Erscheint Weihrauch zusammen mit Geier, so sollte man sich Gedanken darüber machen, welche karmischen Probleme man bereinigen sollte. In Verbindung mit Adler braucht der Bereich Geld und materielle Dinge mehr Aufmerksamkeit. In Verbindung mit Affe sollte man sich fragen, wie man mehr von der eigenen angeborenen Kreativität zum Ausdruck bringen kann.

DER FEUERSTEIN

Schlüsselbegriffe: Die Energie von Auseinandersetzung und Konflikt, Streitigkeiten und Kämpfe; Lüge und Verleumdung; verborgene Dinge oder Enttäuschung.

Dieses Tageszeichen deutet darauf hin, dass Auseinandersetzungen ins Haus stehen. Begleitet von einer hohen Zahl (10 bis 13), könnte es sogar sein, dass einer der Beteiligten im Gefängnis übernachtet. »Feuerstein« könnte auch bedeuten, dass der Partner vermutet, dass man ihn betrügt und dementsprechend zornig reagiert. Erscheint dieses Zeichen auf Fragen bezüglich geschäftlicher Angelegenheiten, Reisen oder Beziehungen, sollte man darauf gefasst sein, dass Streit und Auseinandersetzungen dem Ganzen ein unerfreuliches Ende bereiten könnten.

DER STURM

Schlüsselbegriffe: Tratsch, Ärger, Schikanen aller Art; die zerstörerische Kraft von Karma aus der Vergangenheit; Opfer an das Göttliche.

Da das Zeichen »Sturm« allgemein mit Krankheit in Verbindung steht, gilt es als ungünstiges Resultat auf alle Fragen, die die Gesundheit betreffen. In anderen Zusammenhängen, vor allem im geschäftlichen Bereich, kann es ein eher günstiges Zeichen sein. Besonders 8 Sturm kann ein Indiz dafür sein, dass sich eine Person – in den meisten Fällen der Fragesteller selbst – unter dem Einfluss alten Karmas auf einen schädlichen Lebensstil eingelassen hat.

DIE AHNEN

Schlüsselbegriffe: Die Macht der Ahnen (oder der Verstorbenen beziehungsweise des Todes im Allgemeinen); Gebäude, Hausbau.

Das Zeichen »Ahnen« hat eine starke Verbindung zu dem Haus, in dem man wohnt. Dieser Aspekt taucht sehr oft in Wahrsagungen auf. Es könnte sein, dass der Fragesteller im Streit mit einem Mitbewohner seines Hauses liegt, meistens dem Ehepartner, manchmal aber auch mit seinen Geschwistern oder anderen Verwandten. Oft dreht es sich hierbei um Familienbesitz. Bei Fragen, die speziell die Gesundheit betreffen, liefert das Zeichen Ahnen eine Reihe zusätzlicher Informationen. Zu diesem Zweck benötigt man das Alter des Fragestellers. Babys und kleine Kinder werden symbolisiert durch die Zahlen von 1 bis 4, Jugendliche von den Zahlen 5 und 6, Leute im mittleren Alter durch die heiligen Zahlen 7 und 8, ältere Menschen durch die 9, weise, ältere Menschen und solche, die ernsthaft einen spirituellen Weg praktizieren, durch die Zahlen von 10 bis 13. (Obwohl die 13 auch für einen Okkultisten stehen kann, dessen spirituelle Praktiken nicht ungefährlich sind beziehungsweise sein inneres Gleichgewicht stören können.) Stimmt die Zahl, die man zusammen mit dem Zeichen Ahnen erhält, mit der Altersgruppe des Fragestellers überein, dürfte es sich um eine ernstere Erkrankung handeln, bei der man so bald als möglich einen Arzt hinzuziehen sollte. Diese Aufteilung der Zahlen nach Altersgruppen kann auch auf andere Deutungen angewendet werden, bei denen Ahnen als Resultat erscheint und bei dem es um die Identität einer bestimmten Person geht.

8

Die historischen Prophezeiungen der Maya

Die historischen Prophezeiungen der Maya, d. h. ihre Sicht des weiteren Ganges der Geschichte, wurden nicht nur Gegenstand höchst widersprüchlicher Interpretationen, sondern auch Auslöser düsterer Zukunftsängste. Sie haben sich in den Köpfen der breiten Masse mit den Endzeitvisionen des harten Kerns der New-Age-Bewegung zu einem Szenario verquickt, das sich nach den Vorstellungen dieser Leute wahrscheinlich folgendermaßen abspielen wird:

Die Erde und alles, was auf ihr kreucht und fleucht, wird vernichtet – mit Ausnahme jener »spirituell hoch stehenden« New-Age-Vertreter, die aus den Niederungen dieses Jammertals (d. h. aus dem Blutvergießen, dem Sterben und überhaupt der harten Wirklichkeit) von freundlichen Wesen aus dem All weggebeamt werden. Hat sich das Desaster gelegt, werden die vom Gnadenstrahl erwählten Überlebenden der Katastrophe zur Erde zurückkehren und eine neue, bessere Welt schaffen, fest gegründet auf öko-fundamentalistischen Grundsätzen und dem gechannelten Gerede seltsam benamter »Meister«, während die Tofuindustrie sich zu ungeahnten Höhen aufschwingt. Ich wage zu behaupten, dass sich dieses Szenario nicht so ganz mit den Prophezeiungen der Maya deckt, die in der klassischen und nachklassischen Periode entstanden sind. Aber was ist dann der tatsächliche Inhalt dieser prophetischen Botschaften?

Die Lange Zählung

Der Heilige Kalender diente den Maya dazu, kosmische und geschichtliche Zyklen über einen sehr langen Zeitraum zu berechnen. Diese umfangreichen Kalkulationen basieren auf einem System der Zeitmessung, das als Lange Zählung bekannt ist. Das System der Langen Zählung ist vermutlich die größte Kulturleistung der Maya und geht zum Teil auf deren Institution des Gottkönigtums zurück. Mit seiner Hilfe war es den Gelehrten nämlich möglich, den »Stammbaum« der *ahauob* genau zurückzuverfolgen sowie die Dauer der großen historischen Zyklen zu ermitteln, die der Prognose der weiteren geschichtlichen Vorgänge dienten.

Wann und wo ist nun das System der Langen Zählung entstanden? Es scheint, dass es jüngeren Datums ist als der Heilige Kalender. Nach unserem gegenwärtigen Wissensstand drehte der *tzolkin* nahezu ein Jahrtausend lang behäbig seine Runden von 52 Jahren, ehe er durch die Lange Zählung erweitert wurde. Das früheste Datum der Langen Zählung, das bis jetzt bekannt ist, ist auf einer Säule, die im Staat Chiapas im südlichen Mexiko entdeckt wurde, zu sehen. Es wurde als 7.16.3.2.13 entziffert, was dem 7. Dezember des Jahres 36 v. Chr. nach unserem Kalender entspricht. Auf einer Stele in Tres Zapotes, das auf olmekischem Gebiet liegt, findet sich das Datum 7.16.6.16.18; das entspricht dem 3. September 32 v. Chr. Ein weiteres Datum nach der Langen Zählung befindet sich in El Baul in Guatemala. Diese Inschrift verweist auf das Jahr 36.[38] Diese frühen Datierungen sind allerdings in einem Gebiet außerhalb des Territoriums der Maya zu sehen. Tres Zapotes liegt im Tiefland von Veracruz, El Baul in der Nähe von Izapa. Das früheste uns bekannte Datum, das aus Chiapas, wurde an einem Ort entdeckt, der auf halbem Wege zwischen den beiden vorgenannten liegt.

Die frühe Datierung der Langen Zählung, die in Tres Zapotes gefunden wurde, veranlasste einige Forscher zu der Hypothese, dass das System der Langen Zählung eine weitere Errungenschaft der großartigen olmekischen Kultur sei. Dagegen steht jedoch, dass in der Zeit, da die ersten Datierungen der Langen Zählungen vorgenommen wurden, die olmekische Kultur nur noch einen matten Abglanz ihrer einstigen Größe bot. Vielleicht war diese einzigartige Methode der Zeitmessung wirklich der letzte »Geniestreich« einer untergehenden Kultur, entstanden in einer Zeit, als die früher so vitale olmekische Kultur mehr und mehr intellektuell »ausgedünnt« wurde.

Mit dem System der Langen Zählung erhält das Denken der Maya eine kosmische Perspektive, durch die sie sich von ihren Nachbarvölkern abheben. Zwar kannten und verwendeten alle Kulturen Mesoamerikas den Heiligen Kalender, die Lange Zählung war aber nur bei den Maya in Gebrauch. Auch wenn sie dieses System vielleicht nicht »erfunden« haben, so machten sie es doch zu ihrem geistigen Besitz und zum Grundpfeiler ihrer Kultur. In gewisser Weise lässt sich daran das Ausmaß ihrer einzigartigen mathematischen und philosophischen Begabung ablesen.

In Verbindung mit dem Heiligen Kalender bringt die Lange Zählung eine neue, umfassendere Dimension in das Konzept der rituellen Zeit. Die kleinste »Maßeinheit« ist der *kin*, was wörtlich »Sonne« heißt und den Zeitraum eines Tages bezeichnet (ein Tag ist also »eine Sonne«). Zwanzig Tage (die Anzahl der Tageszeichen des *tzolkin*) entsprechen einem *uinal*, achtzehn *uinal* ergeben einen *tun*. *Tun* heißt wörtlich so viel wie »Stein«. Ein *tun* zählt 360 Tage. Diese Einheit von 360 Tagen bildet – und nicht so sehr der auf dem Sonnenjahr basierende *haab* von 365 Tagen – das eigentliche Grundmaß für die Berechnung aller historischen Zyklen. Ein *katun* zählt 20 tun, 20 *katun* ergeben einen *baktun*, eine Periode von 144 000 Tagen oder circa 395 Jahren. 13 *baktun* entsprechen etwa 5125 Jahren. In Abbildung 17 werden die Zusammenhänge zwischen den einzelnen Zeiteinheiten noch einmal aufgelistet.

		1 *kin*	=	1 Tag
20 *kin*	=	1 *uinal*	=	ca. 20 Tage
18 *uinal*	=	1 *tun*	=	ca. 360 Tage
20 *tun*	=	1 *katun* (20 *tun*)	=	ca. 7200 Tage
20 *katun*	=	1 *baktun* (400 *tun*)	=	ca. 144 000 Tage
13 *baktun*	=	1 Großer Zyklus (5200 *tun*)	=	ca. 1 872 000 Tage

Abbildung 17: Die Lange Zählung

211

Über diesen »Großen Zyklus« ist in bestimmten Büchern viel zu lesen. Er stand auch Pate bei der Geburt der »Harmonischen Konvergenz«, einem Konzept, das in New-Age-Kreisen kursiert. Der Große Zyklus, in dem wir heute leben, begann am 13. August 3114 v. Chr., als Urmutter und Urvater diese Welt schufen – wie wir im Schöpfungsmythos von Palenque lesen können. Enden wird dieser Zyklus am 21. Dezember 2012.

Das System der Langen Zählung bezieht alle Ereignisse auf den Anfangspunkt des Großen Zyklus im Jahre 3114 v. Chr. Dieses Datum wird als 0.0.0.0.0 geschrieben. Die einzelnen Stellen bezeichnen – in dieser Reihenfolge – die jeweilige Anzahl der *baktun, katun, tun, uinal* und *kin.* Das Datum 27. Mai 1983 nach dem gregorianischen Kalender würde dann 12.18.9.17.19 geschrieben, das macht also 12 *baktun,* 18 *katun,* 9 *tun,* 17 *uinal* und 19 *kin,* die seit dem Beginn des gegenwärtigen Großen Zyklus verstrichen sind. Bitte beachten Sie, dass auch hier wie beim Sonnenkalender die Zählung mit 0 beginnt. Die 20 *kin* eines *uinal* werden also mit den Zahlen von 0 bis 19 durchnummeriert, die 18 *uinal* mit den Zahlen von 0 bis 17, usw.

Die wichtigsten Einheiten innerhalb eines Großen Zyklus sind *baktun* und *katun.* Ein *baktun* dauert wie bereits gesagt circa 395 Jahre, ein *katun* ungefähr 20 Jahre. Der *katun* war die Einheit, die die Maya benutzten, um den Verlauf der politischen Ereignisse vorauszusagen.

Der Katun-Zyklus

Unser ganzes Wissen über den katun-Zyklus entstammt den *Büchern des Chilam Balam.*[39] Die Herkunft dieser prophetischen Bücher und Wahrsagealmanache ist ein sehr komplexes Thema, das viele Rätsel aufgibt. Die Bücher sind eine Sammlung von Äußerungen, die dem Munde eines oder auch mehrerer so genannter »Jaguarpriester«, der *chilam balam,* entstammen, die einige Zeit vor der spanischen Eroberung in Yucatán lebten. Er oder sie verfassten ausgehend vom Zyklus des *katun* eine Reihe von Prophezeiungen, die unter anderem die Invasion durch die Spanier sowie die Unterwerfung Yucatáns voraussagten. Die Maya hatten in der Folge zwar ihre politische Freiheit verloren, konnten sich aber auf spirituellem Gebiet ihre Unabhängigkeit für lange Zeit bewahren. So praktizierten sie weiterhin ihre alten Riten und hielten am Heiligen Kalender fest. Für diese Hüter der Tradition waren die Prophezeiungen des Jaguarpriesters so etwas wie eine heilige Schrift. Abschriften davon waren in zahlreichen Städten und Dörfern der Halbinsel von Yucatán in Umlauf. Im Laufe der Jahrhunderte ergänzten die Besitzer der Bücher ihre Abschriften um andere Texte, so dass sich heute das *Buch des Chilam Balam von Chumayel* in vielerlei Hinsicht vom *Buch des Chilam Balam von Tizimin* oder anderen Abschriften unterscheidet.

Die Bücher der *chilam balam* interpretieren die Natur eines *katun* mehr nach dem Wert der zugeordneten Zahl als nach der Charakteristik des jeweiligen Tageszeichens. Jeder *katun* gilt als *ahau*, als »Herr«, der über einen bestimmten Zeitabschnitt regiert, und jeder *katun* endet mit dem Tag *ahau* des Heiligen Kalenders, die zugeordnete Zahl ist aber jeweils eine andere. Der ganze *katun* bekommt die Zahl des Tages *ahau*, an dem er zu Ende geht.[40]

Wie alles im Heiligen Kalender gehorcht auch die Abfolge der *katun* einem bestimmten Rhythmus, der einer unveränderlichen, ehernen Gesetzmäßigkeit folgt, wie im Folgenden dargestellt:

11 *ahau*
9 *ahau*
7 *ahau*
5 *ahau*
3 *ahau*
1 *ahau*
12 *ahau*
10 *ahau*
8 *ahau*
6 *ahau*
4 *ahau*
2 *ahau*
13 *ahau*
11 *ahau*

Diese Abfolge der *katun* folgt also einer festen Reihenfolge, die sich auf den Großen Zyklus als Ganzes übertragen lässt. Die

Tabelle in Abbildung 18 zeigt diese Reihenfolge in einer Kalendertafel. Diese Kalendertafel ist sozusagen eine Schablone der Geschicht, so wie sie die Maya-Gelehrten der klassischen Periode verstanden haben.

Die Vorhersage beziehungsweise Deutung der Zukunft, oder moderner gesagt, die Analyse der sozialen und politischen Trends, fußt auf der dem *katun* beigestellten Zahl.[41] Jeder *katun,* also jede 20-Jahres-Periode, hat einen bestimmten Charakter, eine spezifische Qualität, die zu einem gewissen Grad die Natur der Ereignisse, die während dieses *katun* stattfinden, bestimmt. Natürlich spielen auch noch andere Faktoren eine Rolle, so wie der Zyklus der Jahresregenten oder die Stellungen und Aspekte der Gestirne, die den Charakter eines Ereignisses ebenso prägen. Die Geschichte ist niemals eine absolute Wiederholung ihrer selbst. Wir müssen uns eher vorstellen, dass bestimmte geschichtliche Themen zwar immer wiederkehren, aber durch andere Zyklen modifiziert werden.

Damit die Sache nicht zu einfach wird (eine Gefahr, die man sowieso nicht befürchten muss, wenn man sich mit dem Heiligen Kalender befasst), ändert sich die Qualität und Bedeutung der dreizehn Zahlen, wenn sie mit einem *katun* verknüpft sind. Die Prophezeiungen der *chilam balam* ermöglichen uns zumindest einen ersten Einblick in diese Bedeutungen.*

- ◉ 11 *ahau* – Eine Zeit der Not; Trockenperiode; ein rücksichtsloser, wenig großzügiger *katun.*
- ◉ 9 *ahau* – Eine Zeit des »exzessiven Ehebruchs« und allgemeiner Zügellosigkeit; Dürreperiode; schlechte Ernten.
- ◉ 7 *ahau* – Eine Zeit der politischen Korruption; die »zügellosen« Tendenzen des vorausgegangenen *katun* wirken noch nach.
- ◉ 5 *ahau* – Dieser Zyklus wird von den Büchern des *chilam balam* gewöhnlich als »rau« beschrieben.
- ◉ 3 *ahau* – Eine Zeit der Dürre, der Seuchen und des Krieges.
- ◉ 1 *ahau* – Diese Periode wird allgemein als der »schlimme *katun*« bezeichnet.

---

* Wer sich für diese Zusammenhänge interessiert, kann anhand der Anfangs- und Enddaten der *katun,* die in den Kalendertabellen im Anhang angegeben sind, seine eigenen Forschungen anstellen.

Baktun:

0	1	2	3	4	5	6	7	8	9	10	11	12
2	1	13	12	11	10	9	8	7	6	5	4	3
13	12	11	10	9	8	7	6	5	4	3	2	1
11	10	9	8	7	6	5	4	3	2	1	13	12
9	8	7	6	5	4	3	2	1	13	12	11	10
7	6	5	4	3	2	1	13	12	11	10	9	8
5	4	3	2	1	13	12	11	10	9	8	7	6
3	2	1	13	12	11	10	9	8	7	6	5	4
1	13	12	11	10	9	8	7	6	5	4	3	2
12	11	10	9	8	7	6	5	4	3	2	1	13
10	9	8	7	6	5	4	3	2	1	13	12	11
8	7	6	5	4	3	2	1	13	12	11	10	9
6	5	4	3	2	1	13	12	11	10	9	8	7
4	3	2	1	13	12	11	10	9	8	7	6	5
2	1	13	12	11	10	9	8	7	6	5	4	3
13	12	11	10	9	8	7	6	5	4	3	2	1
11	10	9	8	7	6	5	4	3	2	1	13	12
9	8	7	6	5	4	3	2	1	13	12	11	10
7	6	5	4	3	2	1	13	12	11	10	9	8
5	4	3	2	1	13	12	11	10	9	8	7	6
3	2	1	13	12	11	10	9	8	7	6	5	4

Abbildung 18: Der Zyklus der *katun*

- ◎ 12 *ahau* – Dieser *katun* gilt als außergewöhnlich günstig.
- ◎ 10 *ahau* Eine Zeit der Dürre.
- ◎ 8 *ahau*– Obwohl dieser *katun* von Konflikten oder gar Kriegen gekennzeichnet ist, heißt es auch, dass er das Ende von »Habgier und Kummer« bedeute. Diese eher widersprüchliche Interpretation könnte dahingehend gelesen werden, dass die Kräfte von Frieden und Harmonie darum kämpfen, sich in einer Zeit des Konflikts durchzusetzen.
- ◎ 6 *ahau* – Dieser *katun* ist gekennzeichnet von moralischer Laxheit und übermäßigem Sinnengenuss.
- ◎ 4 *ahau* – Für diesen Zeitabschnitt wird vom *chilam balam* die Wiederkehr *Kukulcans,* des *quetzal,* prophezeit. Hiermit sind der toltekische Prophet und Avatar *Gefiederte Schlange* oder *Quetzalcoatl* gemeint. Die Prophezeiung für *katun* 4 *ahau* besagt auch, dass es sich hier um eine Zeit der spirituellen Erneuerung und der Erwartung des Messias handle.
- ◎ 2 *ahau* – Eine Zeit geringer Stabilität; schwankende Versorgung mit Gütern des täglichen Bedarfs.
- ◎ 13 *ahau* – Eine insgesamt wenig glückliche Zeit.

Man muss hier nicht zwischen den Zeilen lesen können, um zu erkennen, dass die Maya ziemliche Pessimisten waren, was den Lauf der menschlichen Geschichte angeht. Der Heilige Kalender mit seinen Tageszeichen lehrt uns, dass der Einzelne durchaus in der Lage ist, an seiner eigenen Weiterentwicklung zu arbeiten, indem er sich innerlich wandelt. Für die Menschheit als Ganzes sah man die Dinge offensichtlich nicht ganz so optimistisch.

Am 5. April 1993 begann der letzte *katun* des Großen Zyklus. Er trägt die Nummer 4 und endet am 21. Dezember 2012. 4 *ahau* ist der *katun,* in dem der große Avatar *Gefiederte Schlange* wiederkehren soll.

Das Ende des Großen Zyklus

Wer den Kalender der Maya nur aus New-Age-Publikationen und nur im Zusammenhang mir der viel zitierten »Harmonischen Konvergenz« kennt, mag sich vielleicht folgende Frage stellen: Endete denn der Große Kalenderzyklus der Maya nicht schon am 17. August 1987 und nicht erst, wie hier behauptet, am 21. Dezember 2012? José Argüelles, von dem die Theorie der Harmonischen Konvergenz stammt, errechnete das Jahr 1987 als Enddatum des Großen Zyklus' auf der Grundlage der Schriften von Tony Shearer. Shearer ist ein Sioux-Indianer aus Colorado, der sich speziell mit der aztekischen und nicht mit der Maya-Variante des Heiligen Kalenders befasst hat.[42] Die Kodizes der Azteken sprechen, soweit sie uns erhalten sind, von vier früheren Weltzeitaltern, so genannten »Welten« oder »Sonnen«, die vor unserer gegenwärtigen Welt, der »fünften Sonne«, entstanden und wieder untergegangen sind. Die vorhandenen Quellen geben Abfolge und Dauer dieser früheren »Sonnen« unterschiedlich an. Die zuverlässigste unter ihnen ist Teil der *Aztekischen Legende von den Sonnen*. Dort werden Dauer und Abfolge dieser »Sonnen« sowie deren Name – bestehend aus der Zahl 4 plus Tageszeichen – wie folgt angegeben:

- ◎ 4 Jaguar 955 – 279 v. Chr.
- ◎ 4 Wind 279 v. Chr. – 85 n. Chr.
- ◎ 4 Sturm 85 n. Chr. – 397 n. Chr.
- ◎ 4 Wasser 397 n. Chr. – 1073 n. Chr.
- ◎ 4 Erdbeben (Weihrauch) 1073 n. Chr. – ?

Der aztekische Text hat also kein Enddatum für die »fünfte Sonne«, das Weltzeitalter, in dem wir jetzt leben.[43]

Shearers Theorie fußt auf einer Interpretation, die für eine »Sonne« oder »Welt« eine Dauer von 1144 Jahren annimmt. Diese Zahl ergibt sich, wenn man die Anzahl aller Himmel und Höllen addiert, wodurch wir auf 22 (13 + 9) kommen. Die Zahl 22 wird nun mit 52 multipliziert, der Anzahl der Jahre einer vollständigen Kalenderrunde, einem »Bündel an Jahren«. Shearer argumentiert nun dahingehend, dass unsere gegenwärtige Welt, 4 Erdbeben (4 Weihrauch beziehungsweise 4 *caban*) ihren Anfang im Jahre 843 n. Chr. nahm und die Landung Cortez' an den Küsten Mexikos am 21. April 1519 den Übergangspunkt vom Zyklus der 13 Himmel zum Zyklus der 9 Höllen markiert. Des Weiteren folgert er, dass die »fünfte Sonne« am 17. August 1987 untergehe.

Wissenschaftlich gesehen, ist dieses Datum nicht zu halten, denn es erscheint in keiner einzigen Inschrift, die Datumsangaben der Langen Zählung enthalten. Daher ist nicht so recht nachvollziehbar, warum Shearer und Argüelles diesem Datum solches Gewicht beimessen. Außerdem war sich Argüelles sehr wohl bewusst, dass der augenblickliche Große Zyklus 2012 endet. Der Gerechtigkeit wegen muss man jedoch hinzufügen, dass der Heilige Kalender auf dem Boden der Magie und Mythologie der amerikanischen Ureinwohner gewachsen ist, und wenn die Vertreter der Harmonischen Konvergenz dem Jahr 1987 solche Bedeutung zumessen, dann auch deshalb, weil sie hierin von einigen indianischen Sprechern – hier sind vor allem die Medizinfrau der Cherokee Dhyani Ywahoo und der spirituelle Lehrer Hunbatz Men, ein Yucatec-Maya, zu nennen – unterstützt wurden. (Shearer selbst ist ja ebenfalls indianischer Abstammung.)

Der 21. Dezember 2012, der Tag, an dem der gegenwärtige Große Zyklus endet, ist ein höchst faszinierendes Datum. Die Forscher sind der Ansicht, dass es sich hier um ein rein »rechnerisches« Datum handelt, mit dem kein bestimmtes astronomisches Ereignis verbunden ist, denn selbst die Maya mit ihren unglaublichen mathematischen Fertigkeiten seien nicht fähig gewesen, dermaßen weit in die Zukunft zu blicken. Sicher war ihnen bewusst, dass es sich bei diesem Datum um den Tag der Wintersonnenwende handelt, aber darüber hinaus …?

… Darüber hinaus findet ein wahrhaft seltenes kosmisches Ereignis statt, wie es in Tausenden von Jahren nur einmal vorkommt. Der Astrologe John Jenkins hat nämlich herausgefunden, dass am 21. Dezember 2012 die Sonne durch den Punkt der tatsächlichen (im Gegensatz zur scheinbaren) Konjunktion von Tierkreis und Zentrum der Milchstraße geht. Die Milchstraße ist, wie wir gesehen haben, das kosmische Gegenstück zum Weltenbaum der Maya, und somit dürfen wir mit einigem Recht sagen, dass die Sonne an jenem letzten Tag des Großen Zyklus im wahren Herzen der Dinge steht. Dieser zeitliche Zusammenfall der Ereignisse dürfte wohl kaum ein Produkt des Zufalls sein. Und, wie Jenkins weiter ausführt, die Maya konnten ein solches Enddatum nur berechnen, wenn ihnen die Präzessionsbewegung der Erde bekannt war. Die Entdeckung von Jenkins liefert uns also zumindest den Beweis, dass die Maya noch viel wissendere Astronomen waren, als wir bisher geglaubt haben.[44]

Ob wir uns nun für das Jahr 1987 oder 2012 entscheiden, in dem die Natur der Zeit einen Quantensprung macht, offen bleibt die Frage, ob das Ende des gegenwärtigen Großen Zyklus auch gleichzeitig das »Ende der Zeit« bedeutet. Nur monotheistische Religionen wie das Christentum oder der Islam bestehen auf einem linearen Modell der Zeit mit einem klar fixierten Anfangspunkt und einem ebensolchen Endpunkt. Viele andere traditionelle Religionen aber haben eine ganz andere Weltsicht. Für sie ist die menschliche Geschichte eine Abfolge endlos wiederkehrender Zyklen. Es gibt keinen Anhaltspunkt, dass die Maya hier eine Ausnahme darstellen.

Wenden wir unseren Blick einmal nach hinten. Ein Großer Zyklus dauert etwa 5125 Jahre, der jetzige begann im Jahre 3114 v. Chr. Dürfen wir nun davon ausgehen, dass ihm ein anderer Großer Zyklus vorausging, der dann logischerweise 8239 v. Chr. begann? Wir müssen davon ausgehen, dass dem tatsächlich so ist. Einige Hieroglyphentexte der Maya verzeichnen Ereignisse, die vor unvorstellbar langer Zeit – vor einigen Millionen Jahren – stattfanden.[45] Offensichtlich waren auch die Maya von der Existenz vorausgegangener Großer Zyklen überzeugt. Zwar mögen Urvater und Urmutter die »Welt, wie wir sie kennen« im Jahre 3114 v. Chr. geschaffen haben, aber dabei handelte es sich eben um einen einzelnen Akt der Neu-Erschaffung in einer Reihe von endlosen Schöpfungszyklen. Geht ein Großer Zyklus zu Ende, so heißt das nichts weiter, als dass ein neuer Großer Zyklus beginnt. So hat beispielsweise Pacal der Große von Palenque im optimistischen Vertrauen auf den ewigen Fortbestand seines königlichen Hauses ein Datum nach dem System der Langen Zählung notiert, das dem 23. Oktober 4772 n. Chr. entspricht, 2760 Jahre nach dem »Endpunkt« des gegenwärtigen Großen Zyklus im Jahre 2012.[46]

Es kann also kein Zweifel bestehen, dass die Maya Geschichte als einen steten zyklischen Prozess auffassten. Zu Beginn des

Kapitels haben wir von den Weltzyklen gesprochen, die nach dem Glauben der Azteken zur Entstehung unserer gegenwärtigen Welt geführt haben. Die erste dieser Welten war 4 Jaguar, und die Bewohner dieser Welt wurden von wilden Tieren in Stücke gerissen. Die nächste Welt war 4 Wind, deren Bewohner wurden von heftigen Winden von der Erde gefegt. Die nächsten Welten waren 4 Sturm und 4 Wasser, sie wurden durch Unwetter beziehungsweise eine Sintflut zerstört. Danach kam 4 Erdbeben (Weihrauch), den Azteken zufolge unsere gegenwärtige Welt. Da sich die alten Quellen hinsichtlich der Dauer der einzelnen Welten widersprechen, besitzen wir keinen Anhaltspunkt, wann diese Welt endet oder was danach kommt. Ähnliche Konzepte des »Aufsteigens« der Menschheit aus aufeinander folgenden Welten gibt es bei den Pueblo-Indianern im Südwesten der USA, den Hopi und den Zuñi. Hinter diesem Konzept steckt der Gedanke der spirituellen Entwicklung der Menschheit, wobei die Menschen genauso wieder auf die vorherige Ebene zurückfallen können. Dieses Aufsteigen wird von den Indianern des Südwestens oft in einer mythischen Zeit angesiedelt, in einer »Zeit vor aller Zeit« – eine Zeit, die nur lose mit der historischen, chronologischen Zeit verbunden ist.

Das *Popol Vuh* der Maya berichtet von einem ähnlichen Aufstieg der Welten. Die Götter unternehmen mehrere Versuche, menschliche Wesen zu schaffen, aber ihre ersten Versuche schlagen fehl: Es entstehen heulende, schnatternde Geschöpfe, die von den Göttern in Tiere verwandelt werden. Als Nächstes versuchen sie, Menschen aus Lehm zu machen, aber diese lösen sich im Regen auf. Nun machen die Götter Menschen aus Holz, die zwar einige grundlegende menschliche Eigenschaften besitzen, aber nicht in der Lage sind, den Göttern die gebührende Achtung zu erweisen. Sie sind noch keine spirituellen Wesen. Die Götter schicken Regenfluten, um sie zu vernichten, und hetzen die Tiere auf sie. Die Nachkommen dieser Wesen sind die Affen. Im vierten Anlauf schließlich schaffen die Götter die Menschen.[47]

Die Parallelen zwischen dem aztekischen Zyklus der Welten und den Erzählungen der Pueblo-Indianer vom Aufstieg sind nicht zu übersehen. Daher wagen wir uns vermutlich auch nicht zu weit aufs Eis, wenn wir annehmen, dass der Große Zyklus der Maya diesen »Welten« oder »Schöpfungen« zumindest ansatzweise entspricht. Nur haben die Maya dieser gegenwärtigen Welt, der in einigen Teilen Mesoamerikas der Name 4 Erdbeben gegeben wurde, ein fixes Enddatum zugewiesen, ebenjenen 21. Dezember 2012.

Wichtig für uns ist die Botschaft, die diese mythologischen Erzählungen von den aufeinander folgenden Welten für uns bereithalten. Die ersten »Menschen« fanden ihr Ende durch Feuer, Wasserfluten und wilde Tiere. Ein steter Prozess der Evolution zwang sie, ihren Platz für eine höher entwickelte Art zu räumen, wie in den Mythen des Südwestens beschrieben. Es ist der Plan der Götter, vollkommene menschliche Wesen zu schaffen. In der Geschichte von den aufeinander folgenden Welten drückt sich diese fortschreitende spirituelle Evolution der Menschheit aus. Der Beginn eines neuen Großen Zyklus markiert einen bedeutenden Sprung in der Evolution. Es handelt sich um Momente weit reichender Transformation, wenn eine Welt oder eine Stufe des Bewusstseins sozusagen stirbt, damit eine höhere Entwicklungsstufe ins Leben treten kann.

Wenn das Ende des Großen Zyklus eine Bedeutung haben sollte, dann ganz bestimmt nicht die, dass unser Planet zerstört wird. Es kündet vielmehr den Tod einer überlebten Bewusstseinsstufe an, die den menschlichen Erfordernissen nicht länger genügt. Wenn wir alle unsere sorgsam gehegten Ansichten über die Welt und das Dasein aufgeben müssen, so ist das sicherlich eine schmerzhafte Erfahrung. Diese Erschütterungen werden sicher auch im politischen und sozialen Leben spürbar werden. Doch geben uns die alten Prophezeiungen auch das klare Versprechen, dass aus diesen Umwälzungen ein neues, erleuchteteres Bewusstsein geboren wird.

Anhang

Maya-Kalendertabellen von 1900 – 2012

In den nachstehenden Kalendertabellen finden Sie den Beginn aller 13-Tages-Perioden nach dem Kalender der Maya vom Anfang des 20. Jahrhunderts bis zum Ende des Großen Zyklus (21. Dezember 2012). Mit ihrer Hilfe können Sie jedes weitere Datum nach dem Maya-Kalender berechnen.

Leser, die das berühmte Werk von Jose Argüelles *Der Maya-Faktor* sowie seine Folgetitel kennen, werden feststellen, dass in diesem Buch die Datumsumwandlung vom Maya-Kalender in den gregorianischen Kalender einem anderen System folgt als bei Argüelles beschrieben. Argüelles und seine Anhänger folgen einer anderen Version des Heiligen Kalenders mit einer eigenen Tageszählung. Dieser Kalender jedoch ist nicht mit dem traditionellen System der Tageszählung der Maya identisch. Ich folge in diesem Buch der traditionellen Methode der Maya, wie sie seit präkolumbischer Zeit in Gebrauch war und der in verschiedenen Teilen Mesoamerikas auch heute noch verwendet wird.

Wie Sie mit den Kalendertabellen arbeiten

Nehmen wir einmal an, Sie suchen für den 24. Juni 1995 das entsprechende Datum nach dem Maya-Kalender. Dazu gehen Sie in den Kalendertabellen als Erstes zum Jahr 1995. Dann gehen Sie auf der linken Seite der Spalte zu der 13-Tages-Periode, deren Beginn unmittelbar vor unserem gesuchten Datum liegt, in unserem Fall beginnend am 15. Juni, also 1 Krokodil.

Als Nächstes benötigen Sie die Kalendertafel von Seite 225 in diesem Anhang. Dort suchen Sie 1 Krokodil und zählen in der Spalte so lange abwärts, bis Sie beim gewünschten Datum angelangt sind:

15. Juni =	1	Krokodil
16. Juni =	2	Wind
17. Juni =	3	Nacht
18. Juni =	4	Eidechse
19. Juni =	5	Schlange
20. Juni =	6	Tod
21. Juni =	7	Hirsch
22. Juni =	8	Hase
23. Juni =	9	Wasser
24. Juni =	10	Hund

Und das ist schon das ganze Geheimnis. (Manchmal geht es schneller, von der 13-Tages-Periode, die unmittelbar nach dem gesuchten Datum beginnt, rückwärts zu zählen.) Vorsicht ist bei Schaltjahren geboten, sie können eine Fehlerquelle darstellen.

Schaltjahre sind auch noch aus einem weiteren Grund wichtig. Beachten Sie, dass in der Spalte mit den Daten nach dem Maya-Kalender der Neujahrstag zusammen mit dem Namen des neuen Jahres erscheint. Das liegt daran, dass die Maya kein Schaltjahr kannten (wenngleich ihnen die astronomischen Tatsachen bekannt waren, die zur Einführung des Schaltjahres in unserem Kalendersystem geführt haben). In den Tabellen finden Sie Schaltjahre immer mit einem Sternchen * markiert.

Wer sich für geschichtliche Zyklen interessiert, findet in den Tabellen auch die Endpunkte der 20-Jahres-Perioden, der so genannten *katun*, angegeben.

Krokodil	1	8	2	9	3	10	4	11	5	12	6	13	7
Wind	2	9	3	10	4	11	5	12	6	13	7	1	8
Nacht	3	10	4	11	5	12	6	13	7	1	8	2	9
Eidechse	4	11	5	12	6	13	7	1	8	2	9	3	10
Schlange	5	12	6	13	7	1	8	2	9	3	10	4	11
Tod	6	13	7	1	8	2	9	3	10	4	11	5	12
Hirsch	7	1	8	2	9	3	10	4	11	5	12	6	13
Hase	8	2	9	3	10	4	11	5	12	6	13	7	1
Wasser	9	3	10	4	11	5	12	6	13	7	1	8	2
Hund	10	4	11	5	12	6	13	7	1	8	2	9	3
Affe	11	5	12	6	13	7	1	8	2	9	3	10	4
Straße	12	6	13	7	1	8	2	9	3	10	4	11	5
Mais	13	7	1	8	2	9	3	10	4	11	5	12	6
Jaguar	1	8	2	9	3	10	4	11	5	12	6	13	7
Adler	2	9	3	10	4	11	5	12	6	13	7	1	8
Geier	3	10	4	11	5	12	6	13	7	1	8	2	9
Weihrauch	4	11	5	12	6	13	7	1	8	2	9	3	10
Feuerstein	5	12	6	13	7	1	8	2	9	3	10	4	11
Sturm	6	13	7	1	8	2	9	3	10	4	11	5	12
Ahnen	7	1	8	2	9	3	10	4	11	5	12	6	13

Die Maya-Kalendertafel

Gregorianischer Kalender	Maya-Kalender	Gregorianischer Kalender	Maya-Kalender
KATUN 1 AHAU (1894–1914)		18. Februar	1 AFFE
1900		3. März	1 EIDECHSE
11. Januar	1 HASE	16. März	1 WEIHRAUCH
24. Januar	1 KROKODIL	**Maya-Jahr 6 WIND (21. März)**	
6. Februar	1 JAGUAR	29. März	1 HUND
19. Februar	1 HIRSCH	11. April	1 NACHT
4. März	1 AHNEN	24. April	1 GEIER
17. März	1 MAIS	7. Mai	1 WASSER
Maya-Jahr 5 WEIHRAUCH (21. März)		20. Mai	1 WIND
30. März	1 TOD	2. Juni	1 ADLER
12. April	1 STURM	15. Juni	1 HASE
25. April	1 STRASSE	28. Juni	1 KROKODIL
8. Mai	1 SCHLANGE	11. Juli	1 JAGUAR
21. Mai	1 FEUERSTEIN	24. Juli	1 HIRSCH
3. Juni	1 AFFE	6. August	1 AHNEN
16. Juni	1 EIDECHSE	19. August	1 MAIS
29. Juni	1 WEIHRAUCH	1. September	1 TOD
12. Juli	1 HUND	14. September	1 STURM
25. Juli	1 NACHT	27. September	1 STRASSE
7. August	1 GEIER	10. Oktober	1 SCHLANGE
20. August	1 WASSER	23. Oktober	1 FEUERSTEIN
2. September	1 WIND	5. November	1 AFFE
15. September	1 ADLER	18. November	1 EIDECHSE
28. September	1 HASE	1. Dezember	1 WEIHRAUCH
11. Oktober	1 KROKODIL	14. Dezember	1 HUND
24. Oktober	1 JAGUAR	27. Dezember	1 NACHT
6. November	1 HIRSCH	**1902**	
19. November	1 AHNEN	9. Januar	1 GEIER
2. Dezember	1 MAIS	22. Januar	1 WASSER
15. Dezember	1 TOD	4. Februar	1 WIND
28. Dezember	1 STURM	17. Februar	1 ADLER
1901		2. März	1 HASE
10. Januar	1 STRASSE	15. März	1 KROKODIL
23. Januar	1 SCHLANGE	**Maya-Jahr 7 HIRSCH (21. März)**	
5. Februar	1 FEUERSTEIN	28. März	1 JAGUAR

Gregorianischer Kalender	Maya-Kalender	Gregorianischer Kalender	Maya-Kalender
10. April	1 HIRSCH	13. Juni	1 GEIER
23. April	1 AHNEN	26. Juni	1 WASSER
6. Mai	1 MAIS	9. Juli	1 WIND
19. Mai	1 TOD	22. Juli	1 ADLER
1. Juni	1 STURM	4. August	1 HASE
14. Juni	1STRASSE	17. August	1 KROKODIL
27. Juni	1 SCHLANGE	30. August	1 JAGUAR
10. Juli	1 FEUERSTEIN	12. September	1 HIRSCH
23. Juli	1 AFFE	25. September	1 AHNEN
5. August	1 EIDECHSE	8. Oktober	1 MAIS
18. August	1 WEIHRAUCH	21. Oktober	1 TOD
31. August	1 HUND	3. November	1 STURM
13. September	1 NACHT	16. November	1 STRASSE
26. September	1 GEIER	29. November	1 SCHLANGE
9. Oktober	1 WASSER	12. Dezember	1 FEUERSTEIN
22. Oktober	1 WIND	25. Dezember	1 AFFE
4. November	1 ADLER		

*1904

Gregorianischer Kalender	Maya-Kalender	Gregorianischer Kalender	Maya-Kalender
17. November	1 HASE	7. Januar	1 EIDECHSE
30. November	1 KROKODIL	20. Januar	1 WEIHRAUCH
13. Dezember	1 JAGUAR	2. Februar	1 HUND
26. Dezember	1 HIRSCH	15. Februar	1 NACHT
		28. Februar	1 GEIER
		12. März	1 WASSER

1903

Maya-Jahr 9 WEIHRAUCH (20. März)

Gregorianischer Kalender	Maya-Kalender	Gregorianischer Kalender	Maya-Kalender
8. Januar	1 AHNEN	25. März	1 WIND
21. Januar	1 MAIS	7. April	1 ADLER
3. Februar	1 TOD	20. April	1 HASE
16. Februar	1 STURM	3. Mai	1 KROKODIL
1. März	1 STRASSE	16. Mai	1 JAGUAR
14. März	1 SCHLANGE	29. Mai	1 HIRSCH

Maya-Jahr 8 STRASSE (21. März)

Gregorianischer Kalender	Maya-Kalender	Gregorianischer Kalender	Maya-Kalender
27. März	1 FEUERSTEIN	11. Juni	1 AHNEN
9. April	1 AFFE	24. Juni	1 MAIS
22. April	1 EIDECHSE	7. Juli	1 TOD
5. Mai	1 WEIHRAUCH	20. Juli	1 STURM
18. Mai	1 HUND	2. August	1 STRASSE
31. Mai	1 NACHT		

* Schaltjahr

227

Gregorianischer Kalender	Maya-Kalender	Gregorianischer Kalender	Maya-Kalender
15. August	1 SCHLANGE	18. Oktober	1 JAGUAR
28. August	1 FEUERSTEIN	31. Oktober	1 HIRSCH
10. September	1 AFFE	13. November	1 AHNEN
23. September	1 EIDECHSE	26. November	1 MAIS
6. Oktober	1 WEIHRAUCH	9. Dezember	1 TOD
19. Oktober	1 HUND	22. Dezember	1 STURM
1. November	1 NACHT		

1906

Gregorianischer Kalender	Maya-Kalender
14. November	1 GEIER
27. November	1 WASSER
4. Januar	1 STRASSE
10. Dezember	1 WIND
17. Januar	1 SCHLANGE
23. Dezember	1 ADLER
30. Januar	1 FEUERSTEIN
		12. Februar	1 AFFE

1905

Gregorianischer Kalender	Maya-Kalender
25. Februar	1 EIDECHSE
5. Januar	1 HASE
10. März	1 WEIHRAUCH
18. Januar	1 KROKODIL

Maya-Jahr 11 HIRSCH (20. März)

Gregorianischer Kalender	Maya-Kalender
31. Januar	1 JAGUAR
23. März	1 HUND
13. Februar	1 HIRSCH
5. April	1 NACHT
26. Februar	1 AHNEN
18. April	1 GEIER
11. März	1 MAIS

Maya-Jahr 10 WIND (20. März)

Gregorianischer Kalender	Maya-Kalender
1. Mai	1 WASSER
24. März	1 TOD
14. Mai	1 WIND
6. April	1 STURM
27. Mai	1 ADLER
19. April	1 STRASSE
9. Juni	1 HASE
2. Mai	1 SCHLANGE
22. Juni	1 KROKODIL
15. Mai	1 FEUERSTEIN
5. Juli	1 JAGUAR
28. Mai	1 AFFE
18. Juli	1 HIRSCH
10. Juni	1 EIDECHSE
31. Juli	1 AHNEN
23. Juni	1 WEIHRAUCH
13. August	1 MAIS
6. Juli	1 HUND
26. August	1 TOD
19. Juli	1 NACHT
8. September	1 STURM
1. August	1 GEIER
21. September	1 STRASSE
14. August	1 WASSER
4. Oktober	1 SCHLANGE
27. August	1 WIND
17. Oktober	1 FEUERSTEIN
9. September	1 ADLER
30. Oktober	1 AFFE
22. September	1 HASE
12. November	1 EIDECHSE
5. Oktober	1 KROKODIL
25. November	1 WEIHRAUCH

Gregorianischer Kalender	Maya-Kalender	Gregorianischer Kalender	Maya-Kalender
8. Dezember	1 HUND	28. Januar	1 TOD
21. Dezember	1 NACHT	10. Februar	1 STURM
1907		23. Februar	1 STRASSE
3. Januar	1 GEIER	7. März	1 SCHLANGE
16. Januar	1 WASSER	**Maya-Jahr 13 WEIHRAUCH (19. März)**	
29. Januar	1 WIND	20. März	1 FEUERSTEIN
11. Februar	1 ADLER	2. April	1 AFFE
24. Februar	1 HASE	15. April	1 EIDECHSE
9. März	1 KROKODIL	28. April	1 WEIHRAUCH
Maya-Jahr 12 STRASSE (20. März)		11. Mai	1 HUND
22. März	1 JAGUAR	24. Mai	1 NACHT
4. April	1 HIRSCH	6. Juni	1 GEIER
17. April	1 AHNEN	19. Juni	1 WASSER
30. April	1 MAIS	2. Juli	1 WIND
13. Mai	1 TOD	15. Juli	1 ADLER
26. Mai	1 STURM	28. Juli	1 HASE
8. Juni	1 STRASSE	10. August	1 KROKODIL
21. Juni	1 SCHLANGE	23. August	1 JAGUAR
4. Juli	1 FEUERSTEIN	5. September	1 HIRSCH
17. Juli	1 AFFE	18. September	1 AHNEN
30. Juli	1 EIDECHSE	1. Oktober	1 MAIS
12. August	1 WEIHRAUCH	14. Oktober	1 TOD
25. August	1 HUND	27. Oktober	1 STURM
7. September	1 NACHT	9. November	1 STRASSE
20. September	1 GEIER	22. November	1 SCHLANGE
3. Oktober	1 WASSER	5. Dezember	1 FEUERSTEIN
16. Oktober	1 WIND	18. Dezember	1 AFFE
29. Oktober	1 ADLER	31. Dezember	1 EIDECHSE
11. November	1 HASE	**1909**	
24. November	1 KROKODIL	13. Januar	1 WEIHRAUCH
7. Dezember	1 JAGUAR	26. Januar	1 HUND
20. Dezember	1 HIRSCH	8. Februar	1 NACHT
*1908		21. Februar	1 GEIER
2. Januar	1 AHNEN	6. März	1 WASSER
15. Januar	1 MAIS	19. März	1 WIND

* Schaltjahr

229

Gregorianischer Kalender	Maya-Kalender	Gregorianischer Kalender	Maya-Kalender
Maya-Jahr 1 WIND (19. März)		22. Mai	1 AFFE
1. April	1 ADLER	4. Juni	1 EIDECHSE
14. April	1 HASE	17. Juni	1 WEIHRAUCH
27. April	1 KROKODIL	30. Juni	1 HUND
10. Mai	1 JAGUAR	13. Juli	1 NACHT
23. Mai	1 HIRSCH	26. Juli	1 GEIER
5. Juni	1 AHNEN	8. August	1 WASSER
18. Juni	1 MAIS	21. August	1 WIND
1. Juli	1 TOD	3. September	1 ADLER
14. Juli	1 STURM	16. September	1 HASE
27. Juli	1 STRASSE	29. September	1 KROKODIL
9. August	1 SCHLANGE	12. Oktober	1 JAGUAR
22. August	1 FEUERSTEIN	25. Oktober	1 HIRSCH
4. September	1 AFFE	7. November	1 AHNEN
17. September	1 EIDECHSE	20. November	1 MAIS
30. September	1 WEIHRAUCH	3. Dezember	1 TOD
13. Oktober	1 HUND	16. Dezember	1 STURM
26. Oktober	1 NACHT	29. Dezember	1 STRASSE
8. November	1 GEIER	**1911**	
21. November	1 WASSER	11. Januar	1 SCHLANGE
4. Dezember	1 WIND	24. Januar	1 FEUERSTEIN
17. Dezember	1 ADLER	6. Februar	1 AFFE
30. Dezember	1 HASE	19. Februar	1 EIDECHSE
1910		4. März	1 WEIHRAUCH
12. Januar	1 KROKODIL	17. März	1 HUND
25. Januar	1 JAGUAR	**Maya-Jahr 3 STRASSE (19. März)**	
7. Februar	1 HIRSCH	30. März	1 NACHT
20. Februar	1 AHNEN	12. April	1 GEIER
5. März	1 MAIS	25. April	1 WASSER
18. März	1 TOD	8. Mai	1 WIND
Maya-Jahr 2 HIRSCH (19. März)		21. Mai	1 ADLER
31. März	1 STURM	3. Juni	1 HASE
13. April	1 STRASSE	16. Juni	1 KROKODIL
26. April	1 SCHLANGE	29. Juni	1 JAGUAR
9. Mai	1 FEUERSTEIN	12. Juli	1 HIRSCH

Gregorianischer Kalender	Maya-Kalender	Gregorianischer Kalender	Maya-Kalender
25. Juli	1 AHNEN	26. September	1 WASSER
7. August	1 MAIS	9. Oktober	1 WIND
20. August	1 TOD	22. Oktober	1 ADLER
2. September	1 STURM	4. November	1 HASE
15. September	1 STRASSE	17. November	1 KROKODIL
28. September	1 SCHLANGE	30. November	1 JAGUAR
11. Oktober	1 FEUERSTEIN	13. Dezember	1 HIRSCH
24. Oktober	1 AFFE	26. Dezember	1 AHNEN
6. November	1 EIDECHSE		

1913

Gregorianischer Kalender	Maya-Kalender
19. November	1 WEIHRAUCH
2. Dezember	1 HUND
15. Dezember	1 NACHT
28. Dezember	1 GEIER

Gregorianischer Kalender	Maya-Kalender	Gregorianischer Kalender	Maya-Kalender
		8. Januar	1 MAIS
		21. Januar	1 TOD
		3. Februar	1 STURM
		16. Februar	1 STRASSE
		1. März	1 SCHLANGE
		14. März	1 FEUERSTEIN

*1912

Gregorianischer Kalender	Maya-Kalender
10. Januar	1 WASSER
23. Januar	1 WIND
5. Februar	1 ADLER
18. Februar	1 HASE
2. März	1 KROKODIL
15. März	1 JAGUAR

Maya-Jahr 5 WIND (18. März)

Gregorianischer Kalender	Maya-Kalender
27. März	1 AFFE
9. April	1 EIDECHSE
22. April	1 WEIHRAUCH
5. Mai	1 HUND
18. Mai	1 NACHT
31. Mai	1 GEIER

Maya-Jahr 4 WEIHRAUCH (18. März)

Gregorianischer Kalender	Maya-Kalender	Gregorianischer Kalender	Maya-Kalender
28. März	1 HIRSCH	13. Juni	1 WASSER
10. April	1 AHNEN	26. Juni	1 WIND
23. April	1 MAIS	9. Juli	1 ADLER
6. Mai	1 TOD	22. Juli	1 HASE
19. Mai	1 STURM	4. August	1 KROKODIL
1. Juni	1 STRASSE	17. August	1 JAGUAR
14. Juni	1 SCHLANGE	30. August	1 HIRSCH
27. Juni	1 FEUERSTEIN	12. September	1 AHNEN
10. Juli	1 AFFE	25. September	1 MAIS
23. Juli	1 EIDECHSE	8. Oktober	1 TOD
5. August	1 WEIHRAUCH	21. Oktober	1 STURM
18. August	1 HUND	3. November	1 STRASSE
31. August	1 NACHT	16. November	1 SCHLANGE
13. September	1 GEIER		

* Schaltjahr

Gregorianischer Kalender	Maya-Kalender	Gregorianischer Kalender	Maya-Kalender
29. November	1 FEUERSTEIN	**1915**	
12. Dezember	1 AFFE	6. Januar	1 KROKODIL
25. Dezember	1 EIDECHSE	19. Januar	1 JAGUAR
1914		1. Februar	1 HIRSCH
7. Januar	1 WEIHRAUCH	14. Februar	1 AHNEN
20. Januar	1 HUND	27. Februar	1 MAIS
2. Februar	1 NACHT	12. März	1 TOD
15. Februar	1 GEIER	**Maya-Jahr 7 STRASSE (18. März)**	
28. Februar	1 WASSER	25. März	1 STURM
13. März	1 WIND	7. April	1 STRASSE
Maya-Jahr 6 HIRSCH (18. März)		20. April	1 SCHLANGE
26. März	1 ADLER	3. Mai	1 FEUERSTEIN
8. April	1 HASE	16. Mai	1 AFFE
21. April	1 KROKODIL	29. Mai	1 EIDECHSE
4. Mai	1 JAGUAR	11. Juni	1 WEIHRAUCH
17. Mai	1 HIRSCH	24. Juni	1 HUND
30. Mai	1 AHNEN	7. Juli	1 NACHT
ENDE KATUN 1 AHAU (30. Mai)		20. Juli	1 GEIER
ANFANG KATUN 12 AHAU		2. August	1 WASSER
12. Juni	1 MAIS	15. August	1 WIND
25. Juni	1 TOD	28. August	1 ADLER
8. Juli	1 STURM	10. September	1 HASE
21. Juli	1 STRASSE	23. September	1 KROKODIL
3. August	1 SCHLANGE	6. Oktober	1 JAGUAR
16. August	1 FEUERSTEIN	19. Oktober	1 HIRSCH
29. August	1 AFFE	1. November	1 AHNEN
11. September	1 EIDECHSE	14. November	1 MAIS
24. September	1 WEIHRAUCH	27. November	1 TOD
7. Oktober	1 HUND	10. Dezember	1 STURM
20. Oktober	1 NACHT	23. Dezember	1 STRASSE
2. November	1 GEIER	***1916**	
15. November	1 WASSER	5. Januar	1 SCHLANGE
28. November	1 WIND	18. Januar	1 FEUERSTEIN
11. Dezember	1 ADLER	31. Januar	1 AFFE
24. Dezember	1 HASE	13. Februar	1 EIDECHSE

* Schaltjahr

232

Gregorianischer Kalender	Maya-Kalender	Gregorianischer Kalender	Maya-Kalender
26. Februar	1 WEIHRAUCH	17. April	1 MAIS
10. März	1 HUND	30. April	1 TOD
Maya-Jahr 8 WEIHRAUCH (17. März)		13. Mai	1 STURM
23. März	1 NACHT	26. Mai	1 STRASSE
5. April	1 GEIER	8. Juni	1 SCHLANGE
18. April	1 WASSER	21. Juni	1 FEUERSTEIN
1. Mai	1 WIND	4. Juli	1 AFFE
14. Mai	1 ADLER	17. Juli	1 EIDECHSE
27. Mai	1 HASE	30. Juli	1 WEIHRAUCH
9. Juni	1 KROKODIL	12. August	1 HUND
22. Juni	1 JAGUAR	25. August	1 NACHT
5. Juli	1 HIRSCH	7. September	1 GEIER
18. Juli	1 AHNEN	20. September	1 WASSER
31. Juli	1 MAIS	3. Oktober	1 WIND
13. August	1 TOD	16. Oktober	1 ADLER
26. August	1 STURM	29. Oktober	1 HASE
8. September	1 STRASSE	11. November	1 KROKODIL
21. September	1 SCHLANGE	24. November	1 JAGUAR
4. Oktober	1 FEUERSTEIN	7. Dezember	1 HIRSCH
17. Oktober	1 AFFE	20. Dezember	1 AHNEN
30. Oktober	1 EIDECHSE		
12. November	1 WEIHRAUCH	**1918**	
25. November	1 HUND	2. Januar	1 MAIS
8. Dezember	1 NACHT	15. Januar	1 TOD
21. Dezember	1 GEIER	28. Januar	1 STURM
		10. Februar	1 STRASSE
1917		23. Februar	1 SCHLANGE
3. Januar	1 WASSER	8. März	1 FEUERSTEIN
16. Januar	1 WIND	**Maya-Jahr 10 HIRSCH (17. März)**	
29. Januar	1 ADLER	21. März	1 AFFE
11. Februar	1 HASE	3. April	1 EIDECHSE
24. Februar	1 KROKODIL	16. April	1 WEIHRAUCH
9. März	1 JAGUAR	29. April	1 HUND
Maya-Jahr 9 WIND (17. März)		12. Mai	1 NACHT
22. März	1 HIRSCH	25. Mai	1 GEIER
4. April	1 AHNEN	7. Juni	1 WASSER

Gregorianischer Kalender	Maya-Kalender	Gregorianischer Kalender	Maya-Kalender
20. Juni	1 WIND	23. August	1 AFFE
3. Juli	1 ADLER	5. September	1 EIDECHSE
16. Juli	1 HASE	18. September	1 WEIHRAUCH
29. Juli	1 KROKODIL	1. Oktober	1 HUND
11. August	1 JAGUAR	14. Oktober	1 NACHT
24. August	1 HIRSCH	27. Oktober	1 GEIER
6. September	1 AHNEN	9. November	1 WASSER
19. September	1 MAIS	22. November	1 WIND
2. Oktober	1 TOD	5. Dezember	1 ADLER
15. Oktober	1 STURM	18. Dezember	1 HASE
28. Oktober	1 STRASSE	31. Dezember	1 KROKODIL
10. November	1 SCHLANGE		
23. November	1 FEUERSTEIN	***1920**	
6. Dezember	1 AFFE	13. Januar	1 JAGUAR
19. Dezember	1 EIDECHSE	26. Januar	1 HIRSCH
1919		8. Februar	1 AHNEN
1. Januar	1 WEIHRAUCH	21. Februar	1 MAIS
14. Januar	1 HUND	5. März	1 TOD
27. Januar	1 NACHT	**Maya-Jahr 12 WEIHRAUCH**	
9. Februar	1 GEIER	**(16. März)**	
22. Februar	1 WASSER	18. März	1 STURM
7. März	1 WIND	31. März	1 STRASSE
Maya-Jahr 11 STRASSE (17. März)		13. April	1 SCHLANGE
20. März	1 ADLER	26. April	1 FEUERSTEIN
2. April	1 HASE	9. Mai	1 AFFE
15. April	1 KROKODIL	22. Mai	1 EIDECHSE
28. April	1 JAGUAR	4. Juni	1 WEIHRAUCH
11. Mai	1 HIRSCH	17. Juni	1 HUND
24. Mai	1 AHNEN	30. Juni	1 NACHT
6. Juni	1 MAIS	13. Juli	1 GEIER
19. Juni	1 TOD	26. Juli	1 WASSER
2. Juli	1 STURM	8. August	1 WIND
15. Juli	1 STRASSE	21. August	1 ADLER
28. Juli	1 SCHLANGE	3. September	1 HASE
10. August	1 FEUERSTEIN	16. September	1 KROKODIL
		29. September	1 JAGUAR

* Schaltjahr

Gregorianischer Kalender	Maya-Kalender	Gregorianischer Kalender	Maya-Kalender
12. Oktober	1 HIRSCH	15. Dezember	1 GEIER
25. Oktober	1 AHNEN	28. Dezember	1 WASSER
7. November	1 MAIS	**1922**	
20. November	1 TOD	10. Januar	1 WIND
3. Dezember	1 STURM	23. Januar	1 ADLER
16. Dezember	1 STRASSE	5. Februar	1 HASE
29. Dezember	1 SCHLANGE	18. Februar	1 KROKODIL
1921		3. März	1 JAGUAR
11. Januar	1 FEUERSTEIN	16. März	1 HIRSCH
24. Januar	1 AFFE	**Maya-Jahr 1 HIRSCH (16. März)**	
6. Februar	1 EIDECHSE	29. März	1 AHNEN
19. Februar	1 WEIHRAUCH	11. April	1 MAIS
4. März	1 HUND	24. April	1 TOD
Maya-Jahr 13 WIND (16. März)		7. Mai	1 STURM
17. März	1 NACHT	20. Mai	1 STRASSE
30. März	1 GEIER	2. Juni	1 SCHLANGE
12. April	1 WASSER	15. Juni	1 FEUERSTEIN
25. April	1 WIND	28. Juni	1 AFFE
8. Mai	1 ADLER	11. Juli	1 EIDECHSE
21. Mai	1 HASE	24. Juli	1 WEIHRAUCH
3. Juni	1 KROKODIL	6. August	1 HUND
16. Juni	1 JAGUAR	19. August	1 NACHT
29. Juni	1 HIRSCH	1. September	1 GEIER
12. Juli	1 AHNEN	14. September	1 WASSER
25. Juli	1 MAIS	27. September	1 WIND
7. August	1 TOD	10. Oktober	1 ADLER
20. August	1 STURM	23. Oktober	1 HASE
2. September	1 STRASSE	5. November	1 KROKODIL
15. September	1 SCHLANGE	18. November	1 JAGUAR
28. September	1 FEUERSTEIN	1. Dezember	1 HIRSCH
11. Oktober	1 AFFE	14. Dezember	1 AHNEN
24. Oktober	1 EIDECHSE	27. Dezember	1 MAIS
6. November	1 WEIHRAUCH	**1923**	
19. November	1 HUND	9. Januar	1 TOD
2. Dezember	1 NACHT	22. Januar	1 STURM

Gregorianischer Kalender	Maya-Kalender	Gregorianischer Kalender	Maya-Kalender
4. Februar	1 STRASSE	26. März	1 HASE
17. Februar	1 SCHLANGE	8. April	1 KROKODIL
2. März	1 FEUERSTEIN	21. April	1 JAGUAR
15. März	1 AFFE	4. Mai	1 HIRSCH
Maya-Jahr 2 STRASSE (16. März)		17. Mai	1 AHNEN
28. März	1 EIDECHSE	30. Mai	1 MAIS
10. April	1 WEIHRAUCH	12. Juni	1 TOD
23. April	1 HUND	25. Juni	1 STURM
6. Mai	1 NACHT	8. Juli	1 STRASSE
19. Mai	1 GEIER	21. Juli	1 SCHLANGE
1. Juni	1 WASSER	3. August	1 FEUERSTEIN
14. Juni	1 WIND	16. August	1 AFFE
27. Juni	1 ADLER	29. August	1 EIDECHSE
10. Juli	1 HASE	11. September	1 WEIHRAUCH
23. Juli	1 KROKODIL	24. September	1 HUND
5. August	1 JAGUAR	7. Oktober	1 NACHT
18. August	1 HIRSCH	20. Oktober	1 GEIER
31. August	1 AHNEN	2. November	1 WASSER
13. September	1 MAIS	15. November	1 WIND
26. September	1 TOD	28. November	1 ADLER
9. Oktober	1 STURM	11. Dezember	1 HASE
22. Oktober	1 STRASSE	24. Dezember	1 KROKODIL
4. November	1 SCHLANGE	**1925**	
17. November	1 FEUERSTEIN		
30. November	1 AFFE	6. Januar	1 JAGUAR
13. Dezember	1 EIDECHSE	19. Januar	1 HIRSCH
26. Dezember	1 WEIHRAUCH	1. Februar	1 AHNEN
*1924		14. Februar	1 MAIS
8. Januar	1 HUND	27. Februar	1 TOD
21. Januar	1 NACHT	12. März	1 STURM
3. Februar	1 GEIER	**Maya-Jahr 4 WIND (15. März)**	
16. Februar	1 WASSER	25. März	1 STRASSE
29. Februar	1 WIND	7. April	1 SCHLANGE
13. März	1 ADLER	20. April	1 FEUERSTEIN
Maya-Jahr 3 WEIHRAUCH (15. März)		3. Mai	1 AFFE
		16. Mai	1 EIDECHSE

* Schaltjahr

236

Gregorianischer Kalender	Maya-Kalender	Gregorianischer Kalender	Maya-Kalender
29. Mai	1 WEIHRAUCH	1. August	1 TOD
11. Juni	1 HUND	14. August	1 STURM
24. Juni	1 NACHT	27. August	1 STRASSE
7. Juli	1 GEIER	9. September	1 SCHLANGE
20. Juli	1 WASSER	22. September	1 FEUERSTEIN
2. August	1 WIND	5. Oktober	1 AFFE
15. August	1 ADLER	18. Oktober	1 EIDECHSE
28. August	1 HASE	31. Oktober	1 WEIHRAUCH
10. September	1 KROKODIL	13. November	1 HUND
23. September	1 JAGUAR	26. November	1 NACHT
6. Oktober	1 HIRSCH	9. Dezember	1 GEIER
19. Oktober	1 AHNEN	22. Dezember	1 WASSER
1. November	1 MAIS	**1927**	
14. November	1 TOD	4. Januar	1 WIND
27. November	1 STURM	17. Januar	1 ADLER
10. Dezember	1 STRASSE	30. Januar	1 HASE
23. Dezember	1 SCHLANGE	12. Februar	1 KROKODIL
1926		25. Februar	1 JAGUAR
5. Januar	1 FEUERSTEIN	10. März	1 HIRSCH
18. Januar	1 AFFE	**Maya-Jahr 6 STRASSE (15. März)**	
31. Januar	1 EIDECHSE	23. März	1 AHNEN
13. Februar	1 WEIHRAUCH	5. April	1 MAIS
26. Februar	1 HUND	18. April	1 TOD
11. März	1 NACHT	1. Mai	1 STURM
Maya-Jahr 5 HIRSCH (15. März)		14. Mai	1 STRASSE
24. März	1 GEIER	27. Mai	1 SCHLANGE
6. April	1 WASSER	9. Juni	1 FEUERSTEIN
19. April	1 WIND	22. Juni	1 AFFE
2. Mai	1 ADLER	5. Juli	1 EIDECHSE
15. Mai	1 HASE	18. Juli	1 WEIHRAUCH
28. Mai	1 KROKODIL	31. Juli	1 HUND
10. Juni	1 JAGUAR	13. August	1 NACHT
23. Juni	1 HIRSCH	26. August	1 GEIER
6. Juli	1 AHNEN	8. September	1 WASSER
19. Juli	1 MAIS	21. September	1 WIND

Gregorianischer Kalender	Maya-Kalender	Gregorianischer Kalender	Maya-Kalender
4. Oktober	1 ADLER	10. November	1 FEUERSTEIN
17. Oktober	1 HASE	23. November	1 AFFE
30. Oktober	1 KROKODIL	6. Dezember	1 EIDECHSE
12. November	1 JAGUAR	19. Dezember	1 WEIHRAUCH
25. November	1 HIRSCH	**1929**	
8. Dezember	1 AHNEN	1. Januar	1 HUND
21. Dezember	1 MAIS	14. Januar	1 NACHT
*1928		27. Januar	1 GEIER
3. Januar	1 TOD	9. Februar	1 WASSER
16. Januar	1 STURM	22. Februar	1 WIND
29. Januar	1 STRASSE	7. März	1 ADLER
11. Februar	1 SCHLANGE	**Maya-Jahr 8 WIND (14. März)**	
24. Februar	1 FEUERSTEIN	20. März	1 HASE
8. März	1 AFFE	2. April	1 KROKODIL
Maya-Jahr 7 WEIHRAUCH (14. März)		15. April	1 JAGUAR
		28. April	1 HIRSCH
21. März	1 EIDECHSE	11. Mai	1 AHNEN
3. April	1 WEIHRAUCH	24. Mai	1 MAIS
16. April	1 HUND	6. Juni	1 TOD
29. April	1 NACHT	19. Juni	1 STURM
12. Mai	1 GEIER	2. Juli	1 STRASSE
25. Mai	1 WASSER	15. Juli	1 SCHLANGE
7. Juni	1 WIND	28. Juli	1 FEUERSTEIN
20. Juni	1 ADLER	10. August	1 AFFE
3. Juli	1 HASE	23. August	1 EIDECHSE
16. Juli	1 KROKODIL	5. September	1 WEIHRAUCH
29. Juli	1 JAGUAR	18. September	1 HUND
11. August	1 HIRSCH	1. Oktober	1 NACHT
24. August	1 AHNEN	14. Oktober	1 GEIER
6. September	1 MAIS	27. Oktober	1 WASSER
19. September	1 TOD	9. November	1 WIND
2. Oktober	1 STURM	22. November	1 ADLER
15. Oktober	1 STRASSE	5. Dezember	1 HASE
28. Oktober	1 SCHLANGE	18. Dezember	1 KROKODIL
		31. Dezember	1 JAGUAR

* Schaltjahr

Gregorianischer Kalender	Maya-Kalender	Gregorianischer Kalender	Maya-Kalender
1930		5. März	1 NACHT
13. Januar	1 HIRSCH	**Maya-Jahr 10 STRASSE (14. März)**	
26. Januar	1 AHNEN	18. März	1 GEIER
8. Februar	1 MAIS	31. März	1 WASSER
21. Februar	1 TOD	13. April	1 WIND
6. März	1 STURM	26. April	1 ADLER
Maya-Jahr 9 HIRSCH (14. März)		9. Mai	1 HASE
19. März	1 STRASSE	22. Mai	1 KROKODIL
1. April	1 SCHLANGE	4. Juni	1 JAGUAR
14. April	1 FEUERSTEIN	17. Juni	1 HIRSCH
27. April	1 AFFE	30. Juni	1 AHNEN
10. Mai	1 EIDECHSE	13. Juli	1 MAIS
23. Mai	1 WEIHRAUCH	26. Juli	1 TOD
5. Juni	1 HUND	8. August	1 STURM
18. Juni	1 NACHT	21. August	1 STRASSE
1. Juli	1 GEIER	3. September	1 SCHLANGE
14. Juli	1 WASSER	16. September	1 FEUERSTEIN
27. Juli	1 WIND	29. September	1 AFFE
9. August	1 ADLER	12. Oktober	1 EIDECHSE
22. August	1 HASE	25. Oktober	1 WEIHRAUCH
4. September	1 KROKODIL	7. November	1 HUND
17. September	1 JAGUAR	20. November	1 NACHT
30. September	1 HIRSCH	3. Dezember	1 GEIER
13. Oktober	1 AHNEN	16. Dezember	1 WASSER
26. Oktober	1 MAIS	29. Dezember	1 WIND
8. November	1 TOD	***1932**	
21. November	1 STURM	11. Januar	1 ADLER
4. Dezember	1 STRASSE	24. Januar	1 HASE
17. Dezember	1 SCHLANGE	6. Februar	1 KROKODIL
30. Dezember	1 FEUERSTEIN	19. Februar	1 JAGUAR
1931		3. März	1 HIRSCH
12. Januar	1 AFFE	**Maya-Jahr 11 WEIHRAUCH**	
25. Januar	1 EIDECHSE	**(13. März)**	
7. Februar	1 WEIHRAUCH	16. März	1 AHNEN
20. Februar	1 HUND	29. März	1 MAIS

* Schaltjahr

239

Gregorianischer Kalender	Maya- Kalender	Gregorianischer Kalender	Maya- Kalender
11. April	1 TOD	14. Juni	1 ADLER
24. April	1 STURM	27. Juni	1 HASE
7. Mai	1 STRASSE	10. Juli	1 KROKODIL
20. Mai	1 SCHLANGE	23. Juli	1 JAGUAR
2. Juni	1 FEUERSTEIN	5. August	1 HIRSCH
15. Juni	1 AFFE	18. August	1 AHNEN
28. Juni	1 EIDECHSE	31. August	1 MAIS
11. Juli	1 WEIHRAUCH	13. September	1 TOD
24. Juli	1 HUND	26. September	1 STURM
6. August	1 NACHT	9. Oktober	1 STRASSE
19. August	1 GEIER	22. Oktober	1 SCHLANGE
1. September	1 WASSER	4. November	1 FEUERSTEIN
14. September	1 WIND	17. November	1 AFFE
27. September	1 ADLER	30. November	1 EIDECHSE
10. Oktober	1 HASE	13. Dezember	1 WEIHRAUCH
23. Oktober	1 KROKODIL	26. Dezember	1 HUND
5. November	1 JAGUAR	**1934**	
18. November	1 HIRSCH		
1. Dezember	1 AHNEN	8. Januar	1 NACHT
14. Dezember	1 MAIS	21. Januar	1 GEIER
27. Dezember	1 TOD	3. Februar	1 WASSER
1933		**ENDE KATUN 12 AHAU (14. Februar)**	
9. Januar	1 STURM	**ANFANG KATUN 10 AHAU**	
22. Januar	1 STRASSE	16. Februar	1 WIND
4. Februar	1 SCHLANGE	1. März	1 ADLER
17. Februar	1 FEUERSTEIN	**Maya-Jahr 13 HIRSCH (13. März)**	
2. März	1 AFFE	14. März	1 HASE
Maya-Jahr 12 WIND (13. März)		27. März	1 KROKODIL
15. März	1 EIDECHSE	9. April	1 JAGUAR
28. März	1 WEIHRAUCH	22. April	1 HIRSCH
10. April	1 HUND	5. Mai	1 AHNEN
23. April	1 NACHT	18. Mai	1 MAIS
6. Mai	1 GEIER	31. Mai	1 TOD
19. Mai	1 WASSER	13. Juni	1 STURM
1. Juni	1 WIND	26. Juni	1 STRASSE
		9. Juli	1 SCHLANGE

Gregorianischer Kalender	Maya-Kalender	Gregorianischer Kalender	Maya-Kalender
22. Juli	1 FEUERSTEIN	24. September	1 HIRSCH
4. August	1 AFFE	7. Oktober	1 AHNEN
17. August	1 EIDECHSE	20. Oktober	1 MAIS
30. August	1 WEIHRAUCH	2. November	1 TOD
12. September	1 HUND	15. November	1 STURM
25. September	1 NACHT	28. November	1 STRASSE
8. Oktober	1 GEIER	11. Dezember	1 SCHLANGE
21. Oktober	1 WASSER	24. Dezember	1 FEUERSTEIN
3. November	1 WIND	***1936**	
16. November	1 ADLER	6. Januar	1 AFFE
29. November	1 HASE	19. Januar	1 EIDECHSE
12. Dezember	1 KROKODIL	1. Februar	1 WEIHRAUCH
25. Dezember	1 JAGUAR	14. Februar	1 HUND
1935		27. Februar	1 NACHT
7. Januar	1 HIRSCH	11. März	1 GEIER
20. Januar	1 AHNEN	**Maya-Jahr 2 WEIHRAUCH (12. März)**	
2. Februar	1 MAIS	24. März	1 WASSER
15. Februar	1 TOD	6. April	1 WIND
28. Februar	1 STURM	19. April	1 ADLER
13. März	1 STRASSE	2. Mai	1 HASE
Maya-Jahr 1 STRASSE (13. März)		15. Mai	1 KROKODIL
26. März	1 SCHLANGE	28. Mai	1 JAGUAR
8. April	1 FEUERSTEIN	10. Juni	1 HIRSCH
21. April	1 AFFE	23. Juni	1 AHNEN
4. Mai	1 EIDECHSE	6. Juli	1 MAIS
17. Mai	1 WEIHRAUCH	19. Juli	1 TOD
30. Mai	1 HUND	1. August	1 STURM
12. Juni	1 NACHT	14. August	1 STRASSE
25. Juni	1 GEIER	27. August	1 SCHLANGE
8. Juli	1 WASSER	9. September	1 FEUERSTEIN
21. Juli	1 WIND	22. September	1 AFFE
3. August	1 ADLER	5. Oktober	1 EIDECHSE
16. August	1 HASE	18. Oktober	1 WEIHRAUCH
29. August	1 KROKODIL	31. Oktober	1 HUND
11. September	1 JAGUAR	13. November	1 NACHT

* Schaltjahr

Gregorianischer Kalender	Maya-Kalender	Gregorianischer Kalender	Maya-Kalender
26. November	1 GEIER	29. Januar	1 SCHLANGE
9. Dezember	1 WASSER	11. Februar	1 FEUERSTEIN
22. Dezember	1 WIND	24. Februar	1 AFFE
1937		9. März	1 EIDECHSE
4. Januar	1 ADLER	**Maya-Jahr 4 HIRSCH (12. März)**	
17. Januar	1 HASE	22. März	1 WEIHRAUCH
30. Januar	1 KROKODIL	4. April	1 HUND
12. Februar	1 JAGUAR	17. April	1 NACHT
25. Februar	1 HIRSCH	30. April	1 GEIER
10. März	1 AHNEN	13. Mai	1 WASSER
Maya-Jahr 3 WIND (12. März)		26. Mai	1 WIND
23. März	1 MAIS	8. Juni	1 ADLER
5. April	1 TOD	21. Juni	1 HASE
18. April	1 STURM	4. Juli	1 KROKODIL
1. Mai	1 STRASSE	17. Juli	1 JAGUAR
14. Mai	1 SCHLANGE	30. Juli	1 HIRSCH
27. Mai	1 FEUERSTEIN	12. August	1 AHNEN
9. Juni	1 AFFE	25. August	1 MAIS
22. Juni	1 EIDECHSE	7. September	1 TOD
5. Juli	1 WEIHRAUCH	20. September	1 STURM
18. Juli	1 HUND	3. Oktober	1 STRASSE
31. Juli	1 NACHT	16. Oktober	1 SCHLANGE
13. August	1 GEIER	29. Oktober	1 FEUERSTEIN
26. August	1 WASSER	11. November	1 AFFE
8. September	1 WIND	24. November	1 EIDECHSE
21. September	1 ADLER	7. Dezember	1 WEIHRAUCH
4. Oktober	1 HASE	20. Dezember	1 HUND
17. Oktober	1 KROKODIL	**1939**	
30. Oktober	1 JAGUAR		
12. November	1 HIRSCH	2. Januar	1 NACHT
25. November	1 AHNEN	15. Januar	1 GEIER
8. Dezember	1 MAIS	28. Januar	1 WASSER
21. Dezember	1 TOD	10. Februar	1 WIND
1938		23. Februar	1 ADLER
3. Januar	1 STURM	8. März	1 HASE
16. Januar	1 STRASSE	**Maya-Jahr 5 STRASSE (12. März)**	

Gregorianischer Kalender	Maya-Kalender	Gregorianischer Kalender	Maya-Kalender
21. März	1 KROKODIL	23. Mai	1 HUND
3. April	1 JAGUAR	5. Juni	1 NACHT
16. April	1 HIRSCH	18. Juni	1 GEIER
29. April	1 AHNEN	1. Juli	1 WASSER
12. Mai	1 MAIS	14. Juli	1 WIND
25. Mai	1 TOD	27. Juli	1 ADLER
7. Juni	1 STURM	9. August	1 HASE
20. Juni	1 STRASSE	22. August	1 KROKODIL
3. Juli	1 SCHLANGE	4. September	1 JAGUAR
16. Juli	1 FEUERSTEIN	17. September	1 HIRSCH
29. Juli	1 AFFE	30. September	1 AHNEN
11. August	1 EIDECHSE	13. Oktober	1 MAIS
24. August	1 WEIHRAUCH	26. Oktober	1 TOD
6. September	1 HUND	8. November	1 STURM
19. September	1 NACHT	21. November	1 STRASSE
2. Oktober	1 GEIER	4. Dezember	1 SCHLANGE
15. Oktober	1 WASSER	17. Dezember	1 FEUERSTEIN
28. Oktober	1 WIND	30. Dezember	1 AFFE
10. November	1 ADLER	**1941**	
23. November	1 HASE		
6. Dezember	1 KROKODIL	12. Januar	1 EIDECHSE
19. Dezember	1 JAGUAR	25. Januar	1 WEIHRAUCH
*1940		7. Februar	1 HUND
1. Januar	1 HIRSCH	20. Februar	1 NACHT
14. Januar	1 AHNEN	5. März	1 GEIER
27. Januar	1 MAIS	**Maya-Jahr 7 WIND (11. März)**	
9. Februar	1 TOD	18. März	1 WASSER
22. Februar	1 STURM	31. März	1 WIND
6. März	1 STRASSE	13. April	1 ADLER
Maya-Jahr 6 WEIHRAUCH (11. März)		26. April	1 HASE
19. März	1 SCHLANGE	9. Mai	1 KROKODIL
1. April	1 FEUERSTEIN	22. Mai	1 JAGUAR
14. April	1 AFFE	4. Juni	1 HIRSCH
27. April	1 EIDECHSE	17. Juni	1 AHNEN
10. Mai	1 WEIHRAUCH	30. Juni	1 MAIS
		13. Juli	1 TOD

* Schaltjahr

Gregorianischer Kalender	Maya-Kalender	Gregorianischer Kalender	Maya-Kalender
26. Juli	1 STURM	28. September	1 HASE
8. August	1 STRASSE	11. Oktober	1 KROKODIL
21. August	1 SCHLANGE	24. Oktober	1 JAGUAR
3. September	1 FEUERSTEIN	6. November	1 HIRSCH
16. September	1 AFFE	19. November	1 AHNEN
29. September	1 EIDECHSE	2. Dezember	1 MAIS
12. Oktober	1 WEIHRAUCH	15. Dezember	1 TOD
25. Oktober	1 HUND	28. Dezember	1 STURM
7. November	1 NACHT		

1943 (rechts)

Gregorianischer Kalender	Maya-Kalender	Gregorianischer Kalender	Maya-Kalender
20. November	1 GEIER	10. Januar	1 STRASSE
3. Dezember	1 WASSER	23. Januar	1 SCHLANGE
16. Dezember	1 WIND	5. Februar	1 FEUERSTEIN
29. Dezember	1 ADLER	18. Februar	1 AFFE
		3. März	1 EIDECHSE

1942

Gregorianischer Kalender	Maya-Kalender
11. Januar	1 HASE
24. Januar	1 KROKODIL
6. Februar	1 JAGUAR
19. Februar	1 HIRSCH
4. März	1 AHNEN

Maya-Jahr 8 HIRSCH (11. März)

Gregorianischer Kalender	Maya-Kalender
17. März	1 MAIS
30. März	1 TOD
12. April	1 STURM
25. April	1 STRASSE
8. Mai	1 SCHLANGE
21. Mai	1 FEUERSTEIN
3. Juni	1 AFFE
16. Juni	1 EIDECHSE
29. Juni	1 WEIHRAUCH
12. Juli	1 HUND
25. Juli	1 NACHT
7. August	1 GEIER
20. August	1 WASSER
2. September	1 WIND
15. September	1 ADLER

Maya-Jahr 9 STRASSE (11. März) (rechte Spalte)

Gregorianischer Kalender	Maya-Kalender
16. März	1 WEIHRAUCH
29. März	1 HUND
11. April	1 NACHT
24. April	1 GEIER
7. Mai	1 WASSER
20. Mai	1 WIND
2. Juni	1 ADLER
15. Juni	1 HASE
28. Juni	1 KROKODIL
11. Juli	1 JAGUAR
24. Juli	1 HIRSCH
6. August	1 AHNEN
19. August	1 MAIS
1. September	1 TOD
14. September	1 STURM
27. September	1 STRASSE
10. Oktober	1 SCHLANGE
23. Oktober	1 FEUERSTEIN
5. November	1 AFFE
18. November	1 EIDECHSE

244

Gregorianischer Kalender	Maya-Kalender	Gregorianischer Kalender	Maya-Kalender
1. Dezember	1 WEIHRAUCH	**1945**	
14. Dezember	1 HUND	7. Januar	1 AHNEN
27. Dezember	1 NACHT	20. Januar	1 MAIS
*1944		2. Februar	1 TOD
9. Januar	1 GEIER	15. Februar	1 STURM
22. Januar	1 WASSER	28. Februar	1 STRASSE
4. Februar	1 WIND	**Maya-Jahr 11 WIND (10. März)**	
17. Februar	1 ADLER	13. März	1 SCHLANGE
1. März	1 HASE	26. März	1 FEUERSTEIN
Maya-Jahr 10 WEIHRAUCH (10. März)		8. April	1 AFFE
		21. April	1 EIDECHSE
14. März	1 KROKODIL	4. Mai	1 WEIHRAUCH
27. März	1 JAGUAR	17. Mai	1 HUND
9. April	1 HIRSCH	30. Mai	1 NACHT
22. April	1 AHNEN	12. Juni	1 GEIER
5. Mai	1 MAIS	25. Juni	1 WASSER
18. Mai	1 TOD	8. Juli	1 WIND
31. Mai	1 STURM	21. Juli	1 ADLER
13. Juni	1 STRASSE	3. August	1 HASE
26. Juni	1 SCHLANGE	16. August	1 KROKODIL
9. Juli	1 FEUERSTEIN	29. August	1 JAGUAR
22. Juli	1 AFFE	11. September	1 HIRSCH
4. August	1 EIDECHSE	24. September	1 AHNEN
17. August	1 WEIHRAUCH	7. Oktober	1 MAIS
30. August	1 HUND	20. Oktober	1 TOD
12. September	1 NACHT	2. November	1 STURM
25. September	1 GEIER	15. November	1 STRASSE
8. Oktober	1 WASSER	28. November	1 SCHLANGE
21. Oktober	1 WIND	11. Dezember	1 FEUERSTEIN
3. November	1 ADLER	24. Dezember	1 AFFE
16. November	1 HASE	**1946**	
29. November	1 KROKODIL	6. Januar	1 EIDECHSE
12. Dezember	1 JAGUAR	19. Januar	1 WEIHRAUCH
25. Dezember	1 HIRSCH	1. Februar	1 HUND
		14. Februar	1 NACHT

* Schaltjahr

245

Gregorianischer Kalender	Maya-Kalender	Gregorianischer Kalender	Maya-Kalender
27. Februar	1 GEIER	19. April	1 STRASSE
Maya-Jahr 12 HIRSCH (10. März)		2. Mai	1 SCHLANGE
12. März	1 WASSER	15. Mai	1 FEUERSTEIN
25. März	1 WIND	28. Mai	1 AFFE
7. April	1 ADLER	10. Juni	1 EIDECHSE
20. April	1 HASE	23. Juni	1 WEIHRAUCH
3. Mai	1 KROKODIL	6. Juli	1 HUND
16. Mai	1 JAGUAR	19. Juli	1 NACHT
29. Mai	1 HIRSCH	1. August	1 GEIER
11. Juni	1 AHNEN	14. August	1 WASSER
24. Juni	1 MAIS	27. August	1 WIND
7. Juli	1 TOD	9. September	1 ADLER
20. Juli	1 STURM	22. September	1 HASE
2. August	1 STRASSE	5. Oktober	1 KROKODIL
15. August	1 SCHLANGE	18. Oktober	1 JAGUAR
28. August	1 FEUERSTEIN	31. Oktober	1 HIRSCH
10. September	1 AFFE	13. November	1 AHNEN
23. September	1 EIDECHSE	26. November	1 MAIS
6. Oktober	1 WEIHRAUCH	9. Dezember	1 TOD
19. Oktober	1 HUND	22. Dezember	1 STURM
1. November	1 NACHT	***1948**	
14. November	1 GEIER	4. Januar	1 STRASSE
27. November	1 WASSER	17. Januar	1 SCHLANGE
10. Dezember	1 WIND	30. Januar	1 FEUERSTEIN
23. Dezember	1 ADLER	12. Februar	1 AFFE
1947		25. Februar	1 EIDECHSE
5. Januar	1 HASE	9. März	1 WEIHRAUCH
18. Januar	1 KROKODIL	**Maya-Jahr 1 WEIHRAUCH (9. März)**	
31. Januar	1 JAGUAR	22. März	1 HUND
13. Februar	1 HIRSCH	4. April	1 NACHT
26. Februar	1 AHNEN	17. April	1 GEIER
Maya-Jahr 13 STRASSE (10. März)		30. April	1 WASSER
11. März	1 MAIS	13. Mai	1 WIND
24. März	1 TOD	26. Mai	1 ADLER
6. April	1 STURM	8. Juni	1 HASE

* Schaltjahr

Gregorianischer Kalender	Maya-Kalender	Gregorianischer Kalender	Maya-Kalender
21. Juni	1 KROKODIL	24. August	1 HUND
4. Juli	1 JAGUAR	6. September	1 NACHT
17. Juli	1 HIRSCH	19. September	1 GEIER
30. Juli	1 AHNEN	2. Oktober	1 WASSER
12. August	1 MAIS	15. Oktober	1 WIND
25. August	1 TOD	28. Oktober	1 ADLER
7. September	1 STURM	10. November	1 HASE
20. September	1 STRASSE	23. November	1 KROKODIL
3. Oktober	1 SCHLANGE	6. Dezember	1 JAGUAR
16. Oktober	1 FEUERSTEIN	19. Dezember	1 HIRSCH
29. Oktober	1 AFFE	**1950**	
11. November	1 EIDECHSE		
24. November	1 WEIHRAUCH	1. Januar	1 AHNEN
7. Dezember	1 HUND	14. Januar	1 MAIS
20. Dezember	1 NACHT	27. Januar	1 TOD
1949		9. Februar	1 STURM
		22. Februar	1 STRASSE
2. Januar	1 GEIER	7. März	1 SCHLANGE
15. Januar	1 WASSER	**Maya-Jahr 3 HIRSCH (9. März)**	
28. Januar	1 WIND	20. März	1 FEUERSTEIN
10. Februar	1 ADLER	2. April	1 AFFE
23. Februar	1 HASE	15. April	1 EIDECHSE
8. März	1 KROKODIL	28. April	1 WEIHRAUCH
Maya-Jahr 2 WIND (9. März)		11. Mai	1 HUND
21. März	1 JAGUAR	24. Mai	1 NACHT
3. April	1 HIRSCH	6. Juni	1 GEIER
16. April	1 AHNEN	19. Juni	1 WASSER
29. April	1 MAIS	2. Juli	1 WIND
12. Mai	1 TOD	15. Juli	1 ADLER
25. Mai	1 STURM	28. Juli	1 HASE
7. Juni	1 STRASSE	10. August	1 KROKODIL
20. Juni	1 SCHLANGE	23. August	1 JAGUAR
3. Juli	1 FEUERSTEIN	5. September	1 HIRSCH
16. Juli	1 AFFE	18. September	1 AHNEN
29. Juli	1 EIDECHSE	1. Oktober	1 MAIS
11. August	1 WEIHRAUCH	14. Oktober	1 TOD

Gregorianischer Kalender	Maya-Kalender	Gregorianischer Kalender	Maya-Kalender
27. Oktober	1 STURM	*1952	
9. November	1 STRASSE	12. Januar	1 KROKODIL
22. November	1 SCHLANGE	25. Januar	1 JAGUAR
5. Dezember	1 FEUERSTEIN	7. Februar	1 HIRSCH
18. Dezember	1 AFFE	20. Februar	1 AHNEN
31. Dezember	1 EIDECHSE	4. März	1 MAIS
1951		**Maya-Jahr 5 WEIHRAUCH (8. März)**	
13. Januar	1 WEIHRAUCH	17. März	1 TOD
26. Januar	1 HUND	30. März	1 STURM
8. Februar	1 NACHT	12. April	1 STRASSE
21. Februar	1 GEIER	25. April	1 SCHLANGE
6. März	1 WASSER	8. Mai	1 FEUERSTEIN
Maya-Jahr 4 STRASSE (9. März)		21. Mai	1 AFFE
19. März	1 WIND	3. Juni	1 EIDECHSE
1. April	1 ADLER	16. Juni	1 WEIHRAUCH
14. April	1 HASE	29. Juni	1 HUND
27. April	1 KROKODIL	12. Juli	1 NACHT
10. Mai	1 JAGUAR	25. Juli	1 GEIER
23. Mai	1 HIRSCH	7. August	1 WASSER
5. Juni	1 AHNEN	20. August	1 WIND
18. Juni	1 MAIS	2. September	1 ADLER
1. Juli	1 TOD	15. September	1 HASE
14. Juli	1 STURM	28. September	1 KROKODIL
27. Juli	1 STRASSE	11. Oktober	1 JAGUAR
9. August	1 SCHLANGE	24. Oktober	1 HIRSCH
22. August	1 FEUERSTEIN	6. November	1 AHNEN
4. September	1 AFFE	19. November	1 MAIS
17. September	1 EIDECHSE	2. Dezember	1 TOD
30. September	1 WEIHRAUCH	15. Dezember	1 STURM
13. Oktober	1 HUND	28. Dezember	1 STRASSE
26. Oktober	1 NACHT	**1953**	
8. November	1 GEIER	10. Januar	1 SCHLANGE
21. November	1 WASSER	23. Januar	1 FEUERSTEIN
4. Dezember	1 WIND	5. Februar	1 AFFE
17. Dezember	1 ADLER	18. Februar	1 EIDECHSE
30. Dezember	1 HASE		

* Schaltjahr

Gregorianischer Kalender	Maya-Kalender	Gregorianischer Kalender	Maya-Kalender
3. März	1 WEIHRAUCH	15. März	1 JAGUAR
Maya-Jahr 6 WIND (8. März)		28. März	1 HIRSCH
16. März	1 HUND	10. April	1 AHNEN
29. März	1 NACHT	23. April	1 MAIS
11. April	1 GEIER	6. Mai	1 TOD
24. April	1 WASSER	19. Mai	1 STURM
7. Mai	1 WIND	1. Juni	1 STRASSE
20. Mai	1 ADLER	14. Juni	1 SCHLANGE
2. Juni	1 HASE	27. Juni	1 FEUERSTEIN
15. Juni	1 KROKODIL	10. Juli	1 AFFE
28. Juni	1 JAGUAR	23. Juli	1 EIDECHSE
11. Juli	1 HIRSCH	5. August	1 WEIHRAUCH
24. Juli	1 AHNEN	18. August	1 HUND
6. August	1 MAIS	31. August	1 NACHT
19. August	1 TOD	13. September	1 GEIER
1. September	1 STURM	26. September	1 WASSER
14. September	1 STRASSE	22. Oktober	1 ADLER
27. September	1 SCHLANGE	4. November	1 HASE
10. Oktober	1 FEUERSTEIN	17. November	1 KROKODIL
23. Oktober	1 AFFE	30. November	1 JAGUAR
ENDE KATUN 10 AHAU		13. Dezember	1 HIRSCH
(1. November)		26. Dezember	1 AHNEN
ANFANG KATUN 8 AHAU		**1955**	
5. November	1 EIDECHSE	8. Januar	1 MAIS
18. November	1 WEIHRAUCH	21. Januar	1 TOD
1. Dezember	1 HUND	3. Februar	1 STURM
14. Dezember	1 NACHT	16. Februar	1 STRASSE
27. Dezember	1 GEIER	1. März	1 SCHLANGE
1954		**Maya-Jahr 8 STRASSE (8. März)**	
9. Januar	1 WASSER	14. März	1 FEUERSTEIN
22. Januar	1 WIND	27. März	1 AFFE
4. Februar	1 ADLER	9. April	1 EIDECHSE
17. Februar	1 HASE	22. April	1 WEIHRAUCH
2. März	1 KROKODIL	5. Mai	1 HUND
Maya-Jahr 7 HIRSCH (8. März)		18. Mai	1 NACHT

249

Gregorianischer Kalender	Maya-Kalender	Gregorianischer Kalender	Maya-Kalender
31. Mai	1 GEIER	2. August	1 SCHLANGE
13. Juni	1 WASSER	15. August	1 FEUERSTEIN
26. Juni	1 WIND	28. August	1 AFFE
9. Juli	1 ADLER	10. September	1 EIDECHSE
22. Juli	1 HASE	23. September	1 WEIHRAUCH
4. August	1 KROKODIL	6. Oktober	1 HUND
17. August	1 JAGUAR	19. Oktober	1 NACHT
30. August	1 HIRSCH	1. November	1 GEIER
12. September	1 AHNEN	14. November	1 WASSER
25. September	1 MAIS	27. November	1 WIND
8. Oktober	1 TOD	10. Dezember	1 ADLER
21. Oktober	1 STURM	23. Dezember	1 HASE
3. November	1 STRASSE	**1957**	
16. November	1 SCHLANGE		
29. November	1 FEUERSTEIN	5. Januar	1 KROKODIL
12. Dezember	1 AFFE	18. Januar	1 JAGUAR
25. Dezember	1 EIDECHSE	31. Januar	1 HIRSCH
*1956		13. Februar	1 AHNEN
7. Januar	1 WEIHRAUCH	26. Februar	1 MAIS
20. Januar	1 HUND	**Maya-Jahr 10 WIND (7. März)**	
2. Februar	1 NACHT	11. März	1 TOD
15. Februar	1 GEIER	24. März	1 STURM
28. Februar	1 WASSER	6. April	1 STRASSE
Maya-Jahr 9 WEIHRAUCH (7. März)		19. April	1 SCHLANGE
12. März	1 WIND	2. Mai	1 FEUERSTEIN
25. März	1 ADLER	15. Mai	1 AFFE
7. April	1 HASE	28. Mai	1 EIDECHSE
20. April	1 KROKODIL	10. Juni	1 WEIHRAUCH
3. Mai	1 JAGUAR	23. Juni	1 HUND
16. Mai	1 HIRSCH	6. Juli	1 NACHT
29. Mai	1 AHNEN	19. Juli	1 GEIER
11. Juni	1 MAIS	1. August	1 WASSER
24. Juni	1 TOD	14. August	1 WIND
7. Juli	1 STURM	27. August	1 ADLER
20. Juli	1 STRASSE	9. September	1 HASE
		22. September	1 KROKODIL

* Schaltjahr

Gregorianischer Kalender	Maya-Kalender	Gregorianischer Kalender	Maya-Kalender
5. Oktober	1 JAGUAR	8. Dezember	1 NACHT
18. Oktober	1 HIRSCH	21. Dezember	1 GEIER
31. Oktober	1 AHNEN	**1959**	
13. November	1 MAIS		
26. November	1 TOD	3. Januar	1 WASSER
9. Dezember	1 STURM	16. Januar	1 WIND
22. Dezember	1 STRASSE	29. Januar	1 ADLER
1958		11. Februar	1 HASE
4. Januar	1 SCHLANGE	24. Februar	1 KROKODIL
17. Januar	1 FEUERSTEIN	**Maya-Jahr 12 STRASSE (7. März)**	
30. Januar	1 AFFE	9. März	1 JAGUAR
12. Februar	1 EIDECHSE	22. März	1 HIRSCH
25. Februar	1 WEIHRAUCH	4. April	1 AHNEN
Maya-Jahr 11 HIRSCH (7. März)		17. April	1 MAIS
10. März	1 HUND	30. April	1 TOD
23. März	1 NACHT	13. Mai	1 STURM
5. April	1 GEIER	26. Mai	1 STRASSE
18. April	1 WASSER	8. Juni	1 SCHLANGE
1. Mai	1 WIND	21. Juni	1 FEUERSTEIN
14. Mai	1 ADLER	4. Juli	1 AFFE
27. Mai	1 HASE	17. Juli	1 EIDECHSE
9. Juni	1 KROKODIL	30. Juli	1 WEIHRAUCH
22. Juni	1 JAGUAR	12. August	1 HUND
5. Juli	1 HIRSCH	25. August	1 NACHT
18. Juli	1 AHNEN	7. September	1 GEIER
31. Juli	1 MAIS	20. September	1 WASSER
13. August	1 TOD	3. Oktober	1 WIND
26. August	1 STURM	16. Oktober	1 ADLER
8. September	1 STRASSE	29. Oktober	1 HASE
21. September	1 SCHLANGE	11. November	1 KROKODIL
4. Oktober	1 FEUERSTEIN	24. November	1 JAGUAR
17. Oktober	1 AFFE	7. Dezember	1 HIRSCH
30. Oktober	1 EIDECHSE	20. Dezember	1 AHNEN
12. November	1 WEIHRAUCH	***1960**	
25. November	1 HUND	2. Januar	1 MAIS
		15. Januar	1 TOD

* Schaltjahr

Gregorianischer Kalender	Maya-Kalender	Gregorianischer Kalender	Maya-Kalender
28. Januar	1 STURM	19. März	1 ADLER
10. Februar	1 STRASSE	1. April	1 HASE
23. Februar	1 SCHLANGE	14. April	1 KROKODIL
Maya-Jahr 13 WEIHRAUCH (6. März)		27. April	1 JAGUAR
7. März	1 FEUERSTEIN	10. Mai	1 HIRSCH
20. März	1 AFFE	23. Mai	1 AHNEN
2. April	1 EIDECHSE	5. Juni	1 MAIS
15. April	1 WEIHRAUCH	18. Juni	1 TOD
28. April	1 HUND	1. Juli	1 STURM
11. Mai	1 NACHT	14. Juli	1 STRASSE
24. Mai	1 GEIER	27. Juli	1 SCHLANGE
6. Juni	1 WASSER	9. August	1 FEUERSTEIN
19. Juni	1 WIND	22. August	1 AFFE
2. Juli	1 ADLER	4. September	1 EIDECHSE
15. Juli	1 HASE	17. September	1 WEIHRAUCH
28. Juli	1 KROKODIL	30. September	1 HUND
10. August	1 JAGUAR	13. Oktober	1 NACHT
23. August	1 HIRSCH	26. Oktober	1 GEIER
5. September	1 AHNEN	8. November	1 WASSER
18. September	1 MAIS	21. November	1 WIND
1. Oktober	1 TOD	4. Dezember	1 ADLER
14. Oktober	1 STURM	17. Dezember	1 HASE
27. Oktober	1 STRASSE	30. Dezember	1 KROKODIL
9. November	1 SCHLANGE	**1962**	
22. November	1 FEUERSTEIN		
5. Dezember	1 AFFE	12. Januar	1 JAGUAR
18. Dezember	1 EIDECHSE	25. Januar	1 HIRSCH
31. Dezember	1 WEIHRAUCH	7. Februar	1 AHNEN
1961		20. Februar	1 MAIS
		5. März	1 TOD
13. Januar	1 HUND	**Maya-Jahr 2 HIRSCH (6. März)**	
26. Januar	1 NACHT	18. März	1 STURM
8. Februar	1 GEIER	31. März	1 STRASSE
21. Februar	1 WASSER	13. April	1 SCHLANGE
6. März	1 WIND	26. April	1 FEUERSTEIN
Maya-Jahr 1 WIND (6. März)		9. Mai	1 AFFE

252

Gregorianischer Kalender	Maya-Kalender	Gregorianischer Kalender	Maya-Kalender
22. Mai	1 EIDECHSE	25. Juli	1 MAIS
4. Juni	1 WEIHRAUCH	7. August	1 TOD
17. Juni	1 HUND	20. August	1 STURM
30. Juni	1 NACHT	2. September	1 STRASSE
13. Juli	1 GEIER	15. September	1 SCHLANGE
26. Juli	1 WASSER	28. September	1 FEUERSTEIN
8. August	1 WIND	11. Oktober	1 AFFE
21. August	1 ADLER	24. Oktober	1 EIDECHSE
3. September	1 HASE	6. November	1 WEIHRAUCH
16. September	1 KROKODIL	19. November	1 HUND
29. September	1 JAGUAR	2. Dezember	1 NACHT
12. Oktober	1 HIRSCH	15. Dezember	1 GEIER
25. Oktober	1 AHNEN	28. Dezember	1 WASSER
7. November	1 MAIS	***1964**	
20. November	1 TOD	10. Januar	1 WIND
3. Dezember	1 STURM	23. Januar	1 ADLER
16. Dezember	1 STRASSE	5. Februar	1 HASE
29. Dezember	1 SCHLANGE	18. Februar	1 KROKODIL
1963		2. März	1 JAGUAR
11. Januar	1 FEUERSTEIN	**Maya-Jahr 4 WEIHRAUCH (5. März)**	
24. Januar	1 AFFE	15. März	1 HIRSCH
6. Februar	1 EIDECHSE	28. März	1 AHNEN
19. Februar	1 WEIHRAUCH	10. April	1 MAIS
4. März	1 HUND	23. April	1 TOD
Maya-Jahr 3 STRASSE (6. März)		6. Mai	1 STURM
17. März	1 NACHT	19. Mai	1 STRASSE
30. März	1 GEIER	1. Juni	1 SCHLANGE
12. April	1 WASSER	14. Juni	1 FEUERSTEIN
25. April	1 WIND	27. Juni	1 AFFE
8. Mai	1 ADLER	10. Juli	1 EIDECHSE
21. Mai	1 HASE	23. Juli	1 WEIHRAUCH
3. Juni	1 KROKODIL	5. August	1 HUND
16. Juni	1 JAGUAR	18. August	1 NACHT
29. Juni	1 HIRSCH	31. August	1 GEIER
12. Juli	1 AHNEN	13. September	1 WASSER

* Schaltjahr

253

Gregorianischer Kalender	Maya-Kalender	Gregorianischer Kalender	Maya-Kalender
26. September	1 WIND	29. November	1 AFFE
9. Oktober	1 ADLER	12. Dezember	1 EIDECHSE
22. Oktober	1 HASE	25. Dezember	1 WEIHRAUCH
4. November	1 KROKODIL	**1966**	
17. November	1 JAGUAR	7. Januar	1 HUND
30. November	1 HIRSCH	20. Januar	1 NACHT
13. Dezember	1 AHNEN	2. Februar	1 GEIER
26. Dezember	1 MAIS	15. Februar	1 WASSER
1965		28. Februar	1 WIND
8. Januar	1 TOD	**Maya-Jahr 6 HIRSCH (5. März)**	
21. Januar	1 STURM	13. März	1 ADLER
3. Februar	1 STRASSE	26. März	1 HASE
16. Februar	1 SCHLANGE	8. April	1 KROKODIL
1. März	1 FEUERSTEIN	21. April	1 JAGUAR
Maya-Jahr 5 WIND (5. März)		4. Mai	1 HIRSCH
14. März	1 AFFE	17. Mai	1 AHNEN
27. März	1 EIDECHSE	30. Mai	1 MAIS
9. April	1 WEIHRAUCH	12. Juni	1 TOD
22. April	1 HUND	25. Juni	1 STURM
5. Mai	1 NACHT	8. Juli	1 STRASSE
18. Mai	1 GEIER	21. Juli	1 SCHLANGE
31. Mai	1 WASSER	3. August	1 FEUERSTEIN
13. Juni	1 WIND	16. August	1 AFFE
26. Juni	1 ADLER	29. August	1 EIDECHSE
9. Juli	1 HASE	11. September	1 WEIHRAUCH
22. Juli	1 KROKODIL	24. September	1 HUND
4. August	1 JAGUAR	7. Oktober	1 NACHT
17. August	1 HIRSCH	20. Oktober	1 GEIER
30. August	1 AHNEN	2. November	1 WASSER
12. September	1 MAIS	15. November	1 WIND
25. September	1 TOD	28. November	1 ADLER
8. Oktober	1 STURM	11. Dezember	1 HASE
21. Oktober	1 STRASSE	24. Dezember	1 KROKODIL
3. November	1 SCHLANGE	**1967**	
16. November	1 FEUERSTEIN	6. Januar	1 JAGUAR
		19. Januar	1 HIRSCH

Gregorianischer Kalender	Maya-Kalender	Gregorianischer Kalender	Maya-Kalender
1. Februar	1 AHNEN	23. März	1 GEIER
14. Februar	1 MAIS	5. April	1 WASSER
27. Februar	1 TOD	18. April	1 WIND
Maya-Jahr 7 STRASSE (5. März)		1. Mai	1 ADLER
12. März	1 STURM	14. Mai	1 HASE
25. März	1 STRASSE	27. Mai	1 KROKODIL
7. April	1 SCHLANGE	9. Juni	1 JAGUAR
20. April	1 FEUERSTEIN	22. Juni	1 HIRSCH
3. Mai	1 AFFE	5. Juli	1 AHNEN
16. Mai	1 EIDECHSE	18. Juli	1 MAIS
29. Mai	1 WEIHRAUCH	31. Juli	1 TOD
11. Juni	1 HUND	13. August	1 STURM
24. Juni	1 NACHT	26. August	1 STRASSE
7. Juli	1 GEIER	8. September	1 SCHLANGE
20. Juli	1 WASSER	21. September	1 FEUERSTEIN
2. August	1 WIND	4. Oktober	1 AFFE
15. August	1 ADLER	17. Oktober	1 EIDECHSE
28. August	1 HASE	30. Oktober	1 WEIHRAUCH
10. September	1 KROKODIL	12. November	1 HUND
23. September	1 JAGUAR	25. November	1 NACHT
6. Oktober	1 HIRSCH	8. Dezember	1 GEIER
19. Oktober	1 AHNEN	21. Dezember	1 WASSER
1. November	1 MAIS	**1969**	
14. November	1 TOD	3. Januar	1 WIND
27. November	1 STURM	16. Januar	1 ADLER
10. Dezember	1 STRASSE	29. Januar	1 HASE
23. Dezember	1 SCHLANGE	11. Februar	1 KROKODIL
*1968		24. Februar	1 JAGUAR
5. Januar	1 FEUERSTEIN	**Maya-Jahr 9 WIND (4. März)**	
18. Januar	1 AFFE	9. März	1 HIRSCH
31. Januar	1 EIDECHSE	22. März	1 AHNEN
13. Februar	1 WEIHRAUCH	4. April	1 MAIS
26. Februar	1 HUND	17. April	1 TOD
Maya-Jahr 8 WEIHRAUCH (4. März)		30. April	1 STURM
10. März	1 NACHT	13. Mai	1 STRASSE

* Schaltjahr

255

Gregorianischer Kalender	Maya-Kalender	Gregorianischer Kalender	Maya-Kalender
26. Mai	1 SCHLANGE	29. Juli	1 JAGUAR
8. Juni	1 FEUERSTEIN	11. August	1 HIRSCH
21. Juni	1 AFFE	24. August	1 AHNEN
4. Juli	1 EIDECHSE	6. September	1 MAIS
17. Juli	1 WEIHRAUCH	19. September	1 TOD
30. Juli	1 HUND	2. Oktober	1 STURM
12. August	1 NACHT	15. Oktober	1 STRASSE
25. August	1 GEIER	28. Oktober	1 SCHLANGE
7. September	1 WASSER	10. November	1 FEUERSTEIN
20. September	1 WIND	23. November	1 AFFE
3. Oktober	1 ADLER	6. Dezember	1 EIDECHSE
16. Oktober	1 HASE	19. Dezember	1 WEIHRAUCH
29. Oktober	1 KROKODIL	**1971**	
11. November	1 JAGUAR	1. Januar	1 HUND
24. November	1 HIRSCH	14. Januar	1 NACHT
7. Dezember	1 AHNEN	27. Januar	1 GEIER
20. Dezember	1 MAIS	9. Februar	1 WASSER
1970		22. Februar	1 WIND
2. Januar	1 TOD	**Maya-Jahr 11 STRASSE (4. März)**	
15. Januar	1 STURM	7. März	1 ADLER
28. Januar	1 STRASSE	20. März	1 HASE
10. Februar	1 SCHLANGE	2. April	1 KROKODIL
23. Februar	1 FEUERSTEIN	15. April	1 JAGUAR
Maya-Jahr 10 HIRSCH (4. März)		28. April	1 HIRSCH
8. März	1 AFFE	11. Mai	1 AHNEN
21. März	1 EIDECHSE	24. Mai	1 MAIS
3. April	1 WEIHRAUCH	6. Juni	1 TOD
16. April	1 HUND	19. Juni	1 STURM
29. April	1 NACHT	2. Juli	1 STRASSE
12. Mai	1 GEIER	15. Juli	1 SCHLANGE
25. Mai	1 WASSER	28. Juli	1 FEUERSTEIN
7. Juni	1 WIND	10. August	1 AFFE
20. Juni	1 ADLER	23. August	1 EIDECHSE
3. Juli	1 HASE	5. September	1 WEIHRAUCH
16. Juli	1 KROKODIL	18. September	1 HUND

Gregorianischer Kalender	Maya-Kalender	Gregorianischer Kalender	Maya-Kalender
1. Oktober	1 NACHT	3. Dezember	1 STRASSE
14. Oktober	1 GEIER	16. Dezember	1 SCHLANGE
27. Oktober	1 WASSER	29. Dezember	1 FEUERSTEIN
9. November	1 WIND	**1973**	
22. November	1 ADLER		
5. Dezember	1 HASE	11. Januar	1 AFFE
18. Dezember	1 KROKODIL	24. Januar	1 EIDECHSE
31. Dezember	1 JAGUAR	6. Februar	1 WEIHRAUCH
*1972		19. Februar	1 HUND
13. Januar	1 HIRSCH	**Maya-Jahr 13 WIND (3. März)**	
26. Januar	1 AHNEN	4. März	1 NACHT
8. Februar	1 MAIS	17. März	1 GEIER
21. Februar	1 TOD	30. März	1 WASSER
Maya-Jahr 12 WEIHRAUCH (3. März)		12. April	1 WIND
5. März	1 STURM	25. April	1 ADLER
18. März	1 STRASSE	8. Mai	1 HASE
31. März	1 SCHLANGE	21. Mai	1 KROKODIL
13. April	1 FEUERSTEIN	3. Juni	1 JAGUAR
26. April	1 AFFE	16. Juni	1 HIRSCH
9. Mai	1 EIDECHSE	29. Juni	1 AHNEN
22. Mai	1 WEIHRAUCH	12. Juli	1 MAIS
4. Juni	1 HUND	**ENDE KATUN 8 AHAU (19. Juli)**	
17. Juni	1 NACHT	**ANFANG KATUN 6 AHAU**	
30. Juni	1 GEIER	25. Juli	1 TOD
13. Juli	1 WASSER	7. August	1 STURM
26. Juli	1 WIND	20. August	1 STRASSE
8. August	1 ADLER	2. September	1 SCHLANGE
21. August	1 HASE	15. September	1 FEUERSTEIN
3. September	1 KROKODIL	28. September	1 AFFE
16. September	1 JAGUAR	11. Oktober	1 EIDECHSE
29. September	1 HIRSCH	24. Oktober	1 WEIHRAUCH
12. Oktober	1 AHNEN	6. November	1 HUND
25. Oktober	1 MAIS	19. November	1 NACHT
7. November	1 TOD	2. Dezember	1 GEIER
20. November	1 STURM	15. Dezember	1 WASSER
		28. Dezember	1 WIND

* Schaltjahr

257

Gregorianischer Kalender	Maya-Kalender
1974	
10. Januar	1 ADLER
23. Januar	1 HASE
5. Februar	1 KROKODIL
18. Februar	1 JAGUAR
3. März	1 HIRSCH
Maya-Jahr 1 HIRSCH (3. März)	
16. März	1 AHNEN
29. März	1 MAIS
11. April	1 TOD
24. April	1 STURM
7. Mai	1 STRASSE
20. Mai	1 SCHLANGE
2. Juni	1 FEUERSTEIN
15. Juni	1 AFFE
28. Juni	1 EIDECHSE
11. Juli	1 WEIHRAUCH
24. Juli	1 HUND
6. August	1 NACHT
19. August	1 GEIER
1. September	1 WASSER
14. September	1 WIND
27. September	1 ADLER
10. Oktober	1 HASE
23. Oktober	1 KROKODIL
5. November	1 JAGUAR
18. November	1 HIRSCH
1. Dezember	1 AHNEN
14. Dezember	1 MAIS
27. Dezember	1 TOD
1975	
9. Januar	1 STURM
22. Januar	1 STRASSE
4. Februar	1 SCHLANGE
17. Februar	1 FEUERSTEIN

Gregorianischer Kalender	Maya-Kalender
2. März	1 AFFE
Maya-Jahr 2 STRASSE (3. März)	
15. März	1 EIDECHSE
28. März	1 WEIHRAUCH
10. April	1 HUND
23. April	1 NACHT
6. Mai	1 GEIER
19. Mai	1 WASSER
1. Juni	1 WIND
14. Juni	1 ADLER
27. Juni	1 HASE
10. Juli	1 KROKODIL
23. Juli	1 JAGUAR
5. August	1 HIRSCH
18. August	1 AHNEN
31. August	1 MAIS
13. September	1 TOD
26. September	1 STURM
9. Oktober	1 STRASSE
22. Oktober	1 SCHLANGE
4. November	1 FEUERSTEIN
17. November	1 AFFE
30. November	1 EIDECHSE
13. Dezember	1 WEIHRAUCH
26. Dezember	1 HUND
*1976	
8. Januar	1 NACHT
21. Januar	1 GEIER
3. Februar	1 WASSER
16. Februar	1 WIND
29. Februar	1 ADLER
Maya-Jahr 3 WEIHRAUCH (2. März)	
13. März	1 HASE
26. März	1 KROKODIL
8. April	1 JAGUAR

* Schaltjahr

Gregorianischer Kalender	Maya-Kalender	Gregorianischer Kalender	Maya-Kalender
21. April	1 HIRSCH	24. Juni	1 GEIER
4. Mai	1 AHNEN	7. Juli	1 WASSER
17. Mai	1 MAIS	20. Juli	1 WIND
30. Mai	1 TOD	2. August	1 ADLER
12. Juni	1 STURM	15. August	1 HASE
25. Juni	1 STRASSE	28. August	1 KROKODIL
8. Juli	1 SCHLANGE	10. September	1 JAGUAR
21. Juli	1 FEUERSTEIN	23. September	1 HIRSCH
3. August	1 AFFE	6. Oktober	1 AHNEN
16. August	1 EIDECHSE	19. Oktober	1 MAIS
29. August	1 WEIHRAUCH	1. November	1 TOD
11. September	1 HUND	14. November	1 STURM
24. September	1 NACHT	27. November	1 STRASSE
7. Oktober	1 GEIER	10. Dezember	1 SCHLANGE
20. Oktober	1 WASSER	23. Dezember	1 FEUERSTEIN
2. November	1 WIND	**1978**	
15. November	1 ADLER	5. Januar	1 AFFE
28. November	1 HASE	18. Januar	1 EIDECHSE
11. Dezember	1 KROKODIL	31. Januar	1 WEIHRAUCH
24. Dezember	1 JAGUAR	13. Februar	1 HUND
1977		26. Februar	1 NACHT
6. Januar	1 HIRSCH	**Maya-Jahr 5 HIRSCH (2. März)**	
19. Januar	1 AHNEN	11. März	1 GEIER
1. Februar	1 MAIS	24. März	1 WASSER
14. Februar	1 TOD	6. April	1 WIND
27. Februar	1 STURM	19. April	1 ADLER
Maya-Jahr 4 WIND (2. März)		2. Mai	1 HASE
12. März	1 STRASSE	15. Mai	1 KROKODIL
25. März	1 SCHLANGE	28. Mai	1 JAGUAR
7. April	1 FEUERSTEIN	10. Juni	1 HIRSCH
20. April	1 AFFE	23. Juni	1 AHNEN
3. Mai	1 EIDECHSE	6. Juli	1 MAIS
16. Mai	1 WEIHRAUCH	19. Juli	1 TOD
29. Mai	1 HUND	1. August	1 STURM
11. Juni	1 NACHT	14. August	1 STRASSE

Gregorianischer Kalender	Maya-Kalender	Gregorianischer Kalender	Maya-Kalender
27. August	1 SCHLANGE	30. Oktober	1 JAGUAR
9. September	1 FEUERSTEIN	12. November	1 HIRSCH
22. September	1 AFFE	25. November	1 AHNEN
5. Oktober	1 EIDECHSE	8. Dezember	1 MAIS
18. Oktober	1 WEIHRAUCH	21. Dezember	1 TOD
31. Oktober	1 HUND	***1980**	
13. November	1 NACHT		
26. November	1 GEIER	3. Januar	1 STURM
9. Dezember	1 WASSER	16. Januar	1 STRASSE
22. Dezember	1 WIND	29. Januar	1 SCHLANGE
1979		11. Februar	1 FEUERSTEIN
4. Januar	1 ADLER	24. Februar	1 AFFE
17. Januar	1 HASE	**Maya-Jahr 7 WEIHRAUCH (1. März)**	
30. Januar	1 KROKODIL	8. März	1 EIDECHSE
12. Februar	1 JAGUAR	21. März	1 WEIHRAUCH
25. Februar	1 HIRSCH	3. April	1 HUND
Maya-Jahr 6 STRASSE (2. März)		16. April	1 NACHT
10. März	1 AHNEN	29. April	1 GEIER
23. März	1 MAIS	12. Mai	1 WASSER
5. April	1 TOD	25. Mai	1 WIND
18. April	1 STURM	7. Juni	1 ADLER
1. Mai	1 STRASSE	20. Juni	1 HASE
14. Mai	1 SCHLANGE	3. Juli	1 KROKODIL
27. Mai	1 FEUERSTEIN	16. Juli	1 JAGUAR
9. Juni	1 AFFE	29. Juli	1 HIRSCH
22. Juni	1 EIDECHSE	11. August	1 AHNEN
5. Juli	1 WEIHRAUCH	24. August	1 MAIS
18. Juli	1 HUND	6. September	1 TOD
31. Juli	1 NACHT	19. September	1 STURM
13. August	1 GEIER	2. Oktober	1 STRASSE
26. August	1 WASSER	15. Oktober	1 SCHLANGE
8. September	1 WIND	28. Oktober	1 FEUERSTEIN
21. September	1 ADLER	10. November	1 AFFE
4. Oktober	1 HASE	23. November	1 EIDECHSE
17. Oktober	1 KROKODIL	6. Dezember	1 WEIHRAUCH
		19. Dezember	1 HUND

* Schaltjahr

Gregorianischer Kalender	Maya-Kalender	Gregorianischer Kalender	Maya-Kalender
1981		**Maya-Jahr 9 HIRSCH (1. März)**	
1. Januar	1 NACHT	6. März	1 STRASSE
14. Januar	1 GEIER	19. März	1 SCHLANGE
27. Januar	1 WASSER	1. April	1 FEUERSTEIN
9. Februar	1 WIND	14. April	1 AFFE
22. Februar	1 ADLER	27. April	1 EIDECHSE
Maya-Jahr 8 WIND (1. März)		10. Mai	1 WEIHRAUCH
7. März	1 HASE	23. Mai	1 HUND
20. März	1 KROKODIL	5. Juni	1 NACHT
2. April	1 JAGUAR	18. Juni	1 GEIER
15. April	1 HIRSCH	1. Juli	1 WASSER
28. April	1 AHNEN	14. Juli	1 WIND
11. Mai	1 MAIS	27. Juli	1 ADLER
24. Mai	1 TOD	9. August	1 HASE
6. Juni	1 STURM	22. August	1 KROKODIL
19. Juni	1 STRASSE	4. September	1 JAGUAR
2. Juli	1 SCHLANGE	17. September	1 HIRSCH
15. Juli	1 FEUERSTEIN	30. September	1 AHNEN
28. Juli	1 AFFE	13. Oktober	1 MAIS
10. August	1 EIDECHSE	26. Oktober	1 TOD
23. August	1 WEIHRAUCH	8. November	1 STURM
5. September	1 HUND	21. November	1 STRASSE
18. September	1 NACHT	4. Dezember	1 SCHLANGE
1. Oktober	1 GEIER	17. Dezember	1 FEUERSTEIN
14. Oktober	1 WASSER	30. Dezember	1 AFFE
27. Oktober	1 WIND	**1983**	
9. November	1 ADLER	12. Januar	1 EIDECHSE
22. November	1 HASE	25. Januar	1 WEIHRAUCH
5. Dezember	1 KROKODIL	7. Februar	1 HUND
18. Dezember	1 JAGUAR	20. Februar	1 NACHT
31. Dezember	1 HIRSCH	**Maya-Jahr 10 STRASSE (1. März)**	
1982		5. März	1 GEIER
13. Januar	1 AHNEN	18. März	1 WASSER
26. Januar	1 MAIS	31. März	1 WIND
8. Februar	1 TOD	13. April	1 ADLER
21. Februar	1 STURM		

261

Gregorianischer Kalender	Maya-Kalender	Gregorianischer Kalender	Maya-Kalender
26. April	1 HASE	15. Juni	1 EIDECHSE
9. Mai	1 KROKODIL	28. Juni	1 WEIHRAUCH
22. Mai	1 JAGUAR	11. Juli	1 HUND
4. Juni	1 HIRSCH	24. Juli	1 NACHT
17. Juni	1 AHNEN	6. August	1 GEIER
30. Juni	1 MAIS	19. August	1 WASSER
13. Juli	1 TOD	1. September	1 WIND
26. Juli	1 STURM	14. September	1 ADLER
8. August	1 STRASSE	27. September	1 HASE
21. August	1 SCHLANGE	10. Oktober	1 KROKODIL
3. September	1 FEUERSTEIN	23. Oktober	1 JAGUAR
16. September	1 AFFE	5. November	1 HIRSCH
29. September	1 EIDECHSE	18. November	1 AHNEN
12. Oktober	1 WEIHRAUCH	1. Dezember	1 MAIS
25. Oktober	1 HUND	14. Dezember	1 TOD
7. November	1 NACHT	27. Dezember	1 STURM
20. November	1 GEIER	**1985**	
3. Dezember	1 WASSER		
16. Dezember	1 WIND	9. Januar	1 STRASSE
29. Dezember	1 ADLER	22. Januar	1 SCHLANGE
*1984		4. Februar	1 FEUERSTEIN
11. Januar	1 HASE	17. Februar	1 AFFE
24. Januar	1 KROKODIL	**Maya-Jahr 12 WIND (28. Februar)**	
6. Februar	1 JAGUAR	2. März	1 EIDECHSE
19. Februar	1 HIRSCH	15. März	1 WEIHRAUCH
Maya-Jahr 11 WEIHRAUCH (29. Februar)		28. März	1 HUND
3. März	1 AHNEN	10. April	1 NACHT
16. März	1 MAIS	23. April	1 GEIER
29. März	1 TOD	6. Mai	1 WASSER
11. April	1 STURM	19. Mai	1 WIND
24. April	1 STRASSE	1. Juni	1 ADLER
7. Mai	1 SCHLANGE	14. Juni	1 HASE
20. Mai	1 FEUERSTEIN	27. Juni	1 KROKODIL
2. Juni	1 AFFE	10. Juli	1 JAGUAR
		23. Juli	1 HIRSCH
		5. August	1 AHNEN

* Schaltjahr

262

Gregorianischer Kalender	Maya-Kalender	Gregorianischer Kalender	Maya-Kalender
18. August	1 MAIS	21. Oktober	1 WIND
31. August	1 TOD	3. November	1 ADLER
13. September	1 STURM	16. November	1 HASE
26. September	1 STRASSE	29. November	1 KROKODIL
9. Oktober	1 SCHLANGE	12. Dezember	1 JAGUAR
22. Oktober	1 FEUERSTEIN	25. Dezember	1 HIRSCH
4. November	1 AFFE	**1987**	
17. November	1 EIDECHSE	7. Januar	1 AHNEN
30. November	1 WEIHRAUCH	20. Januar	1 MAIS
13. Dezember	1 HUND	2. Februar	1 TOD
26. Dezember	1 NACHT	15. Februar	1 STURM
1986		28. Februar	1 STRASSE
8. Januar	1 GEIER	**Maya-Jahr 1 STRASSE (28. Februar)**	
21. Januar	1 WASSER	13. März	1 SCHLANGE
3. Februar	1 WIND	26. März	1 FEUERSTEIN
16. Februar	1 ADLER	8. April	1 AFFE
Maya-Jahr 13 HIRSCH (28. Februar)		21. April	1 EIDECHSE
1. März	1 HASE	4. Mai	1 WEIHRAUCH
14. März	1 KROKODIL	17. Mai	1 HUND
27. März	1 JAGUAR	30. Mai	1 NACHT
9. April	1 HIRSCH	12. Juni	1 GEIER
22. April	1 AHNEN	25. Juni	1 WASSER
5. Mai	1 MAIS	8. Juli	1 WIND
18. Mai	1 TOD	21. Juli	1 ADLER
31. Mai	1 STURM	3. August	1 HASE
13. Juni	1 STRASSE	16. August	1 KROKODIL
26. Juni	1 SCHLANGE	29. August	1 JAGUAR
9. Juli	1 FEUERSTEIN	11. September	1 HIRSCH
22. Juli	1 AFFE	24. September	1 AHNEN
4. August	1 EIDECHSE	7. Oktober	1 MAIS
17. August	1 WEIHRAUCH	20. Oktober	1 TOD
30. August	1 HUND	2. November	1 STURM
12. September	1 NACHT	15. November	1 STRASSE
25. September	1 GEIER	28. November	1 SCHLANGE
8. Oktober	1 WASSER	11. Dezember	1 FEUERSTEIN
		24. Dezember	1 AFFE

Gregorianischer Kalender	Maya-Kalender	Gregorianischer Kalender	Maya-Kalender
*1988		12. Februar	1 HIRSCH
6. Januar	1 EIDECHSE	25. Februar	1 AHNEN
19. Januar	1 WEIHRAUCH	**Maya-Jahr 3 WIND (27. Februar)**	
1. Februar	1 HUND	10. März	1 MAIS
14. Februar	1 NACHT	23. März	1 TOD
27. Februar	1 GEIER	5. April	1 STURM
Maya-Jahr 2 WEIHRAUCH		18. April	1 STRASSE
(28. Februar)		1. Mai	1 SCHLANGE
11. März	1 WASSER	14. Mai	1 FEUERSTEIN
24. März	1 WIND	27. Mai	1 AFFE
6. April	1 ADLER	9. Juni	1 EIDECHSE
19. April	1 HASE	22. Juni	1 WEIHRAUCH
2. Mai	1 KROKODIL	5. Juli	1 HUND
15. Mai	1 JAGUAR	18. Juli	1 NACHT
28. Mai	1 HIRSCH	31. Juli	1 GEIER
10. Juni	1 AHNEN	13. August	1 WASSER
23. Juni	1 MAIS	26. August	1 WIND
6. Juli	1 TOD	8. September	1 ADLER
19. Juli	1 STURM	21. September	1 HASE
1. August	1 STRASSE	4. Oktober	1 KROKODIL
14. August	1 SCHLANGE	17. Oktober	1 JAGUAR
27. August	1 FEUERSTEIN	30. Oktober	1 HIRSCH
9. September	1 AFFE	12. November	1 AHNEN
22. September	1 EIDECHSE	25. November	1 MAIS
5. Oktober	1 WEIHRAUCH	8. Dezember	1 TOD
18. Oktober	1 HUND	21. Dezember	1 STURM
31. Oktober	1 NACHT	**1990**	
13. November	1 GEIER	3. Januar	1 STRASSE
26. November	1 WASSER	16. Januar	1 SCHLANGE
9. Dezember	1 WIND	29. Januar	1 FEUERSTEIN
22. Dezember	1 ADLER	11. Februar	1 AFFE
1989		24. Februar	1 EIDECHSE
4. Januar	1 HASE	**Maya-Jahr 4 HIRSCH (27. Februar)**	
17. Januar	1 KROKODIL	9. März	1 WEIHRAUCH
30. Januar	1 JAGUAR	22. März	1 HUND

* Schaltjahr

Gregorianischer Kalender	Maya-Kalender	Gregorianischer Kalender	Maya-Kalender
4. April	1 NACHT	7. Juni	1 STRASSE
17. April	1 GEIER	20. Juni	1 SCHLANGE
30. April	1 WASSER	3. Juli	1 FEUERSTEIN
13. Mai	1 WIND	16. Juli	1 AFFE
26. Mai	1 ADLER	29. Juli	1 EIDECHSE
8. Juni	1 HASE	11. August	1 WEIHRAUCH
21. Juni	1 KROKODIL	24. August	1 HUND
4. Juli	1 JAGUAR	6. September	1 NACHT
17. Juli	1 HIRSCH	19. September	1 GEIER
30. Juli	1 AHNEN	2. Oktober	1 WASSER
12. August	1 MAIS	15. Oktober	1 WIND
25. August	1 TOD	28. Oktober	1 ADLER
7. September	1 STURM	10. November	1 HASE
20. September	1 STRASSE	23. November	1 KROKODIL
3. Oktober	1 SCHLANGE	6. Dezember	1 JAGUAR
16. Oktober	1 FEUERSTEIN	19. Dezember	1 HIRSCH
29. Oktober	1 AFFE	***1992**	
11. November	1 EIDECHSE	1. Januar	1 AHNEN
24. November	1 WEIHRAUCH	14. Januar	1 MAIS
7. Dezember	1 HUND	27. Januar	1 TOD
20. Dezember	1 NACHT	9. Februar	1 STURM
1991		22. Februar	1 STRASSE
2. Januar	1 GEIER	**Maya-Jahr 6 WEIHRAUCH**	
15. Januar	1 WASSER	**(27. Februar)**	
28. Januar	1 WIND	6. März	1 SCHLANGE
10. Februar	1 ADLER	19. März	1 FEUERSTEIN
23. Februar	1 HASE	1. April	1 AFFE
Maya-Jahr 5 STRASSE (27. Februar)		14. April	1 EIDECHSE
8. März	1 KROKODIL	27. April	1 WEIHRAUCH
21. März	1 JAGUAR	10. Mai	1 HUND
3. April	1 HIRSCH	23. Mai	1 NACHT
16. April	1 AHNEN	5. Juni	1 GEIER
29. April	1 MAIS	18. Juni	1 WASSER
12. Mai	1 TOD	1. Juli	1 WIND
25. Mai	1 STURM	14. Juli	1 ADLER

* Schaltjahr

265

Gregorianischer Kalender	Maya-Kalender	Gregorianischer Kalender	Maya-Kalender
27. Juli	1 HASE	3. September	1 AFFE
9. August	1 KROKODIL	16. September	1 EIDECHSE
22. August	1 JAGUAR	29. September	1 WEIHRAUCH
4. September	1 HIRSCH	12. Oktober	1 HUND
17. September	1 AHNEN	25. Oktober	1 NACHT
30. September	1 MAIS	7. November	1 GEIER
13. Oktober	1 TOD	20. November	1 WASSER
26. Oktober	1 STURM	3. Dezember	1 WIND
8. November	1 STRASSE	16. Dezember	1 ADLER
21. November	1 SCHLANGE	29. Dezember	1 HASE
4. Dezember	1 FEUERSTEIN		
17. Dezember	1 AFFE	**1994**	
30. Dezember	1 EIDECHSE	11. Januar	1 KROKODIL
		24. Januar	1 JAGUAR
1993		6. Februar	1 HIRSCH
12. Januar	1 WEIHRAUCH	19. Februar	1 AHNEN
25. Januar	1 HUND	**Maya-Jahr 8 HIRSCH (26. Februar)**	
7. Februar	1 NACHT	4. März	1 MAIS
20. Februar	1 GEIER	17. März	1 TOD
Maya-Jahr 7 WIND (26. Februar)		30. März	1 STURM
5. März	1 WASSER	12. April	1 STRASSE
18. März	1 WIND	25. April	1 SCHLANGE
31. März	1 ADLER	8. Mai	1 FEUERSTEIN
ENDE KATUN 6 AHAU (5. April)		21. Mai	1 AFFE
ANFANG KATUN 4 AHAU		3. Juni	1 EIDECHSE
13. April	1 HASE	16. Juni	1 WEIHRAUCH
26. April	1 KROKODIL	29. Juni	1 HUND
9. Mai	1 JAGUAR	12. Juli	1 NACHT
22. Mai	1 HIRSCH	25. Juli	1 GEIER
4. Juni	1 AHNEN	7. August	1 WASSER
17. Juni	1 MAIS	20. August	1 WIND
30. Juni	1 TOD	2. September	1 ADLER
13. Juli	1 STURM	15. September	1 HASE
26. Juli	1 STRASSE	28. September	1 KROKODIL
8. August	1 SCHLANGE	11. Oktober	1 JAGUAR
21. August	1 FEUERSTEIN	24. Oktober	1 HIRSCH

Gregorianischer Kalender	Maya-Kalender	Gregorianischer Kalender	Maya-Kalender
6. November	1 AHNEN		
19. November	1 MAIS	***1996**	
2. Dezember	1 TOD	9. Januar	1 WASSER
15. Dezember	1 STURM	22. Januar	1 WIND
28. Dezember	1 STRASSE	4. Februar	1 ADLER
		17. Februar	1 HASE
1995		**Maya-Jahr 10 WEIHRAUCH**	
10. Januar	1 SCHLANGE	**(26. Februar)**	
23. Januar	1 FEUERSTEIN	1. März	1 KROKODIL
5. Februar	1 AFFE	14. März	1 JAGUAR
18. Februar	1 EIDECHSE	27. März	1 HIRSCH
Maya-Jahr 9 STRASSE (26. Februar)		9. April	1 AHNEN
3. März	1 WEIHRAUCH	22. April	1 MAIS
16. März	1 HUND	5. Mai	1 TOD
29. März	1 NACHT	18. Mai	1 STURM
11. April	1 GEIER	31. Mai	1 STRASSE
24. April	1 WASSER	13. Juni	1 SCHLANGE
7. Mai	1 WIND	26. Juni	1 FEUERSTEIN
20. Mai	1 ADLER	9. Juli	1 AFFE
2. Juni	1 HASE	22. Juli	1 EIDECHSE
15. Juni	1 KROKODIL	4. August	1 WEIHRAUCH
28. Juni	1 JAGUAR	17. August	1 HUND
11. Juli	1 HIRSCH	30. August	1 NACHT
24. Juli	1 AHNEN	12. September	1 GEIER
6. August	1 MAIS	25. September	1 WASSER
19. August	1 TOD	8. Oktober	1 WIND
1. September	1 STURM	21. Oktober	1 ADLER
14. September	1 STRASSE	3. November	1 HASE
27. September	1 SCHLANGE	16. November	1 KROKODIL
10. Oktober	1 FEUERSTEIN	29. November	1 JAGUAR
23. Oktober	1 AFFE	12. Dezember	1 HIRSCH
5. November	1 EIDECHSE	25. Dezember	1 AHNEN
18. November	1 WEIHRAUCH		
1. Dezember	1 HUND	**1997**	
14. Dezember	1 NACHT	7. Januar	1 MAIS
27. Dezember	1 GEIER	20. Januar	1 TOD
		2. Februar	1 STURM

* Schaltjahr

Gregorianischer Kalender	Maya-Kalender	Gregorianischer Kalender	Maya-Kalender
15. Februar	1 STRASSE	7. April	1 HASE
Maya-Jahr 11 WIND (25. Februar)		20. April	1 KROKODIL
28. Februar	1 SCHLANGE	3. Mai	1 JAGUAR
13. März	1 FEUERSTEIN	16. Mai	1 HIRSCH
26. März	1 AFFE	29. Mai	1 AHNEN
8. April	1 EIDECHSE	11. Juni	1 MAIS
21. April	1 WEIHRAUCH	24. Juni	1 TOD
4. Mai	1 HUND	7. Juli	1 STURM
17. Mai	1 NACHT	20. Juli	1 STRASSE
30. Mai	1 GEIER	2. August	1 SCHLANGE
12. Juni	1 WASSER	15. August	1 FEUERSTEIN
25. Juni	1 WIND	28. August	1 AFFE
8. Juli	1 ADLER	10. September	1 EIDECHSE
21. Juli	1 HASE	23. September	1 WEIHRAUCH
3. August	1 KROKODIL	6. Oktober	1 HUND
16. August	1 JAGUAR	19. Oktober	1 NACHT
29. August	1 HIRSCH	1. November	1 GEIER
11. September	1 AHNEN	14. November	1 WASSER
24. September	1 MAIS	27. November	1 WIND
7. Oktober	1 TOD	10. Dezember	1 ADLER
20. Oktober	1 STURM	23. Dezember	1 HASE
2. November	1 STRASSE	**1999**	
15. November	1 SCHLANGE	5. Januar	1 KROKODIL
28. November	1 FEUERSTEIN	18. Januar	1 JAGUAR
11. Dezember	1 AFFE	31. Januar	1 HIRSCH
24. Dezember	1 EIDECHSE	13. Februar	1 AHNEN
1998		**Maya-Jahr 13 STRASSE (25. Februar)**	
6. Januar	1 WEIHRAUCH	26. Februar	1 MAIS
19. Januar	1 HUND	11. März	1 TOD
1. Februar	1 NACHT	24. März	1 STURM
14. Februar	1 GEIER	6. April	1 STRASSE
Maya-Jahr 12 HIRSCH (25. Februar)		19. April	1 SCHLANGE
27. Februar	1 WASSER	2. Mai	1 FEUERSTEIN
12. März	1 WIND	15. Mai	1 AFFE
25. März	1 ADLER	28. Mai	1 EIDECHSE

Gregorianischer Kalender	Maya-Kalender	Gregorianischer Kalender	Maya-Kalender
10. Juni	1 WEIHRAUCH	30. Juli	1 MAIS
23. Juni	1 HUND	12. August	1 TOD
6. Juli	1 NACHT	25. August	1 STURM
19. Juli	1 GEIER	7. September	1 STRASSE
1. August	1 WASSER	20. September	1 SCHLANGE
14. August	1 WIND	3. Oktober	1 FEUERSTEIN
27. August	1 ADLER	16. Oktober	1 AFFE
9. September	1 HASE	29. Oktober	1 EIDECHSE
22. September	1 KROKODIL	11. November	1 WEIHRAUCH
5. Oktober	1 JAGUAR	24. November	1 HUND
18. Oktober	1 HIRSCH	7. Dezember	1 NACHT
31. Oktober	1 AHNEN	20. Dezember	1 GEIER
13. November	1 MAIS	**2001**	
26. November	1 TOD		
9. Dezember	1 STURM	2. Januar	1 WASSER
22. Dezember	1 STRASSE	15. Januar	1 WIND
*2000		28. Januar	1 ADLER
		10. Februar	1 HASE
4. Januar	1 SCHLANGE	23. Februar	1 KROKODIL
17. Januar	1 FEUERSTEIN	**Maya-Jahr 2 WIND (24. Februar)**	
30. Januar	1 AFFE	8. März	1 JAGUAR
12. Februar	1 EIDECHSE	21. März	1 HIRSCH
25. Februar	1 WEIHRAUCH	3. April	1 AHNEN
Maya-Jahr 1 WEIHRAUCH		16. April	1 MAIS
(25. Februar)		29. April	1 TOD
9. März	1 HUND	12. Mai	1 STURM
22. März	1 NACHT	25. Mai	1 STRASSE
4. April	1 GEIER	7. Juni	1 SCHLANGE
17. April	1 WASSER	20. Juni	1 FEUERSTEIN
30. April	1 WIND	3. Juli	1 AFFE
13. Mai	1 ADLER	16. Juli	1 EIDECHSE
26. Mai	1 HASE	29. Juli	1 WEIHRAUCH
8. Juni	1 KROKODIL	11. August	1 HUND
21. Juni	1 JAGUAR	25. August	1 NACHT
4. Juli	1 HIRSCH	6. September	1 GEIER
17. Juli	1 AHNEN	19. September	1 WASSER

* Schaltjahr

Gregorianischer Kalender	Maya-Kalender	Gregorianischer Kalender	Maya-Kalender
2. Oktober	1 WIND	5. Dezember	1 AFFE
15. Oktober	1 ADLER	18. Dezember	1 EIDECHSE
28. Oktober	1 HASE	31. Dezember	1 WEIHRAUCH
10. November	1 KROKODIL	**2003**	
23. November	1 JAGUAR	13. Januar	1 HUND
6. Dezember	1 HIRSCH	26. Januar	1 NACHT
19. Dezember	1 AHNEN	8. Februar	1 GEIER
2002		21. Februar	1 WASSER
1. Januar	1 MAIS	**Maya-Jahr 4 STRASSE (24. Februar)**	
14. Januar	1 TOD	6. März	1 WIND
27. Januar	1 STURM	19. März	1 ADLER
9. Februar	1 STRASSE	1. April	1 HASE
22. Februar	1 SCHLANGE	14. April	1 KROKODIL
Maya-Jahr 3 HIRSCH (24. Februar)		27. April	1 JAGUAR
7. März	1 FEUERSTEIN	10. Mai	1 HIRSCH
20. März	1 AFFE	23. Mai	1 AHNEN
2. April	1 EIDECHSE	5. Juni	1 MAIS
15. April	1 WEIHRAUCH	18. Juni	1 TOD
28. April	1 HUND	1. Juli	1 STURM
11. Mai	1 NACHT	14. Juli	1 STRASSE
24. Mai	1 GEIER	27. Juli	1 SCHLANGE
6. Juni	1 WASSER	9. August	1 FEUERSTEIN
19. Juni	1 WIND	22. August	1 AFFE
2. Juli	1 ADLER	4. September	1 EIDECHSE
15. Juli	1 HASE	17. September	1 WEIHRAUCH
28. Juli	1 KROKODIL	30. September	1 HUND
10. August	1 JAGUAR	13. Oktober	1 NACHT
23. August	1 HIRSCH	26. Oktober	1 GEIER
5. September	1 AHNEN	8. November	1 WASSER
18. September	1 MAIS	21. November	1 WIND
1. Oktober	1 TOD	4. Dezember	1 ADLER
14. Oktober	1 STURM	17. Dezember	1 HASE
27. Oktober	1 STRASSE	30. Dezember	1 KROKODIL
9. November	1 SCHLANGE	***2004**	
22. November	1 FEUERSTEIN	12. Januar	1 JAGUAR
		25. Januar	1 HIRSCH

* Schaltjahr

Gregorianischer Kalender	Maya-Kalender	Gregorianischer Kalender	Maya-Kalender
7. Februar	1 AHNEN	16. März	1 NACHT
20. Februar	1 MAIS	29. März	1 GEIER
Maya-Jahr 5 WEIHRAUCH		11. April	1 WASSER
(24. Februar)		24. April	1 WIND
4. März	1 TOD	7. Mai	1 ADLER
17. März	1 STURM	20. Mai	1 HASE
30. März	1 STRASSE	2. Juni	1 KROKODIL
12. April	1 SCHLANGE	15. Juni	1 JAGUAR
25. April	1 FEUERSTEIN	28. Juni	1 HIRSCH
8. Mai	1 AFFE	11. Juli	1 AHNEN
21. Mai	1 EIDECHSE	24. Juli	1 MAIS
3. Juni	1 WEIHRAUCH	6. August	1 TOD
16. Juni	1 HUND	19. August	1 STURM
29. Juni	1 NACHT	1. September	1 STRASSE
12. Juli	1 GEIER	14. September	1 SCHLANGE
25. Juli	1 WASSER	27. September	1 FEUERSTEIN
7. August	1 WIND	10. Oktober	1 AFFE
20. August	1 ADLER	23. Oktober	1 EIDECHSE
2. September	1 HASE	5. November	1 WEIHRAUCH
15. September	1 KROKODIL	18. November	1 HUND
28. September	1 JAGUAR	1. Dezember	1 NACHT
11. Oktober	1 HIRSCH	14. Dezember	1 GEIER
24. Oktober	1 AHNEN	27. Dezember	1 WASSER
6. November	1 MAIS	**2006**	
19. November	1 TOD	9. Januar	1 WIND
2. Dezember	1 STURM	22. Januar	1 ADLER
15. Dezember	1 STRASSE	4. Februar	1 HASE
28. Dezember	1 SCHLANGE	17. Februar	1 KROKODIL
2005		**Maya-Jahr 7 HIRSCH (23. Februar)**	
10. Januar	1 FEUERSTEIN	2. März	1 JAGUAR
23. Januar	1 AFFE	15. März	1 HIRSCH
5. Februar	1 EIDECHSE	28. März	1 AHNEN
18. Februar	1 WEIHRAUCH	10. April	1 MAIS
Maya-Jahr 6 WIND (23. Februar)		23. April	1 TOD
3. März	1 HUND	6. Mai	1 STURM

Gregorianischer Kalender	Maya-Kalender	Gregorianischer Kalender	Maya-Kalender
19. Mai	1 STRASSE	22. Juli	1 KROKODIL
1. Juni	1 SCHLANGE	4. August	1 JAGUAR
14. Juni	1 FEUERSTEIN	17. August	1 HIRSCH
27. Juni	1 AFFE	30. August	1 AHNEN
10. Juli	1 EIDECHSE	12. September	1 MAIS
23. Juli	1 WEIHRAUCH	25. September	1 TOD
5. August	1 HUND	8. Oktober	1 STURM
18. August	1 NACHT	21. Oktober	1 STRASSE
31. August	1 GEIER	3. November	1 SCHLANGE
13. September	1 WASSER	16. November	1 FEUERSTEIN
26. September	1 WIND	29. November	1 AFFE
9. Oktober	1 ADLER	12. Dezember	1 EIDECHSE
22. Oktober	1 HASE	25. Dezember	1 WEIHRAUCH
4. November	1 KROKODIL		

*2008

17. November	1 JAGUAR	7. Januar	1 HUND
30. November	1 HIRSCH	20. Januar	1 NACHT
13. Dezember	1 AHNEN	2. Februar	1 GEIER
26. Dezember	1 MAIS	15. Februar	1 WASSER

2007

Maya-Jahr 9 WEIHRAUCH (23. Februar)

8. Januar	1 TOD	28. Februar	1 WIND
21. Januar	1 STURM	12. März	1 ADLER
3. Februar	1 STRASSE	25. März	1 HASE
16. Februar	1 SCHLANGE	7. April	1 KROKODIL

Maya-Jahr 8 STRASSE (23. Februar)

1. März	1 FEUERSTEIN	20. April	1 JAGUAR
14. März	1 AFFE	3. Mai	1 HIRSCH
27. März	1 EIDECHSE	16. Mai	1 AHNEN
9. April	1 WEIHRAUCH	29. Mai	1 MAIS
22. April	1 HUND	11. Juni	1 TOD
5. Mai	1 NACHT	24. Juni	1 STURM
18. Mai	1 GEIER	7. Juli	1 STRASSE
31. Mai	1 WASSER	20. Juli	1 SCHLANGE
13. Juni	1 WIND	2. August	1 FEUERSTEIN
26. Juni	1 ADLER	15. August	1 AFFE
9. Juli	1 HASE	28. August	1 EIDECHSE

* Schaltjahr

272

Gregorianischer Kalender	Maya-Kalender	Gregorianischer Kalender	Maya-Kalender
10. September	1 WEIHRAUCH	13. November	1 TOD
23. September	1 HUND	26. November	1 STURM
6. Oktober	1 NACHT	9. Dezember	1 STRASSE
19. Oktober	1 GEIER	22. Dezember	1 SCHLANGE
1. November	1 WASSER		
14. November	1 WIND	**2010**	
27. November	1 ADLER	4. Januar	1 FEUERSTEIN
10. Dezember	1 HASE	17. Januar	1 AFFE
23. Dezember	1 KROKODIL	30. Januar	1 EIDECHSE
		12. Februar	1 WEIHRAUCH
2009		**Maya-Jahr 11 HIRSCH (22. Februar)**	
5. Januar	1 JAGUAR	25. Februar	1 HUND
18. Januar	1 HIRSCH	10. März	1 NACHT
31. Januar	1 AHNEN	23. März	1 GEIER
13. Februar	1 MAIS	5. April	1 WASSER
Maya-Jahr 10 WIND (22. Februar)		18. April	1 WIND
26. Februar	1 TOD	1. Mai	1 ADLER
11. März	1 STURM	14. Mai	1 HASE
24. März	1 STRASSE	27. Mai	1 KROKODIL
6. April	1 SCHLANGE	9. Juni	1 JAGUAR
19. April	1 FEUERSTEIN	22. Juni	1 HIRSCH
2. Mai	1 AFFE	5. Juli	1 AHNEN
15. Mai	1 EIDECHSE	18. Juli	1 MAIS
28. Mai	1 WEIHRAUCH	31. Juli	1 TOD
10. Juni	1 HUND	13. August	1 STURM
23. Juni	1 NACHT	26. August	1 STRASSE
6. Juli	1 GEIER	8. September	1 SCHLANGE
19. Juli	1 WASSER	21. September	1 FEUERSTEIN
1. August	1 WIND	4. Oktober	1 AFFE
14. August	1 ADLER	17. Oktober	1 EIDECHSE
27. August	1 HASE	30. Oktober	1 WEIHRAUCH
9. September	1 KROKODIL	12. November	1 HUND
22. September	1 JAGUAR	25. November	1 NACHT
5. Oktober	1 HIRSCH	8. Dezember	1 GEIER
18. Oktober	1 AHNEN	21. Dezember	1 WASSER
31. Oktober	1 MAIS		

Gregorianischer Kalender	Maya-Kalender	Gregorianischer Kalender	Maya-Kalender
		10. Februar	1 SCHLANGE

2011

Gregorianischer Kalender	Maya-Kalender
3. Januar	1 WIND
16. Januar	1 ADLER
29. Januar	1 HASE
11. Februar	1 KROKODIL

Maya-Jahr 12 STRASSE
(22. Februar)

Gregorianischer Kalender	Maya-Kalender
24. Februar	1 JAGUAR
9. März	1 HIRSCH
22. März	1 AHNEN
4. April	1 MAIS
17. April	1 TOD
30. April	1 STURM
13. Mai	1 STRASSE
26. Mai	1 SCHLANGE
8. Juni	1 FEUERSTEIN
21. Juni	1 AFFE
4. Juli	1 EIDECHSE
17. Juli	1 WEIHRAUCH
30. Juli	1 HUND
12. August	1 NACHT
25. August	1 GEIER
7. September	1 WASSER
20. September	1 WIND
3. Oktober	1 ADLER
16. Oktober	1 HASE
29. Oktober	1 KROKODIL
11. November	1 JAGUAR
24. November	1 HIRSCH
7. Dezember	1 AHNEN
20. Dezember	1 MAIS

*2012

Gregorianischer Kalender	Maya-Kalender
2. Januar	1 TOD
15. Januar	1 STURM
28. Januar	1 STRASSE

Maya-Jahr 13 WEIHRAUCH
(22. Februar)

Gregorianischer Kalender	Maya-Kalender
23. Februar	1 FEUERSTEIN
7. März	1 AFFE
20. März	1 EIDECHSE
2. April	1 WEIHRAUCH
15. April	1 HUND
28. April	1 NACHT
11. Mai	1 GEIER
24. Mai	1 WASSER
6. Juni	1 WIND
19. Juni	1 ADLER
2. Juli	1 HASE
15. Juli	1 KROKODIL
28. Juli	1 JAGUAR
10. August	1 HIRSCH
23. August	1 AHNEN
5. September	1 MAIS
18. September	1 TOD
1. Oktober	1 STURM
14. Oktober	1 STRASSE
27. Oktober	1 SCHLANGE
9. November	1 FEUERSTEIN
22. November	1 AFFE
5. Dezember	1 EIDECHSE
18. Dezember	1 WEIHRAUCH

Ende des Großen Zyklus

Gregorianischer Kalender	Maya-Kalender
21. Dezember	**4 AHNEN**

* Schaltjahr

Die Aussprache der Maya-Begriffe

ch scharfer *tsch*-Laut
c wie *k*
x stimmloser *sch*-Laut
y wie deutsches *j*
qu stimmloses *k*
h im Anlaut und in der Wortmitte wie *ch* in »Bach«; im Auslaut abgeschwächt.

Beispiele:

◎ Popol Vuh: Pópol Wuch
◎ Quiché: Kitsché
◎ Hunahpú: Chun-Ach-Pú
◎ Ixbalanqué: Ischbalanké

Glossar

ahau, ahauob (yukatekisches Maya)
Grundbedeutung: »Herr«. Die Gottkönige, die in der klassischen Periode über die Stadtstaaten der Maya herrschten, wurden als *ahauob* oder »Herren« bezeichnet. Auch die Seelen der Verstorbenen, der Ahnen, die von den Priesterkönigen rituell angerufen wurden, wurden so genannt. Die *ahauob* sind das Symbol für den ungebrochenen Ahnenstrom, d. h. für die Heiligkeit beziehungsweise die Herrschaft unserer Seele jetzt und in einer ins Unendliche verlängerten Vergangenheit beziehungsweise Zukunft.

ceiba (yukatekisch)
Dieser Baum, der im Quiché-Maya den Namen *tz'ite* trägt, ist der heilige Weltenbaum der klassischen Maya. Die Blüten, die dieser Baum treibt, sind die Seelen der Menschen, die in dieser Welt geboren werden. Heute noch holen sich die Kalenderschamanen ihre Wahrsagesamen von diesem Baum.

copal
Das Harz des Ceiba-Baumes (Kapok, *ceiba pentandra*). Die Maya und die Indianer Mexikos verwenden Kopal als Weihrauch. Im Gegensatz zum »Kirchenweihrauch«, der zu liturgischen Zwecken verwendet wird, wird Kopal eher bei traditionellen beziehungsweise Stammeszeremonien eingesetzt.

costumbre (spanisch)
Die traditionellen Sitten und Gebräuche der heutigen Maya, die auf präkolumbische Zeiten zurückgehen.

coyopa (Quiché-Maya)
Der »Körperblitz«. Innere magische Energie, die dem Schamanen seine Kraft gibt. *Coyopa* wird oft mit dem Bild eines gezackten Blitzes beschrieben, der in die ruhigen Wasser eines Sees fährt. In Begriffen der Vergleichenden Religionswissenschaften ist diese Energie identisch mit der *kundalini* des Hinduismus.

dzib (yukatekisch)
Wörtlich »Schriftgelehrter«, kann aber auch einen Künstler oder Kunsthandwerker bezeichnen. Wird manchmal auch für religiös motiviertes Sprechen verwendet, so können Prophezeiungen manchmal *akab dzib* genannt werden, d.h. »Nachtrede«.

Ek Ue (yukatekisch)
Wörtlich »Schwarzer Traumplatz« oder »Schwarzer Verwandlungsplatz«. Das Loch in der Milchstraße, durch das die Seelen der Verstorbenen in die Anderswelt entschwanden, nachdem sie über die »Weiße Straße« (Milchstraße) gewandert waren.

h-men (yukatekisch)
Wörtlich »einer, der weiß«, ein »Wissender«. Im modernen Yukatekisch ist ein *h-men* ein Schamane.

itz (yukatekisch)
Wörtlich der »Tau des Himmels«. Göttliche Energie, die vom Himmel herabfließt. Hat eine Entsprechung im menschlichen Körper. Siehe *coyopa*.

Nantat (Quiché)
Die Ahnen. Die *Nantat* sind das dritte Element der »Dreifaltigkeit« der Quiché-Maya: Gott, die Heilige Erde, und die Ahnen.

Sac Be (yukatekisch)
Wörtlich die »Weiße Straße«. Die Maya der klassischen beziehungsweise der nachklassischen Periode bauten schnurgerade Straßen, die als *sac be* bezeichnet wurden. Die Milchstraße, der Pfad, den die Seelen der Verstorbenen zogen, war ebenfalls eine *Sac Be*, eine »Weiße Straße«.

Santo Mundo (spanisch)
Dieser Ausdruck, den die Quiché-Maya verwenden, bedeutet so viel wie »Heilige Erde«, »Heilige Welt«. Sie bezeichnen damit die als Gottheit personifizierte Erde, einen Erdvater, dessen Vorfahren bei den Herren der Unterwelt der präkolumbischen Zeit zu suchen sind. Der gregorianische Kalender ist der Kalender

der christlichen Welt, der Kalender der Maya ist der Kalender des *santo mundo.*

sastun (yukatekisch)
»Lichtstein«. Ein beliebiger Stein, der magischen Zwecken dient – der Heilung, dem Orakelstellen oder anderen okkulten Techniken.

Tiox (Quiché)
Dieses Wort leitet sich vom spanischen Wort für »Gott«, *dios,* ab. Die Grundbedeutung ist der »Gott der Christen«, schließt aber Jesus, Maria und alle christlichen Heiligen mit ein.

tz'ite (Quiché)
Siehe *ceiba.*

Xibalba (yukatekisch)
Wörtlich der »Schreckliche Ort«. Name der Maya für die Unterwelt, das Land der Toten.

x-men (yukatekisch)
Eine Schamanin oder Heilerin. Siehe auch *h-men.*

yaxche (yukatekisch)
Wörtlich »grüner Baum«. Der *yaxche* ist der Weltenbaum im Herzen aller Dinge.

BEGRIFFE AUS DEM NAHUATL

ihiyotl
Energie, die mit dem inneren Kraftzentrum verbunden ist, das seinen Sitz in der Leber hat und über Angst, Mut und andere Emotionen herrscht.

malinalli
Die Urenergie, die den Menschen belebt und beseelt. Entspricht dem *itz* oder *coyopa* der Maya. Die gleiche Kraft, die bei den Hindus als *kundalini* bekannt ist.

nagual

Mit diesem Ausdruck wird in vielen indigenen Kulturen Mesoamerikas unsere Doppelseele beziehungsweise »freie Seele« bezeichnet, die sich in einem Totemtier verkörpert.

ollin

Wörtlich »Bewegung«, »Regung«. Die Nahuatl-Wörter für »Leben« und »Herz« leiten sich von dieser Wurzel ab.

teyolia

Energie, die mit dem inneren Kraftzentrum verbunden ist, das seinen Sitz im Herzen hat und über unsere Lebenskraft und unsere Seele herrscht.

tonalli

Energie, die mit dem inneren Kraftzentrum verbunden ist, das im Kopf liegt. Symbolisiert unsere Fähigkeit zur Erleuchtung, die uns vom Schöpfer verliehen wurde.

DIE TERMINOLOGIE DES MAYA-KALENDERS

baktun (yukatekisch)

Kalenderzyklus von 144 000 Tagen oder 20 *katun*. Entspricht ungefähr 395 Jahren nach dem gregorianischen Kalender.

Großer Zyklus

Ein vollständiger Zyklus von 13 *baktun*, das sind etwa 5115 Jahre. Der augenblickliche *Große Zyklus* begann am 13. August 3114 v. Chr. und endet am 21. Dezember 2012.

haab (yukatekisch)

Das Sonnenjahr mit einer Dauer von 365 Tagen, bestehend aus 18 Monaten zu 20 Tagen und einem »Rumpfmonat« von 5 Tagen (siehe unter *uayeb)* am Ende des Jahres.

Jahresherrscher

Die vier Tage des Heiligen Kalenders, die in aufeinander folgenden Jahren dem Neujahrstag 0 *pop* des Sonnenkalenders entsprechen. Die unterschiedlichen Kulturen Mesoamerikas kennen unterschiedliche Jahresherrscher.

Kalenderrunde
Ein Zyklus mit einer Dauer von annähernd 52 Jahren. Wird markiert durch die Übereinstimmung des Tages 0 *pop* (des Neujahrstages der Maya) mit einem bestimmten Tag des Heiligen Kalenders.

katun (yukatekisch)
Ein Zyklus von 20 *tun*. Der *katun*-Zyklus diente vor allem der Prognose von politischen und historischen Ereignissen.

kin (yukatekisch)
Ein einzelner Tag, gerechnet von Sonnenuntergang bis Sonnenuntergang. Ein *kin* ist die kleinste Einheit eines *Großen Zyklus*. Kann daneben auch »Sonne« oder »Priester« bedeuten.

Lange Zählung
System der Zeitrechnung, das mehrere Zeitzyklen zusammenfasst (siehe *baktun, katun, kin, tun*).

tun (yukatekisch)
»Jahr« mit einer Dauer von 360 Tagen, bestehend aus 18 *uinal*-Zyklen.

tzolkin (yukatekisch)
Wörtlich das »Zählen der Tage«. Der *tzolkin* ist der Wahrsagealmanach oder Heilige Kalender mit seiner Dauer von 260 Tagen. Er beginnt meist (nicht immer) mit dem Zeichen *imix* und endet mit dem Zeichen *ahau*.

uayeb (yukatekisch)
Die fünf »toten Tage« am Ende jedes Sonnenjahres oder *haab*. Sie galten als unglückbringend. Alle Aktivitäten ruhten an diesen Tagen.

uinal (yukatekisch)
Ein Zyklus von 20 Tagen, der meist (aber nicht immer) mit *imix* beginnt und mit *ahau* endet.

Anmerkungen

1) Vgl. Coe, Michael: *Breaking the Maya Code.* Penguin, London 1994, S. 145–166
2) Vgl. Proskouriakoff, Tatjana: »Historical Implications of a Pattern of Dates at Piedras Negras, Guatemala«, in: *American Antiquity* 25, S. 454–475
3) Vgl. Coe: *Breaking the Maya Code.* S. 245–252
4) Vgl. Schele, Linda/Freidel, David: *A Forest of Kings: The Untold Story of the Ancient Maya.* 419, Nr. 1
5) Vgl. Carrasco, David: *Religions of Mesoamerica: Cosmovision and Ceremonial Centers.* Harper and Row, San Francisco 1990, S. 39
6) Vgl. Schele, Linda/Freidel, David: *Die unbekannte Welt der Maya.* Orbis, München 1999
7) Vgl. Freidel, David/Schele, Linda/Parker, Joy: *Maya Cosmos: Three Thousand Years on the Shaman's Path.* William Morrow & Co., New York 1993, S. 64–107
8) Vgl. Carrasco, David: *Quetzalcoatl and the Irony of Empire: Myths and Prophecies, in: The Aztec Tradition,* University of Chicago Press, Chicago und London 1982
9) Vgl. Carrasco, David: *Religions of Mesoamerica: Cosmovision and Ceremonial Centers.* Harper and Row, San Francisco 1990
10) Die Hopi-Indianer kennen fünf solcher Zentren. Sie entsprechen jeweils dem Scheitel-, Stirn-, Hals-, Herz- und Nabelchakra der buddhistischen beziehungsweise hinduistischen Tradition. Siehe dazu: Waters, Frank: *Das Buch der Hopi.* Droemer, München 2000
11) Vgl. Hunbatz Men: *Secrets of Mayan Science/Religion.* Übersetzt von Diana Gubiseh Ayala und James Jennings Dunlap II, Bear & Co., Santa Fe 1990, S. 109–145
12) Vgl. Schele, Linda/Freidel, David: *Die unbekannte Welt der Maya.* Orbis, München 1999
13) Vgl. Tedlock, Barbara: *Time and the Highland Maya.* University of New Mexico, Albuquerque 1992, S. 54–58
14) Vgl. Arvigo, Rosita: *Mein Leben als Medizinfrau.* Scherz, München 1997

15) Vgl. Tedlock, Barbara: *Time and the Highland Maya.* S. 54 – 58

16) Vgl. Nicholson, Irene: *Mexican and Central American Mythology.* Paul Hamlyn, London 1967, S. 22

17) Vgl. Arvigo, Rosita: *Mein Leben als Medizinfrau.* Scherz, München 1997

18) Vgl. Tedlock, Barbara: *Time and the Highland Maya.* S. 41– 42

19) Zit. aus: Richard Wilhelm: *I Ging – Das Buch der Wandlungen.* Diederichs, München 1980, S. 272

20) Tabellen für die Umrechnung von Maya-Daten in die Daten des gregorianischen Kalenders finden Sie am Ende des Buches, beginnend mit Seite 223.

21) Der »mathematischen Magie« des Zauber-Kalenders widmen sich zwei eher esoterisch ausgerichtete Maya-Forscher: Tony Shearer: *Beneath the Moon and Under the Sun.* Sun Books, Santa Fe 1987; und: José Argüelles: *The Mayan Factor: Path Beyond Technology.* Bear & Co., Santa Fe 1987

22) Vgl. Barbara Tedlock: *Time and the Highland Maya.* University of New Mexico, Albuquerque 1992, S. 107 – 108; Ruth Bunzel: *Chichicastenango.* University of Washington Press, Seattle 1959, S. 283–285

23) Vgl. J. E. S. Thompson: *Maya Hieroglyphic Writing: An Introduction.* University of Oklahoma Press, Norman 1950, S. 93

24) Vgl. Barbara Tedlock: *The Beautiful and the Dangerous: Encounters with the Zuni Indians.* Viking Penguin, New York 1992

25) Vgl. Munro Edmonson: *The Ancient Future of the Itzá: The Book of Chilam Balam of Tizimin.* University of Texas Press, Austin 1982, S. 8–10

26) Die fünfte Gruppe der Jahresherrscher – beginnend mit dem Tageszeichen Schlange – gebe ich hier nur der Vollständigkeit halber an. Obwohl es theoretisch möglich ist, dass diese Tage als Jahresherren dienten, ist keine mittelamerikanische Kultur bekannt, bei der dies der Fall gewesen wäre.

27) Vgl. Tony Shearer: *Beneath the Moon and Under the Sun.* Sun Books, Santa Fe 1987

28) Vgl. Barbara Tedlock: *Time and the Highland Maya.* University of New Mexico, Albuquerque 1992, S. 93

29) Vgl. Zelia Nuttal: »Nouvelles lumières sur les civilisations americaines et le système du calendrier«, in: *Proceedings of the 22nd International Congress of Americanists,* Vol. 1 (1928), Rom 1926, S. 119–148

30) Vgl. Anthony Aveni: »Concepts of Positional Astronomy in Ancient Mesoamerican Architecture«, in: *Native American Astronomy.* Hrsg. von Anthony Aveni, University of Texas Press, Austin 1980, S. 9–14

31) Vgl. Anthony Aveni: »Astronomy in Ancient Mesoamerica«, in: *In Search of Ancient Astronomies.* Hrsg. von Dr. E. C. Krupp, McGraw-Hill, New York 1979, S. 185–190

32) Vgl. J.E.S. Thompson: *Maya Hieroglyphic Writing: An Introduction.* University of Oklahoma Press, Norman 1950, S. 98

33) Vgl. Linda Schele/David Freidel: *Die unbekannte Welt der Maya.* Orbis, München 1999

34) Vgl. Anthony Aveni: »Concepts of Positional Astronomy in Ancient Mesoamerican Architecture.«

35) Vgl. Linda Schele/David Freidel: *Die unbekannte Welt der Maya.* Orbis, München 1999

36) Ruth Bunzel: *Chichicastenango.* University of Washington Press, Seattle 1959

37) Barbara Tedlock: *Time and the Highland Maya.* University of New Mexico, Albuquerque 1992, Seite 153–171

38) Vgl. Michael Coe: *Mexico.* Thames and Hudson, New York 1984, S. 76f., und *The Maya.* Thames and Hudson, New York 1984, S. 48f.

39) Die verschiedenen *Bücher des Chilam Balam* liegen in folgenden Übersetzungen vor:
Eugene Craine und Reginald Reindorp, *Codex Perez* und *Book of Chilam Balam of Mani.* Norman, University of Oklahoma, 1979
Alfredo Barrera Vasquez: *Horoscopos Mayas.* Area Maya, Merida 1986 (Spanische Übersetzung vom *Buch des Chilam Balam von Kaua* mit Interpretationen der Tageszeichen)
Munro Edmonson: *The Ancient Future of the Itzá: The Book of Chilam Balam of Tizimin.* Austin, University of Texas, 1982
ders.: *Heaven Born Merida and its destiny: The Book of Chilam Balam of Chumayel.* Austin, University of Texas, 1986

Ralph L. Roys, *The Book of Chilam Balam of Chumayel.* Norman, University of Oklahoma, 1967 (Diese Übersetzung des Manuskripts von Chumayel ist zwar älter als die Version Edmonsons, ist ihr aber meiner Ansicht nach teilweise vorzuziehen.)

40) Das gilt zumindest für die klassische Periode. Munro Edmonson, der zwei *chilam-balam*-Manuskripte übersetzt hat, vertritt die Auffassung, dass das System der Langen Zählung unmittelbar vor und nach der spanischen Eroberung einige einschneidende Änderungen erfuhr. Wir halten uns um der Klarheit willen in diesem Buch jedoch an die Zählung der *katun*, wie sie in der klassischen Periode üblich war.

41) Jose Argüelles gibt eine abweichende Interpretation der »Struktur der Zeit« des Mayakalenders. Ihr liegt die Idee zugrunde, die Natur der *katun* eher bezüglich der Tageszeichen als der Zahlen zu deuten. Das ist eine der faszinierenderen Ideen in seinem Buch *The Mayan Factor.*

42) Vgl. Tony Shearer: *Beneath the Moon and Under the Sun.* O. O. o. J.

43) Vgl. Miguel Leon-Portilla: *Aztec Thought and Culture: A Study of the Ancient Nahuatl Mind.* Norman, University of Oklahoma Press 1982, Seite 38f.

44) Vgl. John Major Jenkins: *The How and Why of the Mayan End Date in 2012 A.D.* The Mountain Astrologer 8:1, Dec/Jan 1994–95, S. 52–57

45) Schele und Freidel: *Forest of Kings.* 430, Nr. 39

46) Ebd.

47) Dennis Tedlock (Übers.): *Popol Vuh: The Mayan Book of The Dawn of Life.* Simon and Schuster, New York 1985, S. 76–86

Literaturhinweise

Argüelles, José: *The Mayan Factor: Path Beyond Technology.* Bear & Co., Santa Fe 1987

Arvigo, Rosita: *Mein Leben als Medizinfrau.* Scherz, München 1997

Aveni, Anthony: *Astronomy in Ancient Mesoamerica.* In: »In Search of Ancient Astronomies«. Hrsg. von Dr. E. C. Krupp, McGraw-Hill, New York 1979, S. 185–190

ders.: *Concepts of Positional Astronomy in Ancient Mesoamerican Architecture.* In: »Native American Astronomy«. Hrsg. von Anthony Aveni, University of Texas Press, Austin 1980, S. 9–14

ders.: *Skywatchers of Ancient Mexico.* University of Texas Press, Austin 1980

Barrera Vasquez, Alfredo: *Horoscopos Mayas.* Area Maya, Merida 1986

Bowditch, Charles: *The Numeration, Calendar Systems und Astronomical Knowledge of the Mayas.* Harvard University Press, Cambridge 1910

Bunzel, Ruth: *Chichicastenango.* University of Washington Press, Seattle 1959

Carrasco, David: *Quetzalcoatl and the Irony of Empire: Myths and Prophecies in the Aztec Tradition.* University of Chicago Press, Chicago und London 1982

ders.: *Religions of Mesoamerica: Cosmovision and Ceremonial Centers.* Harper and Row, San Francisco 1990

Coe, Michael: *Breaking the Maya Code.* Penguin, London 1994

Cordan, Wolfgang: *Götter und Göttertiere der Maya.* Francke Verlag, Bern und München, 1963

ders. (Übers.): *Popol Vuh – Das Buch des Rates.* Diederichs, München (9) 1995

Craine, Eugene/Reindorp, Reginald: *The Codex Perez and the Book of Chilam Balam of Mani.* University of Oklahoma Press, Norman 1979

Edmonson, Munro: *The Ancient Future of the Itzá: The Book of Chilam Balam of Tizimin.* University of Texas Press, Austin 1982 ders.: *Heaven Born Merida and Its Destiny: The Book of Chilam Balam of Chumayel.* University of Texas Press, Austin 1986

ders.: *The Book of the Year: Middle America Calendrical Systems.* University of Utah Press, Salt Lake City 1988

Freidel, David/Schele, Linda/Parker, Joy: *Maya Cosmos: Three Thousand Years on the Shaman's Path.* William Morrow & Co., New York 1993

Heyden, Doris: *An Interpretation of the Cave Underneath the Pyramid of the Sun in Teotihuacán, Mexico.* In: »American Antiquity 40«, Nr. 2 (1975), S. 131–147

Ivanoff, Pierre: *Monuments of Civilization: The Maya.* Grosset and Dunlap, New York 1973

Jenkins, John Major: *The How and the Why of the Mayan End Date in 2012 A.D.* In: »The Mountain Astrologer 8«, Nr. 1 (Dez/Jan 1994–1995): S. 51–107

Landa, Diego de: *Bericht aus Yucatan.* Reclam, Stuttgart 1990

Leon-Portilla, Miguel: *Aztec Thought and Culture: A Study of the Ancient Nahuatl Mind.* University of Oklahoma Press, Norman 1982

Lopez Austin, Alfredo: *Human Body and Ideology.* Übs. von Bernardo Ortiz de Montellano, University of Utah Press, Salt Lake City 1988

Love, Bruce, (Übers.): *The Paris Codex: Handbook for a Maya Priest.* University of Texas Press, Austin 1994

Men, Hunbatz: *Secrets of Mayan Science and Religion.* Übs. von Diana Gubiseh Ayala und James Jennings Dunlap II, Bear and Co., Santa Fe 1990

Mendelson, E. Michael: *Maximon: An Iconographical Introduction.* In: »Man« 59 (1959), S. 56–60

Nicholson, Irene: *Mexican and Central American Mythology.* Paul Hamlyn, London 1967

Nuttal, Zelia: *Nouvelles lumières sur les civilisations americaines et le système du calendrier.* In: »Proceedings of the 22nd International Congress of Americanists«, Vol. 1 (1928), Rom 1926, S. 119–148

Oakes, Maud: *The Two Crosses of Todos Santos: Survivals of Mayan Religious Ritual.* Pantheon – Bollingen Series, New York 1951

Proskouriakoff, Tatjana: *Historical Implications of a Pattern of Dates at Piedras Negras, Guatemala.* In: »American Antiquity« 25, S. 454–475

Rätsch, Christian/Ma'ax K'ayum (Hrsg.): *Ein Kosmos im Regenwald – Mythen und Visionen der Lakandonen-Indianer.* Diederichs, München 1984

Rätsch, Christian (Hrsg.): *Chactun – Die Götter der Maya – Quellentexte, Darstellung und Wörterbuch.* Diederichs, München (3) 1998

Roys, Ralph: *The Book of Chilam Balam of Chumayel.* University of Oklahoma Press, Norman 1967

Sahagun, Bernardino de: *General History of the Things of New Spain.* Übs. von Charles Dibble und Arthur Anderson, 13 Bde., School of American Research (Santa Fe) and University of Utah (Salt Lake City)

Schele, Linda/Freidel, David: *Die unbekannte Welt der Maya.* Orbis Verlag, München 1999

Schele Linda/Miller, Mary Ellen: *The Blood of Kings: Dynasty and Ritual in Maya Art.* George Braziller and Kimbell Art Museum, New York 1986

Schlenther, Ursula: *Die geistige Welt der Maya – Einführung in die Schriftzeugnisse einer indianischen Priesterkultur.* VEB Deutscher Verlag der Wissenschaften, Berlin 1965

Sejourne, Laurette: *Burning Water: Thought and Religion in Ancient Mexico.* Shambala Publications, Boulder 1977

dies.: *Altamerikanische Kulturen.* Fischer, Frankfurt 1976

Shearer, Tony: *Beneath the Moon and Under the Sun.* Sun Books, Santa Fe 1987

Stephens, John Lloyd: *Incidents of Travel in Central America, Chiapas and Yucatán.* Dover Publications, New York 1969

ders.: *Incidents of Travel in Yucatán.* Dover Publications, New York 1963

Sullivan, Paul: *Unfinished Conversations: Mayas and Foreigners Between Two Wars.* University of California Press, Berkeley and Los Angeles

Tedlock, Barbara: *Time and the Highland Maya.* University of New Mexico, Albuquerque 1992

dies.: *The Beautiful and the Dangerous: Encounters with the Zuni Indians.* Viking Penguin, New York 1992

Tedlock, Dennis (Übers.): *Popol Vuh: The Mayan Book of The Dawn of Life.* Touchstone, New York 1985

Thompson, J. E. S.: *A Commentary on the Dresden Codex.* American Philosophical Society, Philadelphia 1972

ders.: *Maya Hieroglyphic Writing: An Introduction.* University of Oklahoma Press, Norman 1950

Tompkins, Peter: *Mysteries of the Mexican Pyramids.* Harper and Row, New York 1976

Tozzer, Alfred: *A Maya Grammar.* Dover, New York 1977

Waters, Frank: *Das Buch der Hopi.* Droemer Knaur, München 2000

ders.: *Mexico Mystique.* Sage Books, Chicago 1975

Wilhelm, Richard: *I Ging. Das Buch der Wandlungen.* Diederichs, München (6) 1980

Register

Popol Vuh
Das Buch des Rates

Popol Vuh
Das Buch des Rates
Mythos und Geschichte der Maya

Aus dem Quiché übertragen und erläutert von Wolfgang Cordan
Diederichs Gelbe Reihe Band 18, 232 Seiten, ISBN 3-424-00578-9

Das Buch des Rates gehört zu den großen Schriften der
Menschheit. Wolfgang Cordan hat eine der wichtigsten Quellen
der frühen Maya-Kultur aus dem Quiché übertragen
und erläutert.

*»Der uralte Werdens-Mythos der Quiché-Maya und ihrer
geheimnisvollen Wanderung, die sich real und irreal zugleich ab-
gespielt hat, indem die Selbsterkundung mit der Welterkundung
Hand in Hand ging, ist in Cordans Übertragung zu einem Stück
großartiger, modern anmutender Dichtung geworden.«*
Werner Helwig in der FAZ

Diederichs

Ralph Blum
Runen
Anleitung für den Gebrauch und die Interpretation
der Gemeingermanischen Runenreihe

Set mit Buch, Stoffbeutel und 25 Runen aus Stein,
120 Seiten mit zahlreichen Abbildungen,
ISBN 3-88034-767-0

Dieses Set enthält alles, was man für ein Runen-Orakel benötigt:

- 25 Runen aus Stein
- einen ausführlichen Kommentar zur praktischen und
  psychologischen Bedeutung der einzelnen Runen
- klare Erläuterungen zur Befragung des Orakels,
  zur Frage- und Legetechnik
- fundierte Interpretationen zu den einzelnen Steinen.

Lernen Sie die Sprache der Runen
und lassen Sie sie sprechen.